基于竞争情报的战略联盟关系风险管理研究

A Competitive Intelligence Study on Relational Risk Management of Strategic Alliances

张 超 著

图书在版编目（CIP）数据

基于竞争情报的战略联盟关系风险管理研究 / 张超著. —北京：经济管理出版社，2017.12
ISBN 978-7-5096-5404-0

Ⅰ.①基… Ⅱ.①张… Ⅲ.①企业竞争—竞争情报—研究 Ⅳ.①F274

中国版本图书馆 CIP 数据核字（2017）第 49065 号

组稿编辑：宋　娜
责任编辑：赵亚荣
责任印制：司东翔
责任校对：雨　千

出版发行：经济管理出版社
（北京市海淀区北蜂窝 8 号中雅大厦 A 座 11 层　100038）
网　　　址：www.E-mp.com.cn
电　　　话：（010）51915602
印　　　刷：玉田县昊达印刷有限公司
经　　　销：新华书店
开　　　本：720mm×1000mm/16
印　　　张：14.5
字　　　数：238 千字
版　　　次：2018 年 1 月第 1 版　2018 年 1 月第 1 次印刷
书　　　号：ISBN 978-7-5096-5404-0
定　　　价：88.00 元

·版权所有　翻印必究·

凡购本社图书，如有印装错误，由本社读者服务部负责调换。
联系地址：北京阜外月坛北小街 2 号
电话：（010）68022974　　邮编：100836

第六批《中国社会科学博士后文库》编委会及编辑部成员名单

（一）编委会

主　任：王京清
副主任：马　援　张冠梓　俞家栋　夏文峰
秘书长：邱春雷　姚枝仲　刘连军
成　员（按姓氏笔划排序）：

　　卜宪群　邓纯东　王建朗　方　勇　史　丹　刘丹青　刘跃进
　　孙壮志　孙海泉　张车伟　张宇燕　张顺洪　张星星　张　翼
　　李　平　李永全　李向阳　李　林　李国强　杨世伟　吴白乙
　　杨　光　陈众议　陈星灿　何德旭　房　宁　郑秉文　卓新平
　　赵天晓　赵剑英　胡　滨　高　洪　高培勇　黄　平　朝戈金
　　谢寿光　潘家华　冀祥德　魏后凯

（二）编辑部（按姓氏笔划排序）

主　任：高京斋
副主任：刘丹华　曲建君　李晓琳　陈　颖　薛万里
成　员：王　芳　王　琪　刘　杰　孙大伟　宋　娜　陈　效
　　　　苑淑娅　姚冬梅　郝　丽　梅　枚

序 言

博士后制度在我国落地生根已逾30年，已经成为国家人才体系建设中的重要一环。30多年来，博士后制度对推动我国人事人才体制机制改革、促进科技创新和经济社会发展发挥了重要的作用，也培养了一批国家急需的高层次创新型人才。

自1986年1月开始招收第一名博士后研究人员起，截至目前，国家已累计招收14万余名博士后研究人员，已经出站的博士后大多成为各领域的科研骨干和学术带头人。其中，已有50余位博士后当选两院院士；众多博士后入选各类人才计划，其中，国家百千万人才工程年入选率达34.36%，国家杰出青年科学基金入选率平均达21.04%，教育部"长江学者"入选率平均达10%左右。

2015年底，国务院办公厅出台《关于改革完善博士后制度的意见》，要求各地各部门各设站单位按照党中央、国务院决策部署，牢固树立并切实贯彻创新、协调、绿色、开放、共享的发展理念，深入实施创新驱动发展战略和人才优先发展战略，完善体制机制，健全服务体系，推动博士后事业科学发展。这为我国博士后事业的进一步发展指明了方向，也为哲学社会科学领域博士后工作提出了新的研究方向。

习近平总书记在2016年5月17日全国哲学社会科学工作座谈会上发表重要讲话指出：一个国家的发展水平，既取决于自然科学发展水平，也取决于哲学社会科学发展水平。一个没有发达的自然科学的国家不可能走在世界前列，一个没有繁荣的哲学社会科学的国家也不可能走在世界前列。坚持和发展中国特色社会主义，需要不断在实践中和理论上进行探索、用发展着的理论指导发展着的实践。在这个过程中，哲学社会科学具有不可替代的重要地位，哲学社会科学工作者具有不可替代的重要作用。这是党和国家领导人对包括哲学社会科学博士后在内的所有哲学社会科学领域的研究者、工作者提出的殷切希望！

中国社会科学院是中央直属的国家哲学社会科学研究机构，在哲学社会科学博士后工作领域处于领军地位。为充分调动哲学社会科学博士后研究人员科研创新的积极性，展示哲学社会科学领域博士后的优秀成果，提高我国哲学社会科学发展的整体水平，中国社会科学院和全国博士后管理委员会于2012年联合推出了《中国社会科学博士后文库》（以下简称《文库》），每年在全国范围内择优出版博士后成果。经过多年的发展，《文库》已经成为集中、系统、全面反映我国哲学社会科学博士后优秀成果的高端学术平台，学术影响力和社会影响力逐年提高。

下一步，做好哲学社会科学博士后工作，做好《文库》工作，要认真学习领会习近平总书记系列重要讲话精神，自觉肩负起新的时代使命，锐意创新、发奋进取。为此，需做到：

第一，始终坚持马克思主义的指导地位。哲学社会科学研究离不开正确的世界观、方法论的指导。习近平总书记深刻指出：坚持以马克思主义为指导，是当代中国哲学社会科学区别于其他哲学社会科学的根本标志，必须旗帜鲜明加以坚持。马克思主义揭示了事物的本质、内在联系及发展规律，是"伟大的认识工具"，是人们观察世界、分析问题的有力思想武器。马克思主义尽管诞生在一个半多世纪之前，但在当今时代，马克思主义与新的时代实践结合起来，越来越显示出更加强大的生命力。哲学社会科学博士后研究人员应该更加自觉地坚持马克思主义在科研工作中的指导地位，继续推进马克思主义中国化、时代化、大众化，继续发展21世纪马克思主义、当代中国马克思主义。要继续把《文库》建设成为马克思主义中国化最新理论成果宣传、展示、交流的平台，为中国特色社会主义建设提供强有力的理论支撑。

第二，逐步树立智库意识和品牌意识。哲学社会科学肩负着回答时代命题、规划未来道路的使命。当前中央对哲学社会科学愈加重视，尤其是提出要发挥哲学社会科学在治国理政、提高改革决策水平、推进国家治理体系和治理能力现代化中的作用。从2015年开始，中央已启动了国家高端智库的建设，这对哲学社会科学博士后工作提出了更高的针对性要求，也为哲学社会科学博士后研究提供了更为广阔的应用空间。《文库》依托中国社会科学院，面向全国哲学社会科学领域博士后科研流动站、工作站的博士后征集优秀成果，入选出版的著作也代表了哲学社会科学博士后最高的学术研究水平。因此，要善于把中国社会科学院服务党和国家决策的大智库功能与《文库》的小智库功能结合起来，进而以智库意识推动品牌意识建设，最终树立《文库》的智库意识和品牌意识。

第三，积极推动中国特色哲学社会科学学术体系和话语体系建设。改革开放30多年来，我国在经济建设、政治建设、文化建设、社会建设、生态文明建设和党的建设各个领域都取得了举世瞩目的成就，比历史上任何时期都更接近中华民族伟大复兴的目标。但正如习近平总书记所指出的那样：在解读中国实践、构建中国理论上，我们应该最有发言权，但实际上我国哲学社会科学在国际上的声音还比较小，还处于"有理说不出、说了传不开"的境地。这里问题的实质，就是中国特色、中国特质的哲学社会科学学术体系和话语体系的缺失和建设问题。具有中国特色、中国特质的学术体系和话语体系必然是由具有中国特色、中国特质的概念、范畴和学科等组成。这一切不是凭空想象得来的，而是在中国化的马克思主义指导下，在参考我们民族特质、历史智慧的基础上再创造出来的。在这一过程中，积极吸纳儒、释、道、墨、名、法、农、杂、兵等各家学说的精髓，无疑是保持中国特色、中国特质的重要保证。换言之，不能站在历史、文化虚无主义立场搞研究。要通过《文库》积极引导哲学社会科学博士后研究人员：一方面，要积极吸收古今中外各种学术资源，坚持古为今用、洋为中用。另一方面，要以中国自己的实践为研究定位，围绕中国自己的问题，坚持问题导向，努力探索具备中国特色、中国特质的概念、范畴与理论体系，在体现继承性和民族性、体现原创性和时代性、体现系统性和专业性方面，不断加强和深化中国特色学术体系和话语体系建设。

新形势下，我国哲学社会科学地位更加重要、任务更加繁重。衷心希望广大哲学社会科学博士后工作者和博士后们，以《文库》系列著作的出版为契机，以习近平总书记在全国哲学社会科学座谈会上的讲话为根本遵循，将自身的研究工作与时代的需求结合起来，将自身的研究工作与国家和人民的召唤结合起来，以深厚的学识修养赢得尊重，以高尚的人格魅力引领风气，在为祖国、为人民立德立功立言中，在实现中华民族伟大复兴中国梦的征程中，成就自我、实现价值。

是为序。

中国社会科学院副院长
中国社会科学院博士后管理委员会主任
2016 年 12 月 1 日

摘 要

20世纪80年代，战略联盟在世界范围内迅速兴起。作为一种价值获取和组织再造的竞争性战略，它被认为是企业实现规模经济、提高竞争能力、降低经营风险、开拓新兴市场的重要途径。成功的战略联盟能够帮助企业降低成本、提高产能、增强研发。然而，战略联盟具有自身难以克服的缺陷，是一种并不稳定的经营模式，伴随着其快速发展的是居高不下的失败率。研究表明，能够取得成功的战略联盟非常少，50%以上的战略联盟以失败告终。

战略联盟中存在着两类风险——关系风险和绩效风险。在现实中，由合作伙伴的机会主义行为引起的关系风险是导致联盟失败的主要原因。战略联盟只是一种利益获取手段，成员企业不能一味追求共赢，必须时刻警惕合作伙伴可能的机会主义行为对自身造成的危害。笔者认为，战略联盟发展的每一个阶段（伙伴选择、结构安排、运作和评价）都离不开竞争情报的支撑，成功的竞争情报工作能够有效地降低战略联盟关系风险的发生率。为此，本书从竞争情报视角对关系风险进行了分析和解读。

首先，本书对国内外现有关于战略联盟关系风险及其管理的研究进行了全面的梳理和总结，分析了关系风险的主要危害、产生原因和治理机制，给出了关系风险管理的出发点和方向。

接着，本书明确指出了控制和信任是关系风险管理的两大要素，理顺并分析了竞争情报与控制和信任的关系，提出了竞争情报是控制和信任的关键支撑要素，并从交易成本理论、资源基础理论、组织学习理论和竞争情报理论出发论证了该提法的合理性。

随后，本书构建了两个理论模型——"基于竞争情报的战略联盟风险管理模型"和"竞争情报与控制和信任的关系模型"，并使用结构方程模型分析法对所建模型进行了较为完美的拟合。

最后，本书提出了"基于竞争情报的战略联盟关系风险管理框架"，并对战略联盟生命周期各阶段竞争情报的工作内容和工作重点给出建议。

本书通过理论演绎和实证研究，以结构化的方式回答了三个问题：竞争情报为什么能够参与到战略联盟关系风险管理的过程中？竞争情报如何支撑战略联盟关系风险的管理？基于竞争情报的战略联盟关系风险管理建议是什么？希望能够由此揭开战略联盟关系风险管理的黑箱，为企业构建关系风险管理系统提供理论依据和实践参考。

关键词：竞争情报；战略联盟；成员企业；关系风险；风险管理；实证研究

Abstract

Strategic alliance as a way to generate profit has gained global popularity since the 1980s. It is considered an important strategy for enterprises to achieve economies of scale, competitiveness, lower business risk and new market. The strategic alliance, if successful, enables enterprises to improve productivity, enhance R&D and capacity while reducing cost. In practice, however, it is prone to failure due to its innate nature. Data shows that over 50% of strategic alliances ended up in failure.

There are two kinds of risk in strategic alliance: relational risk and performance risk. Relational risk is the main reason for the failure of strategic alliance. To benefit from strategic alliance, enterprises should manage the risks caused by the partners' opportunistic conducts effectively instead of pursuing a win-win situation blindly.

There have been studies and analyses from different perspectives in this regard. We would say that competitive intelligence is critical at all stages of strategic alliance, from choosing partners, structuring to operating and evaluating. Effective competitive intelligence can reduce the likelihood of partners' opportunistic conducts sharply. Therefore, this book studies relational risk from the perspective of competitive intelligence.

Firstly, on the basis of recapturing the previous studies home and abroad, the book analyzes the relational risk in terms of its types, causes, harm and prevention strategies, and thus to elaborate on the rationale of relational risk management.

Secondly, with an in-depth look at the relational risk, the book points out that control and trust are the two fundamental factors in relational risk management and then analyzes the relationship between competitive intelligence, control and trust, proposing that competitive intelligence is a crucial supportive element for control and trust proved by transaction costs theory, resource-based theory, organizational learning theory and competitive intelligence theory.

Thirdly, the book builds up two models and proves them along with their rationality through empirical studies. The two models are: risk management model of strategic alliance based on competitive intelligence and the relationship model of competitive intelligence, control and trust.

Finally, on the basis of the theoretical and empirical studies, the book proposes a frame of relational risk management based on competitive intelligence and some suggestions on what competitive intelligence should focus on at different stages of strategic alliance.

Through theoretial and empirical studies, this book answers three fundamental questions: Why competitive intelligence can be used in the relational risk management of strategic alliance? How it works to manage the relational risk? What are the suggestions on competitive intelligence-based relational risk management? This book sheds light on the relational risk management and provides a set of theoretical and practical guidance for enterprises.

Key Words: Competitive Intelligence; Strategic Alliances; Member Firm; Relational Risk; Risk Management; Empirical Studies

目 录

导 言 ………………………………………………………………… 1

第一章　相关研究述评 ………………………………………… 9

第一节　战略联盟研究述评 …………………………………… 9
一、形成动因 ………………………………………………… 9
二、主要特征 ………………………………………………… 11
三、管理难度 ………………………………………………… 14

第二节　关系风险研究述评 …………………………………… 15
一、主要危害 ………………………………………………… 16
二、产生原因 ………………………………………………… 17
三、治理机制 ………………………………………………… 19

第三节　竞争情报领域现有关于战略联盟及联盟风险研究的述评 …………………………………………………………… 22
一、国内外文献检索结果统计 ……………………………… 23
二、国内外主要研究成果、观点与结论 …………………… 25
三、研究现状评价及对本书的启示 ………………………… 32

本章小结 ……………………………………………………………… 34

第二章　理论支撑 ……………………………………………… 35

第一节　交易成本理论 ………………………………………… 35
一、交易成本理论的核心思想 ……………………………… 36
二、基于交易成本理论的战略联盟 ………………………… 37
三、交易成本理论对关系风险的解释 ……………………… 38

第二节　资源基础理论 ………………………………………… 40

  一、资源基础理论的核心思想 ………………………………… 40
  二、基于资源基础理论的战略联盟 …………………………… 41
  三、资源基础理论对关系风险的解释 ………………………… 43
 第三节 组织学习理论 ……………………………………………… 45
  一、组织学习理论的核心思想 ………………………………… 46
  二、基于组织学习理论的战略联盟 …………………………… 47
  三、组织学习理论对关系风险的解释 ………………………… 49
 第四节 竞争情报相关理论 ………………………………………… 50
  一、竞争情报的理论来源 ……………………………………… 51
  二、竞争情报与企业风险管理 ………………………………… 55
  三、竞争情报对关系风险的解释 ……………………………… 60
  四、联盟中竞争情报的特点 …………………………………… 63
 本章小结 ………………………………………………………………… 65

第三章 模型构建 …………………………………………………………… 67
 第一节 战略联盟风险管理的竞争情报需求分析 ……………… 67
  一、战略联盟风险管理中信息的重要性 ……………………… 67
  二、关系风险管理的竞争情报需求 …………………………… 68
  三、绩效风险管理的竞争情报需求 …………………………… 72
 第二节 控制和信任 ………………………………………………… 73
  一、关系风险管理的两条途径 ………………………………… 73
  二、控制的内涵、建立和优化 ………………………………… 76
  三、信任的内涵、建立和维持 ………………………………… 79
 第三节 基于竞争情报的战略联盟风险管理模型 ……………… 82
  一、要素的选择 ………………………………………………… 82
  二、模型的构建 ………………………………………………… 85
 第四节 竞争情报与控制和信任的关系模型 …………………… 92
  一、控制和信任的维度 ………………………………………… 93
  二、模型的构建 ………………………………………………… 95
 本章小结 ………………………………………………………………… 99

第四章 实证研究 ………………………………………… 101

第一节 实证研究过程 ………………………………… 101
一、样本选取 ……………………………………… 101
二、调研方式 ……………………………………… 102
三、问卷设计 ……………………………………… 103
四、问卷发放、回收及数据处理 ………………… 105
五、数据分析方法 ………………………………… 106

第二节 概念假设模型 ………………………………… 107

第三节 数据基本分析 ………………………………… 108
一、描述性统计分析 ……………………………… 108
二、效度分析 ……………………………………… 115
三、信度分析 ……………………………………… 117

第四节 结构方程模型分析 …………………………… 119
一、实证方法介绍 ………………………………… 119
二、测量工具及模型适配度指标 ………………… 120
三、测量结果 ……………………………………… 121

本章小结 ………………………………………………… 127

第五章 实证研究结果讨论及建议 ……………………… 129

第一节 相关资料实证结果讨论 ……………………… 129
一、被访企业情况讨论 …………………………… 129
二、竞争情报使用情况讨论 ……………………… 137

第二节 模型实证结果讨论 …………………………… 151
一、基于竞争情报的战略联盟风险管理模型实证结果
讨论 …………………………………………… 151
二、竞争情报与控制和信任的关系模型实证结果
讨论 …………………………………………… 154

第三节 思考与建议 …………………………………… 156
一、几点思考 ……………………………………… 157
二、基于竞争情报的战略联盟关系风险管理框架 … 158
三、双循环模块功能分析 ………………………… 160

四、战略联盟生命周期各阶段的竞争情报工作重点 ……… 164
　本章小结 ……………………………………………………… 166
结　语 ……………………………………………………………… 167
附　录 ……………………………………………………………… 171
　附录1：中文问卷 …………………………………………… 171
　附录2：英文问卷 …………………………………………… 175
　附录3：专家访谈提纲 ……………………………………… 179
参考文献 …………………………………………………………… 181
索　引 ……………………………………………………………… 195
后　记 ……………………………………………………………… 199
专家推荐表 ………………………………………………………… 201

Contents

Introduction ··· 1

1 A Review of the Related Studies ································· 9

   1.1 A Review of Studies on Strategic Alliance ···················· 9
      1.1.1 Motivations ·· 9
      1.1.2 Characteristics ··· 11
      1.1.3 Difficulties in Management ··· 14
   1.2 A Review of Studies on Relational Risks ······················ 15
      1.2.1 Major Risks ··· 16
      1.2.2 Causes ·· 17
      1.2.3 Managment Mechanism ··· 19
   1.3 A Review of the Studies on Strategic Alliance and the Related Risk Management in Competitive Intelligence ················ 22
      1.3.1 Literature Home and Abroad ··· 23
      1.3.2 Major Achievements, Opinions, and Conclusions ········ 25
      1.3.3 Discussions and Enlightenments ···································· 32
   A Brief Summary ·· 34

2 Related Theories ··· 35
   2.1 Transaction Costs Theory ··· 35
      2.1.1 Core Idea ··· 36
      2.1.2 Explanation to Strategic Alliance ·································· 37
      2.1.3 Explanation to Relational Risk of Strategic Alliance ·· 38

2.2 Resource-Based Theory ... 40
2.2.1 Core Idea ... 40
2.2.2 Explanation to Strategic Alliance ... 41
2.2.3 Explanation to Relational Risk of Strategic Alliance ... 43
2.3 Organizational Learning Theory ... 45
2.3.1 Core Idea ... 46
2.3.2 Explanation to Strategic Alliance ... 47
2.3.3 Explanation to Relational Risk of Strategic Alliance ... 49
2.4 Related Competitive Intelligence Theories ... 50
2.4.1 The Origin of Competitive Intelligence Theory ... 51
2.4.2 Competitive Intelligence and Risk Management of Enterprises ... 55
2.4.3 Explanation to Relational Risk of Strategic Alliance ... 60
2.4.4 The Characteristics of Competitive Intelligence in Strategic Alliance ... 63
A Brief Summary ... 65

3 Modelling ... 67
3.1 Competitive Intelligence Demand Analysis in Risk Management of Strategic Alliance ... 67
3.1.1 The Importance of Information in Risk Management of Strategic Alliance ... 67
3.1.2 Competitive Intelligence Demand in Relational Risk Management ... 68
3.1.3 Competitive Intelligence Demand in Performance Risk Management ... 72
3.2 Control and Trust ... 73
3.2.1 Two Ways in Relational Risk Management ... 73
3.2.2 Concept, Establishment and Optimization of Control ... 76

              3.2.3 Concept, Establishment and Maintainance of
                    Trust ··· 79
        3.3 Model of Risk Management in Strategic Alliance Based on
              Competitive Intelligence ·· 82
              3.3.1 Choice of Influencing Factors ··························· 82
              3.3.2 Model ·· 85
        3.4 Model of Competitive Intelligence, Control and Trust ········ 92
              3.4.1 Dimension of Control and Trust ························ 93
              3.4.2 Model ·· 95
        A Brief Summary ·· 99

4   Empirical Studies ··· 101
        4.1 Procedure ·· 101
              4.1.1 Sample Selection ·· 101
              4.1.2 Research Methods ······································· 102
              4.1.3 Design of the Questionnaire ···························· 103
              4.1.4 Distribution, Collection and Data Processing of the
                    Questionnaire ·· 105
              4.1.5 Data Analysis Methods ································· 106
        4.2 Hypothetical Model ·· 107
        4.3 Data Analysis ··· 108
              4.3.1 Descriptive Statistic Analysis ··························· 108
              4.3.2 Validity Analysis ·· 115
              4.3.3 Reliability Analysis ····································· 117
        4.4 Structural Equation Modeling ································· 119
              4.4.1 Method ··· 119
              4.4.2 Measuring Tools and Model Fit Index ················· 120
              4.4.3 Result ··· 121
        A Brief Summary ·· 127

5   Discussion and Suggestion ··· 129
        5.1 Discussion on Firms ·· 129

	5.1.1	Basic Information Analysis of Firms	129
	5.1.2	Usage of Competitive Intelligence	137
5.2	Discussion on Hypothetical Models	151
	5.2.1	Model 1	151
	5.2.2	Model 2	154
5.3	Suggestions	156
	5.3.1	Some Ideas	157
	5.3.2	Relational Risk Management Frame of Strategic Alliance Based on Competitive Intelligence	158
	5.3.3	Two-Circle Module Explanation	160
	5.3.4	Competitive Intelligence in Each Stage of Strategic Alliance	164
A Brief Summary	166

Conclusion	167
Appendix	171
1 The Questionnaire in Chinese	171
2 The Questionnaire in Engilsh	175
3 Interview Outline	179
Reference	181
Index	195
Acknowledgements	199
Recommendations	201

导　言

20世纪80年代以来，企业管理实践中一个最显著的特征就是组织之间的关系发生了深刻的变化——基于零和博弈的单纯竞争被基于非零和博弈的合作竞争所取代，企业纷纷把战略联盟作为价值获取和组织再造的战略性选择。美国管理学家Drucker（Peter F. Drucker）指出，工商企业正在发生最伟大的变革，其表现不是以所有权为基础的企业关系的出现，而是以合作伙伴关系为基础的企业关系的加速度增加。如今，战略联盟已成为最具普遍性的企业经营模式，是充斥微观经济研究的核心概念之一。

全球化和信息化加快了市场环境的改变速度，以知识经济为核心的新经济形式使企业间的竞争日趋激烈，自身资源和能力的有限性使企业逐渐意识到仅依靠企业自己的力量将越来越难以赢得市场竞争。于是，在防御、追赶、保持和重组等内在需求的驱动下，企业开始组建战略联盟，希望借助外部力量实现目标。战略联盟是一种公认的客户价值创造和自身竞争优势提升的方法，能够帮助企业平衡经营的程度和范围、进入特定市场、获得最新技术、增强研发能力，它的灵活性和相对较低的风险性使其有时候是比并购更好的选择，被称为"20世纪末最重要的组织创新"。据统计，全球500强企业平均每家都有约60个主要的战略联盟[1]。目前，这种新型组织形式的实践和研究尚处于初级阶段，缺乏足够的经验和理论指导，因此，对战略联盟实施有效的管理非常困难，同时企业联盟数量激增并逐步呈现网络化发展的趋势也使得战略联盟管理问题变得更为复杂。实际上，能够取得成功的战略联盟非常少，研究表明，50%以上的战略联盟以失败告终[2]。

---

[1] Boon S. D., Holmes J. G., *The Dynamics of Interpersonal Trust: Resolving Uncertainty in the Face of Risk, Cooperation and Prosocial Behavior*. UK: Cambridge University Press, 1991.

[2] Cullen J.B., Johnson J. L., Sakano T., "Success Through Commitment and Trust: The Soft Side of Strategic Alliance Management", *Journal of World Business*, Vol.35, No.3, 2000, p.223.

战略联盟只是企业寻求保持自身竞争优势、发展本企业的一种经营手段，自身获利才是其目的和驱动力。因此，当企业利益与联盟利益冲突时，在没有有效监管的情况下，企业在博弈中会倾向于选择对自身更加有利的行为，这就可能使整个联盟暴露在风险中，学术界称之为战略联盟风险。战略联盟风险包括关系风险和绩效风险。实践经验表明，关系风险是阻碍战略联盟持续健康发展的主要原因，其贯穿从战略联盟拟建、成立、运行到最后解体的整个过程。因此，企业必须建立完善的关系风险管理体系，保证战略联盟的稳定性和安全性。对于这个问题，学者们从交易成本理论、资源基础理论、组织学习理论、博弈理论及社会学理论等多个角度进行分析和阐述，产生了大量的研究成果。

竞争情报是企业获取竞争优势的战略手段，同样兴起于20世纪80年代初期，同是市场竞争的产物，同是企业为获取竞争优势而采取的战略措施，也同样以Porter（Michael E. Porter）的竞争力理论为基础，与战略联盟有着天然的联系。经过30多年的努力，竞争情报在理论和实践方面均取得了重大的突破，研究人员及从业者把竞争情报的理论和方法推广到企业管理的方方面面，并因此积累了大量成功的经验。目前，竞争情报已发展出了一套成熟的风险管理方法和工具，如果能够将其合理运用到战略联盟风险管理的过程中，定能大幅提高战略联盟的成功率。

本书在国内外现有研究成果的基础上，从理论高度审视竞争情报与战略联盟风险管理的关系，探讨竞争情报对战略联盟风险尤其是关系风险管理的影响，揭示战略联盟关系风险管理的黑箱并提出相应的建议，从而为我国企业构建和发展战略联盟风险管理体系提供理论依据和实践参考。

一、研究意义

本书从竞争情报视角出发，深入分析了战略联盟风险的构成、特点及其管理等关键问题，一方面丰富了现有战略联盟风险管理的理论框架，另一方面也满足了企业管理战略联盟风险的实际需求。

目前，国内外对战略联盟风险管理的研究尚处于初级阶段，理论体系尚不完善。本书探索性地把竞争情报作为控制和信任的支撑要素引入战略联盟关系风险管理框架中，为关系风险管理研究提供了新思路。同时，关系风险管理也给竞争情报研究提出了新课题。把竞争情报理论与方法引入战略联盟领域，形成学科交叉，实现知识互补，必将加快双方的知识创新，丰富双方的研究内容，并最终促进双方理论体系的发展和完善。

与发达国家的企业相比，我国企业在战略联盟的管理经验和水平，特别是思想意识方面都较为落后。由于缺乏对战略联盟的了解，加之曾经依托市场和政策垄断带来的成功体验，多数企业结盟时忽略竞争而一味追求共赢，没有意识到只有施行有效的关系风险管理，杜绝合作伙伴的机会主义行为，才能最大化联盟绩效并最终从战略联盟中获利。本书建立了基于竞争情报的战略联盟关系风险管理框架，提出了在战略联盟关系风险管理中应用竞争情报的措施、建议，能够为企业的关系风险管理工作提供实践参考。

二、立足点和相关概念

在战略联盟关系风险管理研究中，竞争情报究竟是对整个联盟负责，还是对联盟中的成员企业负责？这决定了战略联盟情报工作的执行主体和服务对象，是联盟情报工作的立足点。

本书认为战略联盟并不消除竞争，联盟的整体利益也并不总是等于成员的个体利益之和。企业加入联盟的目的在于获利，当个体利益与联盟整体利益发生冲突时，企业必须首先考虑自身利益，而不是一味地追求共赢。因此，战略联盟中的竞争情报工作应该首先对单个企业负责，也就是说联盟竞争情报的执行主体和服务对象是联盟成员企业。

关系风险为战略联盟所特有，由联盟的内在属性决定，是导致联盟失败的主要风险，也是联盟风险管理的重点。因此，本书特别针对关系风险展开研究，探讨企业应该如何使用竞争情报解决或缓解联盟的关系风险问题。在整个研究过程中涉及四个主要概念，分别是竞争情报、战略联盟、联盟风险和风险管理。目前，理论界对于这些概念的划分和理解并不统一。本书将主要参考战略和竞争情报从业者协会（Strategic and Competitive Intelligence Professionals，SCIP）、Das 和 Teng（Das T.K. and Teng Bing-Sheng）、李新春（2006）、张延锋（2007）等的定义及划分方法对这些概念进行解释。

1. 竞争情报

竞争情报是指一个组织为了取得并保持竞争优势，对竞争对手、竞争环境和组织自身进行系统的、持续的、合法的信息收集,并结合组织的需要对获取的信息进行定量化和定性化分析,得出旨在提高组织竞争优势的策略的行为和方法。

SCIP 将竞争情报工作定义为:对影响企业计划、决策和运作的外部信息进行收集、分析和管理的一种合法的系统程序。

2. 战略联盟

战略联盟是指两个或两个以上的企业,为了实现特定的战略目标,通过一定方式组成的优势互补、风险共担、利益共享、要素双向或多向流动的松散型网络组织,是以股权或非股权形式存在的长期合作。

战略联盟的主要类型包括:非竞争者之间的联盟合作关系(国际合资企业、纵向伙伴关系、跨产业合作协定),竞争者之间的联盟合作关系(供应共享型联盟、准集中化联盟、互补联盟)。

3. 联盟风险

联盟风险是指由战略联盟内部系统、外部环境的不确定性造成的联盟企业发生损失的可能性。对于联盟风险种类的划分,Ring 和 Van de Ven (1994)①认为,在联盟过程中,企业要面对两类风险:一类是关于未来状态的,称为绩效风险;另一类是关于合作的,称为关系风险。Das 和 Teng (1998)②也赞同将联盟风险分成两类的提法,认为联盟中同时存在着绩效风险和关系风险。也有学者以联盟为边界,按照风险诱因来源把联盟风险分为内部风险和外部风险。还有学者采用过程描述法,认为联盟中存在着运行风险和关系风险(Miller,1992;贝晓哲,2006)。可见,学术界对联盟风险分类的认识趋同性很强,基本上都认为联盟同时存在两类风险;而从这两类风险的本质和表现形式上看,又都可以划归到关系风险和绩效风险的范畴当中去。

● 关系风险(Relational Risk)是与合作关系有关的或者与联盟伙伴不遵守合作精神有关的风险。用竞合理论的观点解释,关系风险可以被看作是合作中的竞争风险。关系风险由合作伙伴不以约定方式履行联盟承诺造成,包含了那些阻止联盟目标实现的关系问题,如躲避或不能履行承诺

---

① Ring P.S., Van de Ven A.H., "Developmental Processes of Cooperative Inter-Organizational Relationships", *Academy of Management Review*, Vol.19, No.1, 1994, p.90.

② Das T.K., Teng B.S., "Resource and Risk Management in the Strategic Alliance Making Process", *Journal of Management*, Vol.24, No.1, 1998, p.21.

或义务、隐瞒和歪曲信息、窃取核心技术、挖走关键人员、拖延付款、提供不合格产品或服务等。需要指出的是，关系风险是战略联盟的内生性风险，存在于各种类型的联盟之中，企业一旦选择结盟就必然要面对关系风险。

● 绩效风险（Performance Risk）是指即使在合作伙伴充分合作的情况下，战略联盟仍无法达到预期目标的风险。绩效风险来源于合作以外的、威胁联盟目标实现的因素，如市场变化、政策法规、金融风暴、自然灾害等，与成员企业间的合作关系无关，是任何战略决策的一部分。

关系风险来自联盟成员，具有内向性，绩效风险来自联盟与环境之间，具有外向性。两者之间的差异表现在：关系风险是由于组建联盟而产生的，绩效风险则通过组建联盟得以分担或减缓（贠晓哲，2006）。可见，战略联盟是一种实现关系风险与绩效风险相互转化的机制，是企业以承担关系风险为代价消除绩效风险的战略选择。因此，本书认为两类风险相互独立，虽然可以相互影响但并不存在互补或重叠。

4. 风险管理

风险管理是指对影响企业目标实现的各种不确定性事件进行识别和评估，并采取应对措施将其影响控制在可接受范围内的过程。一般通过风险识别、风险估计、风险驾驭、风险监控等一系列活动来防范风险[①]。

三、研究方法

本书采用历史分析与逻辑推理相统一、规范分析与实证研究相结合、模型分析与理论阐释相融合的研究方法，多层次、多角度、跨学科地对战略联盟关系风险管理进行了深度分析。

历史分析与逻辑推理相统一：历史分析法是 Yin（1994）[②] 提出的五种基本研究方法之一。通过历史分析的方法，运用整体思维首选研究战略联盟，包括其形成动因、主要特征及管理难度等，在此基础上归纳推理出了联盟风险管理的关键要素，运用关系分析，探求竞争情报与战略联盟风险尤其是关系风险的内在联系，进而建立了基于竞争情报的战略联盟风险管

---

① 百度百科：http://baike.baidu.com/view/189055.htm。
② 转引自郑刚：《全面协同创新——迈向创新型企业之路》，科学出版社2006年版，第29页。

理模型。

规范分析与实证研究相结合：规范分析回答的是"应该怎样"，实证研究回答的是"能不能"。目前，国内外竞争情报领域对战略联盟风险管理的研究较少，各方公认的可供参考和借鉴的成果不多。因此，本书更多地运用了规范分析的方法对竞争情报与关系风险、控制和信任的关系进行分析，并对分析结果进行实证检验。

模型分析与理论阐释相融合：理论基础是论文的根基，本书运用交易成本理论、资源基础理论、组织学习理论和竞争情报相关理论对关系风险管理中引入竞争情报要素进行理论阐述，在此基础上，把竞争情报引入战略联盟风险管理框架，并通过建立模型分析竞争情报对战略联盟风险尤其是关系风险管理的影响。

1. 文献研究法

本研究属于交叉性研究，涉及情报学和管理学两个学科领域的思想、理论及研究方法，有必要对两个学科的相关知识通过文献研究的方法进行梳理和归纳，从而掌握本选题的研究现状和理论基础，进而形成最终的研究思路和方案。本书文献研究的资料来源包括相关领域的专著、期刊论文、会议报告、商业数据库、专业网站等。

2. 问卷调查法

问卷调查是进行应用研究时获取一手数据、发现现实问题的重要途径。本书使用问卷调查法，向选定的联盟企业发送关于企业情况、企业联盟情况及所建模型的问卷，对所得数据进行分析，并以此为依据修改和优化假设模型。

3. 专家访谈法

专家访谈法是针对特定命题，对具有相当知名度或代表性的专家进行访问，综合分析访谈内容后，得出研究结论。采用这一研究方法，能获得多种视角和多个层面的观点和看法，最终结论较为权威和可靠。本书采用了访谈法丰富问卷调查，通过对竞争情报及战略联盟领域资深专家学者的深度访谈，了解相关研究的最新观点和研究方向。

4. 结构方程模型

结构方程模型是社会科学研究的一种有效手段，可以清晰分析单项指标对总体的作用和单项指标间的相互关系。本书使用结构方程模型专用分析软件 AMOS 对所建模型进行验证。

5. 案例研究法

案例研究是如实、准确地记录某一事件的发生、发展、变化过程并进行分析、研究的一种方法。本书在说明问题时，多次采用此方法。

四、技术路径和研究内容

技术路径是引导研究从选题、构思一直到科学结论的总体性规划。本书的技术路径如图 0-1 所示。

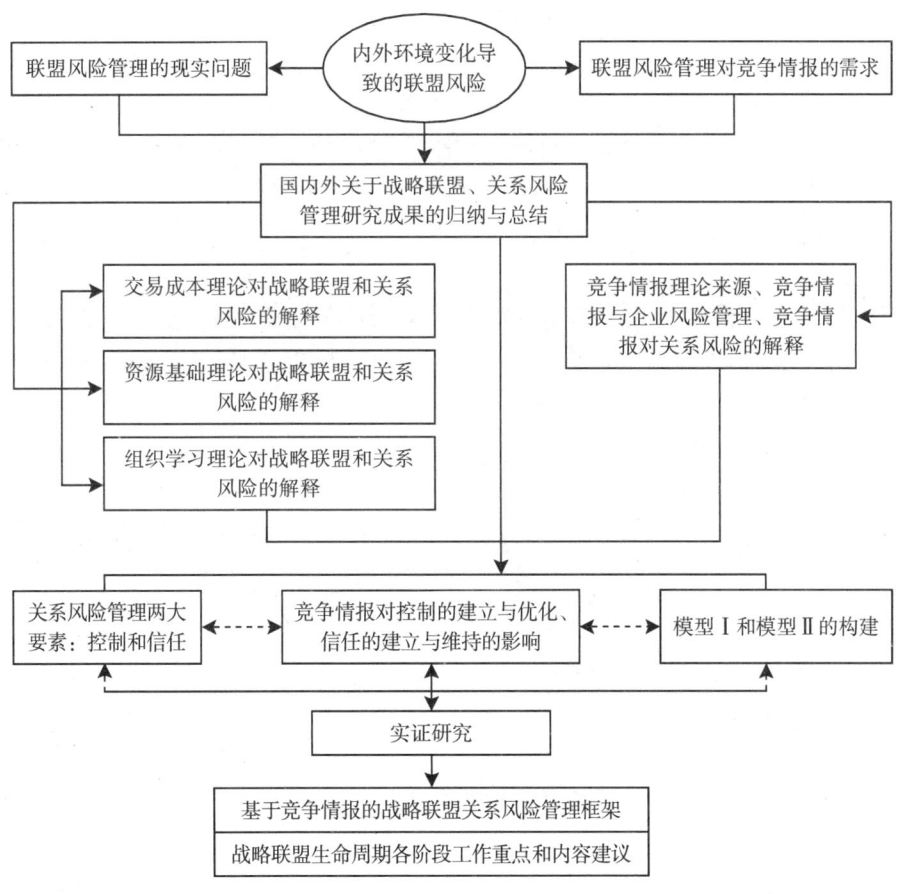

图 0-1 技术路径

本书遵循技术路线，按照提出问题、分析问题、解决问题的思路用五章篇幅对联盟风险及其管理展开研究，具体内容安排如下：

第一章，相关研究述评。本章从三个方面对相关文献进行梳理、总结和评论：①战略联盟。对战略联盟的深刻理解是研究战略联盟风险管理的前提。战略联盟是一个复杂的组织管理课题，涉及诸多内容，本章主要针对与战略联盟关系风险相关的内容如形成动因、主要特征和管理难度等进行述评。②关系风险。对现有关于关系风险的研究成果，如风险危害、产生原因和治理机制进行述评。③竞争情报领域对战略联盟和联盟风险的研究。对现有国内外从竞争情报视角分析战略联盟和联盟风险的文献进行梳理和总结，并评论这些研究的成果、贡献和不足之处。

第二章，理论支撑。本章对书中的三个核心概念——战略联盟、关系风险和竞争情报进行理论阐释，首先选取了在战略联盟研究领域内影响较大的交易成本理论、资源基础理论和组织学习理论对战略联盟和关系风险进行分析，接着从竞争情报的理论来源——情报学理论和竞争理论入手，以竞争情报的视角对关系风险进行了解读，并指出了竞争情报在战略联盟中的新特点。

第三章，模型构建。模型的构建是全书的核心。本章首先讨论了战略联盟风险管理中的竞争情报需求，指出了竞争情报对战略联盟风险管理的支撑作用；接着给出关系风险管理两要素——控制和信任的内涵、建立、优化和维持条件，指出了竞争情报与它们的关系，分析了将竞争情报引入战略联盟风险管理体系的必然性及合理性；最后在前文的基础上，构建了基于竞争情报的战略联盟风险管理模型以及竞争情报与控制和信任的关系模型。

第四章，实证研究。本章系统地介绍了实证研究的过程，包括问卷设计、变量测量、抽样方法和分析方法等内容，并使用 AMOS 和 SPSS 软件对第三章提出的模型进行检验。

第五章，实证研究结果讨论及建议。本章首先对被访企业的基本资料、竞争情报使用情况和模型验证情况进行了分析，并据此对两个假设模型进行了必要的修正。接着提出了基于竞争情报的战略联盟关系风险管理框架和竞争情报在战略联盟生命周期各阶段工作重点和内容的建议，框架和建议与前文的研究结果前后呼应，是理论模型在实际应用中的具体表现和延伸。

第一章 相关研究述评

"战略联盟是指两个或两个以上的企业为了达到共同的战略目标而采取的相互合作、共担风险、共享利益的联合行动。与并购和企业扩张不同,在战略联盟中,各成员企业仍然保持其独立性。"——Das T.K.和 Teng B.S.

第一节 战略联盟研究述评

战略联盟是当代竞争激烈的市场环境下企业间关系的一种重要形式,是除了内部扩张和并购外企业采取的一种扩大经营规模的手段,是实现企业规模化成长的一种核心战略,是帮助企业保持和获取竞争优势的一种重要方式。

作为企业进行战略性调整和价值创造的重要策略,战略联盟概念一经提出就引起了学术界的广泛关注,不同学派的学者从各自的角度运用多种理论对战略联盟这一竞争合作现象进行解释和讨论,并因此产生了大量的研究成果。

一、形成动因

面对战略联盟这一不同于以往的生产经营模式所提出的挑战,理论界尝试从不同角度对其进行解释,并因此形成了多个流派,其中影响较大的有交易成本理论、资源基础理论、组织学习理论和国际生产折衷理论。本质上讲,这些理论都是围绕着战略联盟的形成动因展开的。战略联盟的形成动因是指战略联盟组建的驱动力量,即为什么要与对方建立合作关系，它决定着战略联盟的目标、组织形式、治理模式和盈利方式等一系列问题。

交易成本理论是最早用来解释战略联盟的理论之一，具有非常重要的地位。该理论认为，战略联盟是介于市场和企业之间的又一种资源配置手段，之所以能够存在并发展，就在于能够节约成本：当市场交易（如供应商和客户之间的交易）和企业内部化（如单一企业内部的资源配置）都无法使交易费用和行政协调费用之和最小时，可以考虑与其他企业结成战略联盟。根据交易成本理论，战略联盟可以被视为一种资源配置的优化机制。从整个社会经济系统的运行来看，战略联盟的出现是企业追求更高资源配置效率的结果；从单个企业的角度出发，组建战略联盟就是为了使费用开支最小化。交易成本理论从成本角度研究企业的边界活动，指出战略联盟成立的根本动因是企业追求交易成本的最小化，当战略联盟可以为企业带来最低的成本时，企业就会组建战略联盟。

资源基础理论是交易成本理论的重要补充，认为企业的竞争优势源于其拥有的特殊资源，而战略联盟正是企业获取这类资源的重要手段，因为联盟能够为成员企业提供从合作伙伴处获取资源的合法途径（Miner 等，1990）。战略联盟使企业间的专有性资源得以整合，资源配置得以优化。根据资源基础理论，任何企业都很难拥有保持持续竞争优势所需的全部资源，当企业无法通过市场或内部化的方式获得这些资源时，就必须与其他企业集聚、分享和交换。因此，基于资源基础理论的战略联盟组建动因可以归结为，有价值的、稀缺的和难以模仿的资源是企业取得竞争优势的基础，当战略联盟可以为企业带来资源上的竞争优势时，企业就会组建战略联盟。

组织学习理论进一步丰富了资源基础理论，认为战略联盟是企业进行组织学习的有效方式，具有促进知识和技能在企业之间流动的功能。组织学习理论强调隐性知识的获取，认为隐性知识很难形成且只有通过"干中学"才能获得（Mowery 等，1996）。在组织学习理论看来，企业在市场竞争和外部环境的双重压力下必须不断学习，通过掌握新的知识和技能谋求竞争优势，而战略联盟为促进知识转移提供了良好的平台。因此，基于组织学习理论的战略联盟组建动因可归结为：当战略联盟能够为企业获取知识，特别是蕴含在组织机体内的隐性知识提供通道时，企业就会组建战略联盟。

国际生产折衷理论是对在战略领域居于主导地位的 Porter 竞争战略和竞争优势理论的扩展，同时吸收了交易成本理论的一些观点，强调任何企业要想在国际扩张中获得成功，必须有效地整合三大优势：所有权优势（Ownership-Specific Advantages，O 型优势）①、内部化优势（Internalization Advantages，I 型优势）② 和区位优势（Localization Advantages，L 型优势）③。企业的竞争优势来自其所拥有的、能够比竞争对手更好地提供产品和服务的独特技能和诀窍（Porter，1985），为了能够在激烈的市场竞争中生存和发展，企业必须努力创造、维持和巩固相对持久的竞争优势。战略联盟是企业尤其是跨国企业获得和保持三种优势的有效途径，是传统国际扩张方式的补充和替代。根据国际生产折衷理论，企业组建跨国战略联盟的动因是当战略联盟能够为企业更好地整合各个国家和地区的比较优势时，企业就会组建战略联盟。

不同的理论往往只适合对某一类或几类战略联盟的形成动因进行解释。如交易成本理论更适合对供应商与顾客之间形成的战略联盟进行解释，资源基础理论和组织学习理论更适合对拥有互补性资源的企业之间形成的战略联盟进行解释，而国际生产折衷理论更适合对合资企业进行解释。具体到实践层面上，战略联盟的形成动因主要包括：政治与政策需要、弥补战略缺口、追求规模经济、降低经营风险、进入市场、获取新技术、联合开发、共同抵抗主要竞争对手等。

二、主要特征

作为跨边界的生产组织模式，战略联盟是由两个或两个以上的企业为了达到特定的战略目标而组成的集群，成员企业在追求共同的目标时，不会丧失各自的战略自主性，也不会放弃各自的利益（Child 和 Faulkner，1998）。这种独特的企业间合作关系决定了战略联盟的基本属性——成员

---

① 所有权优势是指企业因拥有一些独具特色的资源而形成的竞争优势。所有权优势来源于企业所拥有的排他性资源（如自然资源、专利、技术诀窍、经验、品牌、经济规模等）。
② 内部化优势是指因跨国公司在充分利用其所拥有的独特资源方面比市场机制和他国本土企业效果更佳而产生的优势。
③ 区位优势是指因跨国公司充分利用了他国当地的各种要素条件而产生的优势。

企业的战略独立性。从这一基本属性出发，本书总结出了战略联盟的四个特点，这些特点都与关系风险密切相关。

1. 联盟成员互不隶属

战略联盟是一种契约性的贸易合作关系①，各企业在联盟建成后仍旧保持独立，互不隶属。联盟成员互不隶属的特点会使战略联盟在运行过程中产生三种效应（杜尚哲等，2006）：①多决策中心共同施压。所有成员企业都希望战略联盟沿着最有利于己方目标实现的方向发展，都会积极参与联盟决策，都会尽力阻止联盟的发展背离其利益要求。②在相互妥协中决策。由于代表着不同企业的利益，联盟成员在决策时所提的要求很难完全一致，如果每个企业都毫不妥协地坚持自己的立场，战略联盟很可能无法形成任何有效的决策。因此，成员企业不得不通过相互妥协维持战略联盟的存续。③经常性谈判。联盟成员相互平等，任何一个企业都无法强迫其他企业接受其决策方案。当需要做出一项决策时，只要成员企业间出现分歧就必须借助谈判予以解决。因此，通过谈判取得一致性意见是战略联盟决策的基本准则。

2. 成员企业边界模糊

传统经济学与管理学认为，每个企业都是边界清楚的经济组织，与企业相关的各种事项总是可以首先被非常明确地界定为企业内部或外部事项，据此分析并解决问题（杜尚哲等，2006）。在传统研究中，市场和企业互为替代物，对于某项交易，企业不是以内部行政手段作为协调机制，就是以外部市场手段作为协调机制。按照这个逻辑，协调方式的不同是把企业进行内、外区分的重要标志，通过分析组织协调方式就可以对企业边界进行明确的定义。然而，战略联盟向传统理论提出了挑战。作为一种"中间组织"，战略联盟模糊了企业和市场之间的界限，联盟内部发生的交易既非企业的，因为交易的组织不完全依赖于某一企业的治理结构；也非市场的，因为交易的进行不完全依赖于市场的价格机制。企业与企业之间的交易不是纯粹的组织内部行为，也不是绝对的市场行为，而是同时具有组织和市场双重特性（郭涛等，2006）。此时，协调方式划分企业边界的功能失效，企业边界变得模糊。

---

① 迈克尔·吉野、U.斯里尼瓦萨·郎甘：《战略联盟——企业通向全球化的捷径》，雷涯邻等译，商务印书馆2007年版。

在战略联盟中，成员企业既通过市场机制获取资源，又通过联盟合法地使用其他成员的资源；资源的配置不受空间的约束，产品从研发到生产、销售，均可打破企业自身界限；联盟扩展合作的边界不受生产场地、办公地点的限制；联盟成员的加入与退出也不受组织结构的制约（张小兰，2008）。总之，战略联盟不像传统的企业那样具有明确的边界和层级，联盟内企业之间的边界变得模糊，企业处于一种纵横交错的经济活动网络之中，形成"你中有我、我中有你"的格局。

3. 组织结构不稳定

不稳定是指合作一方或多方未预见到的、联盟现状的重大改变，包括非计划性终止和重新构建（Inkpen 和 Beamish，1997）。战略联盟是一个动态的开放性系统，其高灵活性、低承诺履行和不完备契约决定了它只是一种过渡性的中间组织，最终要发展为其他形式。首先，当被企业作为剥离业务或者收购的过渡形式时，战略联盟的不稳定性是隐含在成员企业合作的意图之内的。在这种情况下，战略联盟的不稳定性也就成为了必然①。其次，成员企业联盟目标的提前实现也会造成战略联盟的非计划性终止。组织学习理论认为，企业组建联盟是为了获得知识技能，一旦达到目的，继续合作的需求就会迅速递减，成员企业可能提前终止合作关系。最后，当战略联盟内部存在着巨大的风险时，终止联盟能帮助成员企业将损失减少到最低。并非所有的战略联盟都能按照成员企业的预期设想发展，有学者认为联盟的情形类似"囚徒困境"，不论对方如何选择，不合作总比合作更为有利，而这种不合作就会使联盟暴露在风险之中，成员企业为了避免遭受更大的损失会选择提前结束战略联盟。

4. 冲突无法避免

为了争取自身利益最大化，成员企业间会出现大量矛盾，联盟冲突无法避免。战略联盟的总体目标并不是每个成员企业追求的全部目标，有时联盟目标甚至与企业目标相冲突②。为了最大化自身利益，成员企业必然会在合作的方式、广度、深度及项目选择等方面展开博弈，从而引发各种各样的矛盾（杜尚哲等，2006）。可以说，冲突是成员企业自身利益最大

---

① （法）皮埃尔·杜尚哲、贝尔纳·加雷特、李东红：《战略联盟》，中国人民大学出版社 2006 年版。
② Khanna T., Gulati R., Nohria N., "The Dynamics of Learning Alliances: Competition, Cooperation and Relative Scope", *Strategic Management Journal*, Vol.19, No.3, 1998, p.193.

化原则与企业间博弈的结果,如果得不到及时和妥善的解决,在极端情况下会使联盟夭折或重组,是战略联盟管理必须谨慎对待的重要的问题。

三、管理难度

战略联盟摆脱了层级制企业的强制约束,具有极大的灵活性,但组织结构的松散性也使其内部各种关系、利益错综复杂,管理难度极大,被归为高风险战略。本书认为,战略联盟的管理难度主要来自以下四个方面:

1. 联盟成员的互不隶属

成员企业的战略独立性意味着各企业为平级关系,相互不隶属。因此,战略联盟常表现出多决策中心共同施压、在相互妥协中进行决策、经常性谈判以及冲突不断等特征。加入战略联盟的每个企业都是相互独立的,有各自的战略取向和利益目标,这就决定了战略联盟的管理要比实行统一指挥链的单个企业更加复杂。在单个企业中,意见分歧可以借助决策者的职位差异或者表决机制予以解决。而在战略联盟中,各企业的最高决策者之间不存在命令与服从的关系,即使来自不同企业的决策代表在联盟中的职位存在差异,这些决策代表也会从本企业的利益出发参与决策,而不是简单地听从联盟中上级管理者的安排。任何成员企业都无法强迫其他企业接受其决策方案。成员企业为了使联盟沿着最有利于自身目标实现的方向发展,会积极地参与联盟决策并竭力阻止联盟的发展背离其利益要求。于是,为了保证战略联盟的正常运行,成员企业间的谈判几乎时时存在,这导致联盟的协调成本增加,管理难度增大。

2. 战略联盟的网络化趋势

由于战略联盟在企业战略中的地位越来越重要,企业组建联盟的数目大增,形式也日趋复杂,从双边联盟到三边联盟,再到多边联盟,逐渐形成了以主干企业为核心的联盟网络。联盟网络捕捉、调整、整合资源的能力远高于单个企业或双边联盟。然而,一旦联盟形成网络,以前隐伏的限制性因素也会随之被无限放大,使联盟的管理更加复杂,难度增大。

3. 成员企业间的文化冲突

不同的企业文化常会引起企业间的抵触、排斥和对抗情绪,使联盟的管理难度增大。企业在特定的环境中形成了具有自身特点的心理程序,这种心理程序在群体上的差异性导致了战略联盟中的文化冲突。当成员企业间的文化距离较大时,产生冲突的可能性会增大,冲突程度也会更加激烈(刘本伟,2006)。由于联盟成员对彼此经营活动的介入较深,文化冲突会在企业文化的多个层面(精神文化、制度文化、行为文化和物质文化)上表现出来。任何文化冲突的根源都是利益的冲突。当这种利益涉及冲突双方生存发展的基础时,文化冲突就会发展到十分严重的地步。在这种情况下,为了维护自身利益,成员企业可能采取某些有利于自身而有害于合作伙伴的行为,也就是机会主义行为。一方的机会主义行为会引致另一方的机会主义行为,从而形成恶性循环,使联盟内部矛盾激增,管理难度增大。

4. 管理者的能力不足

具有单个企业管理经验的人不一定能够胜任战略联盟的管理。在现实运作中,联盟领导者常常由于自身经验所限,对联盟的管理力不从心。首先,战略联盟出现时间尚短,理论界对它的研究仍处于探索阶段,甚至存在相互矛盾的观点,不足以为管理者提供系统性的指导。其次,由于联盟是一个动态、开放的体系,具有市场与行政双重机制,联盟管理也因此成为了一项具有创造性的活动,需要对价值链进行重新审视,在营销、技术和分销等领域不断创新。管理者在面对这一新生事物时,往往缺乏以往成功经验的借鉴,只能摸索尝试。最后,在战略联盟中,各成员企业的背景、经历、结盟目的等情况千差万别,各种关系错综复杂,这也为管理带来了很多实际困难,是对管理者能力的巨大挑战。

由以上对战略联盟的形成动因、主要特征和管理难度的分析可知,企业可以通过战略联盟聚集各方优势资源、避免重复建设、降低研发风险、打开新兴市场,但是战略联盟同时也是一种高风险战略,由于联盟的内在属性而根植在其中的关系风险会直接威胁到战略联盟的健康发展和目标实现,是联盟运行中无法回避的问题,对其展开深入研究非常必要。

第二节　关系风险研究述评

关系风险是战略联盟的内生性风险,也是理论界研究的热点。目前,国内外学者对关系风险的研究已经取得了若干成果,主要包括关系风险的危害、产生原因以及治理机制等方面。

一、主要危害

关系风险可以细分为侵占风险和投入风险。侵占风险是指合作伙伴不公平地使用或占用己方资源,投入风险是指合作伙伴不能向联盟投入其所承诺的资源(负晓哲,2006;郭焱,2004)。这两类关系风险给成员企业造成的危害主要包括以下三个方面(负晓哲,2006;张小兰,2008):

1. 关键技术泄露

战略联盟强调共享和学习,因此在联盟运行过程中,其共享机制会在某种程度上导致成员企业商业机密的泄露。一方面,企业有可能无意中将自己的技术或专业知识转移给合作伙伴,间接造成其关键技术被合作伙伴模仿或学习,形成所谓的溢出效应。另一方面,某些合作伙伴加入战略联盟的真正目的并不在于联盟成功为其带来的收益,而在于攫取对方企业的关键技术等资源,如果疏于防范,关键技术泄露则成为必然。

2. 核心竞争力丧失

关键技术或专业知识是企业的竞争优势所在,加入战略联盟后,如果核心技术或专业知识得不到有效保护而出现外泄情况,企业的核心竞争力必然会被削弱甚至丧失。尤其是在与竞争者组建的战略联盟中,成员企业丧失核心竞争力的情况经常出现,有的企业甚至被合作伙伴兼并或收购。

3. 成本增加

战略联盟的运行是有成本的,由于联盟的公共物品(Public Goods)属性,其收益会被内生的交易成本所冲减,因此战略联盟带给企业的收益未必总是大于其投放到联盟的成本。关系风险的预防和治理需要耗费大量成本,如监控合作伙伴的监督成本,管理联盟成员关系的协调成本、加入联盟后的妥协成本等。成员企业间的关系越复杂,消耗的成本就越大。此外,"搭便车"(Free-Riding),对默许知识、技术、诀窍等的保护以及对其所产生租金的攫取也耗费企业的成本。最后,战略联盟中还存在无弹性成本,如关系风险导致联盟失败后,企业退出联盟所耗成本等。

二、产生原因

联盟成员的机会主义行为是导致关系风险发生的最主要原因。Williamson (1985)① 将机会主义行为定义为使用骗术牟取私利，包括说谎、偷窃、欺骗等。更一般地，机会主义行为是指不完全的或者歪曲的信息披露，特别是有计划地试图误导、歪曲、掩饰、迷惑或者其他形式的混淆。很多时候，采取机会主义行为的收益远大于遵守联盟协议而获得的收益，因此某些成员企业会有隐瞒的议程，如秘密学习对方知识、攫取商业机密、逐渐接管目标公司等。另外，出于自我保护或者限制联盟伙伴发展等动机，联盟成员还会降低对联盟的投入水平，尤其在投入资源的测度性较差的情况下②，这也是机会主义的表现之一。由于联盟的具体情况（所处行业、组建形式、盈利模式等）不同，机会主义行为的诱因也不尽相同，下面列举几项具有普遍意义的诱因。

1. 伙伴选择不当

联盟伙伴选择不当是诱发关系风险的主要原因之一。如果在伙伴选择阶段企业没有搜集到足够的情报，不能对联盟伙伴的动机、信用、企业文化等做出正确判断而盲目结盟，其后果很可能是随着合作的深入，成员企业间摩擦不断、冲突频发，关系风险发生的可能性增大。

衡量一个企业能否成为联盟伙伴，应遵循 3C 原则，即兼容性（Compatibility）、能力（Capacity）和承诺（Commitment）。①兼容性。包括战略和组织两个方面③：战略兼容指双方拥有相似的战略目标，对未来有相同的预期；组织兼容更接近联盟运作的层面，包括企业文化、人员的相互适应，以及企业运作和管理方面的相互包容。②能力。表现为联盟伙伴拥有的市场份额、核心业务以及在市场中的角色等。③承诺。企业间是通过某种承诺或者契约建立合作关系的，这种承诺可以是正式的协议也可以是双方的默契。承诺建立在相互信任的基础之上，体现了联盟伙伴对彼此

---

① Williamson O.E.: *The Economic Institutions of Capitalism*, New York: Free Press, 1985.
② Galaskiewicz J., et al., "The Influence of Corporate Power, Social Status, and Market Position on Corporate Interlocks in a Regional Network", *Social Forces*, Vol.64, No.2, 1985, p.403.
③ Douma, Bilderbeek J., "Strategic Alliance: Managing the Dynamics of Fit", *Long Range Planning*, Vol.33, No.4, 2000, p.579.

的责任和义务。

2. 利益分配不均

联盟成员的个体利益与联盟的共同利益之间呈倒金字塔型关系，当个体利益与联盟利益不一致时，利益分配的矛盾就可能导致机会主义的发生①，进而形成关系风险。

联盟成员进行收益评估时，更看重公平而不是效率。收益公平包括两方面：一是资源投入与收益的博弈。如果联盟成员的资源投入与其期望从联盟中获得的收益不一致，成员企业很可能有意识地减少对自己行为的约束，利用某些手段攫取更大利益。二是收益与联盟共同收益的博弈。联盟所取得的利益一部分可以共享，剩余部分不能共享。由于联盟成员的增值结构并不对称，共享收益常常与个体收益之间存在着此消彼长的关系，这时联盟企业便有了以牺牲共同利益为代价最大化自身利益的动机（孙相文，2009；王华，2004；负晓哲，2006）。

3. 组织管理不善

组织管理不善为关系风险的形成提供了前提条件。战略联盟的不完全契约性决定了其管理机制的缺陷，同时联盟管理者的权责缺位也加剧了成员企业的机会主义倾向（孙相文，2009；王华，2004）。

战略联盟是一种网络式的松散组织，成员企业都是具有独立法人地位的利益个体，没有行政隶属关系。因此，战略联盟的组织和管理都很困难。由于联盟各方的利益和冲突不能以行政方式解决，客观上要求成员企业一方面要保持相对的独立性，另一方面要建立一套科学的战略联盟管理系统以保证战略联盟的健康运转。战略联盟的成功与否很大程度上取决于联盟的管理水平。

4. 成员间的文化冲突

当两个或两个以上具有不同文化背景的企业结盟时，便会产生一定程度的文化冲突。文化冲突可能诱导成员企业的机会主义倾向，形成关系风险。联盟成员分属不同的企业文化，在合作中难免发生价值观的碰撞，如不能妥善解决双方分歧则会给战略联盟的正常运转造成障碍。一般而言，如果成员企业之间文化差异较大且不能有效整合和沟通，便会产生成员企

---

① Khanna T., "The Scope of Alliances", *Organization Science*, Vol.9, No.3, 1998, p.340.

业间的摩擦，从而导致企业组织、员工在理念和行为上的冲突。当这些冲突无法协调时，有的企业就可能采取机会主义行为消极怠工，如减少资源投入、歪曲真实信息，甚至提前退出等，导致战略联盟分裂（王学彬，2004；孙相文，2009）。

5. 联盟方案不完备

经济交易中的参与方通常是有限理性的①，这种有限理性限制了一方监督和控制其他方履约的能力，尤其当有限理性与交易的不确定性同时存在时，交易各方缔结详细陈述各种状态中各方权利和义务的完整契约的难度会很大，因此几乎所有契约都是不完全的。契约的不完全性要求参与方通过谈判来适应不可预见的情况，此时很可能会发生机会主义的讨价还价行为。

总之，如果联盟企业对上述关系风险诱因认识不足、处理失当，联盟成员间就会出现矛盾、合作效率降低、合作范围缩小、费用上升，甚至合作关系破裂，联盟失败。竞争情报在关系风险管理中的工作内容之一，便是监视合作伙伴的行动，及时发现可能导致关系风险的因素，并给出相应的修复方案。

三、治理机制

战略联盟既具有经济属性又具有社会属性，学者们对联盟治理的研究也基本上是围绕着这两个方面展开的：①体现经济属性的正式治理机制，强调联盟关系的最佳控制与协调方式依赖于正式的法律契约。②体现社会属性的非正式治理机制，认为联盟关系最好通过社会关系规范加以协调②。两种机制的区别在于前者更多地利用严格的绩效标准来评估结果，并通过硬性措施禁止或惩罚与预期目标相违背的行为；而后者则倚重改变人们行为的价值取向，使其自觉完成组织期望的行为。

---

① 有限理性是指意图做到理性，但是只能有限度地做到理性的行为。有限理性是契约不完全性产生的根源。而契约不完全的原因又可以进一步概括为：一是当事人由于某种程度的有限理性，不可能预见到所有的或然状态；二是即使当事人可以预见到或然状态，以一种双方没有争议的语言写入契约也很困难或者成本太高；三是关于契约的重要信息对双方是可观察的，但对第三方（如法庭）是不可证实的。
② 黄玉杰：《战略联盟中的非正式治理机制：信任和声誉》，《河北经贸大学学报》，2009 年第 4 期。

1. 正式治理机制

（1）法律契约条款。契约是联盟风险治理的重要手段。通过契约，联盟成员能够详细地规定合作各方的责任和义务，同时也给予合作各方在对方实施机会主义行为时保护自身利益的权利①。古典契约理论将契约看成是减少交易过程中的风险和不确定性的有效工具，认为机会主义行为能够通过正式的法律契约得以控制（黄玉杰，2009）。

（2）专用性资产投资。建立完备契约几乎是不可能的，为了应对契约的不完备性，企业还会考虑投入专用性资产。专用性资产可作为对机会主义实施处罚的抵押担保，不但比非专用性资产更有效率，还可以向对方传递可信的信号。然而，由于专用性资产会导致套牢或者敲竹杠②，基于专用性资产投资的机会主义控制机制有的时候反而会给机会主义者制造机会（黄玉杰，2009）。

（3）适应性治理结构。联盟企业需要根据自身情况在不同的战略联盟治理结构（如股权型、契约型等）中做出选择。如资产专用化程度越高，企业就越可能选择层级化程度较高的股权型联盟治理结构；资产专用化程度越低，企业就越可能选择交易成本较低的契约型联盟治理结构（黄玉杰，2009）。

2. 非正式治理机制

除了正式治理机制外，联盟还会使用基于社会关系规范的非正式治理机制作为辅助，以弥补正式治理机制的不足。信任是典型的社会关系规范形式，也是最为典型的联盟非正式治理机制。

信任对于长期契约的稳定履行具有重要意义③。国内外学者对信任在关系风险治理中发挥的作用高度认同并取得了诸多研究成果。

（1）描述和界定了联盟信任的内涵。Boon 和 Holmes（1991）④认为，

---

① Dyer J., "Effective Interfirm Collaboration: How Firms Minimize Transaction Costs and Maximize Transaction Value", *Strategic Management Journal*, Vol.18, No.7, 1997, p.535.
② 敲竹杠问题是不完全契约理论研究的核心问题，契约的不完全性导致事前的专用性投资无法写入契约，而一旦投资沉淀下来，投资人将面临"敲竹杠"的风险，即委托人利用其在交易中所处的有利位置要求投资人调整价格、改变货物数量、推迟交货时间等，从而将交易准租据为己有。
③ 蔡继荣：《战略联盟稳定性机理及联盟治理研究》，西南交通大学博士研究生学位论文，2006 年。
④ Boon S. D., Holmes J. G., *The Dynamics of Interpersonal Trust: Resolving Uncertainty in the Face of Risk, Cooperation and Prosocial Behavior*, UK: Cambridge University Press, 1991.

第一章 相关研究述评

信任是在有风险的环境中对他人抱有积极的预期；Saber[①] 认为，信任是合作各方坚信没有一方会利用另一方的弱点去获取利益；Mayer、Davis 和 Schoorman（1995）[②] 则认为，信任是尽管一方有能力监控或控制另一方，但它却愿意放弃这种能力而相信另一方会自觉地做出对己方有利的事情（王蔷，2000）。

（2）划分和解释了联盟中信任的类型。Das 和 Teng（2001）[③] 认为，战略联盟中的信任有善意信任（Goodwill Trust）和能力信任（Competence Trust）两种形式；McAllister（1995）[④] 认为，联盟信任不是基于认知（Cognition-based）就是基于情感（Affect-based），认知信任是计算性信任而情感信任来自于良好的期望和责任。Gulati（1995）[⑤] 将联盟信任分为基于知识的信任（Knowledge-based Trust）和基于威慑的信任（Deterrence-based Trust）。知识信任在联盟伙伴相互影响和学习的过程中形成，最终产生围绕公平标准的信任；威慑信任以正式契约控制为基础，联盟成员相信极高的惩罚代价使得伙伴不会选择机会主义行为。

（3）分析了信任在联盟中的意义。Mohr 和 Spekman（1994）指出，信任在商业交易中非常重要，是战略合作关系的核心特征；Lorenz（1988）和 Doz（1996）[⑥] 发现，具备完善信任关系的联盟能够避免压力，适应性更强、持续时间更长；Anderson 和 Narus（1990）认为，一旦信任关系确立，联盟成员共同努力的产出就会大于仅仅依靠采用自身利益最大化策略的产出。

（4）指出了信任的产生和维持条件。Ring 和 Van de Ven（1992）[⑦] 认为，只有成功地完成了原有交易并确定合作伙伴的行为恰当时，企业间的

---

① 转引自李新春：《战略联盟、网络与信任》，经济科学出版社 2006 年版。
② Mayer Roger C., James H. Davis, F. David Schoorman, "An Integrative Model of Organizational Trust", *Academy of Management Review*, Vol.20, No.3, 1995, p.709.
③ Das T.K., Teng B.S., "Trust, Control, and Risk in Strategic Alliances: An Integrated Framework", *Organization Studies*, Vol.22, No.2, 2001, p.251.
④ McAllister, Daniel J., "Affect-and Cognition-Based Trust as Foundations for Interpersonal Cooperation in Organizations", *Academy of Management Journal*, Vol.38, No.1, 1995, p.24.
⑤ Gulati Ranjay, "Does Familiarity Breed Trust? The Implication of Repeated Ties for Contractual Choice in Alliances", *Academy of Management Journal*, Vol.38, No.1, 1995, p.85.
⑥ Doz Y. L., "The Evolution of Cooperation in Strategic Alliances: Initial Conditions or Learning Processes?", *Strategic Management Journal*, Vol.17, No.S1, 1996, p.55.
⑦ Ring P.S., Van de Ven A.H., "Structuring Cooperative Relationship between Organizations", *Strategic Management Journal*, Vol.13, No.7, 1992, p.483.

信任才可能产生。Macneil（1980）认为，沟通是企业间信任的来源。Brockner 等（1997）认为，信任是基于对对方实施某一预期行为的期望，企业必须相信对方有执行行为的意愿和能力，没有这一信念，信任不会产生。关于信任的维持，学者们主要围绕伙伴合作信心、容忍、治理结构、关系投资、联盟范围扩张以及联盟绩效六个方面展开研究（李新春，2006）。

（5）讨论和实证了信任机制如何降低联盟关系风险。蔡继荣（2006）[①]继承了 Zeng 和 Chen 的动机性治理（Motivational Solution）和结构性治理（Structural Solution）理念，分析了信任对联盟稳定性的意义，得出了基于信任的战略联盟寿命决定函数。张延锋（2007）[②]分析了信任在联盟关系风险管理中的意义和作用，构建了控制、信任和关系风险的理论模型，提出了不同维度的信任对不同类型的关系风险的影响不同等一系列假说。

应该看到的是，现有研究虽然揭示了联盟中的合作冲突，指出了关系风险诱因，分析了治理机制，但关系风险方面的研究仍滞后于联盟动力、联盟形式、联盟竞争力和价值等方面，还没有形成系统的成果，也没有建立起针对性较强的分析框架，需要继续研究。

第三节　竞争情报领域现有关于战略联盟及联盟风险研究的述评

竞争情报是企业战略管理的利器，兴起于 20 世纪 80 年代，经过 30 多年的发展，在理论和实践方面均取得了丰硕的成果。本领域的研究人员和从业者一直积极地把竞争情报的理论和方法推广到企业战略管理的方方面面，积累了大量成功经验，其中就包括在战略联盟和联盟风险管理领域中的应用和研究。

竞争情报与战略联盟一样兴起于 20 世纪 80 年代初，同是市场竞争的

---

① 蔡继荣：《战略联盟稳定性机理及联盟治理研究》，西南交通大学博士学位论文，2006 年。
② 张延锋：《战略联盟中信任、控制对合作风险的影响及其组合绩效研究》，上海财经大学出版社 2007 年版。

产物，同是企业为获取竞争优势而采取的战略措施，也同样以 Porter 的竞争力理论为基础，两者间有着天然的联系。已经有学者开始关注竞争情报在战略联盟及联盟风险管理中的应用问题。但总体上看，从竞争情报角度审视联盟风险的研究尚处于起步阶段，由于成果数量很少，本书把国内外竞争情报在战略联盟和联盟风险管理中的应用现状合并一处分析。

一、国内外文献检索结果统计

论文和专著的发表情况能够直接反映领域内的研究现状及动态。为了掌握国内外竞争情报领域对战略联盟及其风险的研究情况，本书对相关的期刊论文、学位论文及专著进行了较为全面的统计和梳理。

1. 数据来源

本书使用三组检索词（战略联盟+竞争情报、战略联盟+风险+竞争情报、战略联盟+预警+竞争情报），对中外八个权威数据库（中国期刊网全文数据库、万方数据库、CALIS 高校学位论文库、Business Source Premier、ProQuest—UMI 学术期刊图书馆数据库、ProQuest 博硕士论文数据库、JSTOR 西文过刊全文库、SCIP Publications），以战略和竞争情报从业者协会成立的时间（1986 年）为起点进行了全面检索，去重去冗后得到了从 1986 年至今 30 多年来的绝大部分相关文献。

值得注意的是，风险防范一直是竞争情报的基本功能和重要内容，在现有文献中，无论明确提出"风险"与否，规避联盟风险都是其潜在前提或目的，其内容都会或多或少地涉及竞争情报的风险管理功能。为了覆盖全面，本书把检索范围从竞争情报与联盟风险（战略联盟+风险+竞争情报、战略联盟+预警+竞争情报）扩展到了竞争情报与整个战略联盟（战略联盟+竞争情报）。具体情况见表 1–1。

表 1–1　数据来源

数据库类型	数据库名称	检索词	数据类型
中文数据库	1. 中国期刊网全文数据库 2. 万方数据 3. CALIS 高校学位论文库	竞争情报+战略联盟 竞争情报+战略联盟+风险 竞争情报+战略联盟+预警	期刊论文、博硕学位论文

续表

数据库类型	数据库名称	检索词	数据类型
外文数据库	1. ProQuest—UMI 学术期刊图书馆数据库① 2. ProQuest 博硕士论文数据库 3. JSTOR 西文过刊全文库② 4. SCIP Publications③ 5. Business Source Premie④	Competitive Intelligence +Strategic Alliance Competitive Intelligence +Strategic Alliance+ Risk Competitive Intelligence +Strategic Alliance+Early Warning	期刊论文、博硕学位论文

2. 统计与分析

检索结果显示，在"竞争情报+战略联盟"词条下，共有中文文献 17 篇，最早发表于 1998 年，外文文献 7 篇，最早发表于 1996 年；"竞争情报+战略联盟+风险/预警"词条下的文献数量极少，其中中文文献 5 篇，外文文献 1 篇。具体情况见表 1-2 和表 1-3。

表 1-2 文献的年份分布

单位：篇

年份	1996	1997	1998	2000	2004	2005	2007	2009	2010	2011	2012	2013	2014	2015
联盟风险（中）	0	0	0	0	1	0	1	0	1	0	1	1	0	0
战略联盟（中）	0	0	1	1	2	2	2	3	3	1	0	2	0	
联盟风险（外）	0	0	0	0	0	0	0	0	0	0	0	0	0	1
战略联盟（外）	1	2	1	1	0	0	0	0	0	0	0	2	0	0

---

① 该数据库为 ProQuest 公司的数据库产品，综合参考了人文社会科学期刊论文数据库，收录近 4000 种综合性期刊和报纸的文摘/索引，其中 2365 种是全文期刊，可检索 1971 年以来的文摘和 1986 年以来的全文，包括硕博论文。

② JSTOR 全名为 Journal Storage，是一个对过期期刊进行数字化的非营利性机构，于 1995 年成立。JSTOR 全文资料库所提供的期刊绝大部分都从 1 卷 1 期开始，回溯年份最早至 1665 年。库中的"最新期刊"多为三至五年前的期刊。目前，JSTOR 收录期刊 1110 种，收录近 4019507 篇文献。

③ SCIP 数据库，包括竞争情报相关国内外论文，最近、最快速、最全面地收录了竞争情报研究成果。

④ 商业数据库，是国外商业领域的权威机构，是国外相关领域研究生主要使用的数据库之一。

表 1-3　文献的类型分布

单位：篇

	期刊论文	硕士论文	博士论文	总计
联盟风险	5	0	1	6
战略联盟	21	3	2	26

根据检索结果，本书得出了以下调研结论：

（1）总体上看，国内外竞争情报领域对战略联盟及联盟风险的关注度不高，研究成果较少，从1996年第一篇文献发表到2015年，20年共30篇，平均每年仅1.5篇。同时，文献类型多为期刊论文和会议论文，理论性较强的学位论文仅6篇，专著则为0篇。可见，战略联盟及联盟风险问题尚未引起竞争情报领域研究人员的广泛重视。

（2）国外的相关研究起步稍早于我国，数量较少，共八篇论文，第一篇发表于1996年，发表时间主要集中在1996~2000年。这个时间段正是国外经济管理类学科对战略联盟研究最活跃的时期。此外，文献类型以期刊论文为主，多为应用研究，没有博、硕士论文及专著，较少有理论层面上的剖析。

（3）我国大部分成果出现在2000年后（占总量的96%），文献形式相对丰富，囊括了博士论文、硕士论文和期刊论文，近十年有上升趋势，但速度平缓，未形成规模。第一篇提到战略联盟的文章是1998年发表在中国科技情报学会企业信息化与竞争情报咨询服务及应用研讨会上的会议论文《国际战略联盟、品牌竞争、数据采掘——企业竞争情报的新热点》，该文浅尝辄止地指出战略联盟将会成为竞争情报研究的新热点。第一篇专门针对联盟风险管理的文章是2004年发表在《情报科学》上的《企业战略联盟中竞争情报的风险防范研究》。

二、国内外主要研究成果、观点与结论

通过文献分析，笔者发现已有研究主要是围绕着竞争情报在战略联盟组建过程中的应用展开的。研究者们从不同侧面介绍和解释了战略联盟及联盟风险管理为什么需要竞争情报，提出了一些模型、建议或者机制，主要内容可归纳为以下三个方面：

1. 竞争情报在战略联盟运行过程中的应用

Greiner（W. Greiner）在组织生命周期研究理论中提出，任何一个组织都像有机体一样有其生命周期。战略联盟作为一种组织形式，也有其内在的演进规律，这种规律被称为战略联盟的生命周期（Borys 和 Jemison，1989；Zuckerman，1987）。Lorange（2002）按照生命周期理论，把联盟划分为三个阶段：形成阶段、执行阶段和演进阶段（任荣，2009）。

从现有文献来看，竞争情报在联盟运行过程中的应用研究基本上都是按照联盟演进过程分阶段讨论的，学者们自觉或不自觉地以联盟的生命周期为主线，或者重点分析某几个阶段的竞争情报应用，或者全面探讨整个过程的竞争情报应用。本节根据 Lorange 的划分标准，把现有研究成果按照形成阶段、执行阶段和演进阶段进行归类介绍。

（1）形成阶段的竞争情报。竞争情报领域的学者对战略联盟的形成阶段非常重视。在战略联盟形成阶段，企业必须考虑三个问题，即企业自身需求、联盟伙伴选择以及联盟形式确定。竞争情报领域的学者研究了前两个问题，而对联盟形式确定尚未触及。

正式组建战略联盟之前，企业首先要研究自身的优势和劣势，找到价值链缺口。该阶段需要根据竞争情报分析本企业现状（基础设施、资金、人员、技术等），明确组建联盟的动力、必要性及目的。若适合组建联盟，则进入下一步——联盟伙伴选择（胡琳，2009；何凌霄等，2005；吴晓伟和楼文高，2010）。

联盟伙伴的正确选择是战略联盟成功的前提。寻找优势互补、资源兼容、信誉良好的企业组成联盟，可以弥补本企业的价值链缺口，提升竞争优势。通常可以从兼容性、能力及投入三个方面考察联盟伙伴（何凌霄，2005；张鑫，2010）。其一，在考察联盟伙伴兼容性时，要对以下信息进行收集和分析：①联盟伙伴的企业规模。研究表明，规模相当的企业建立的联盟成功率更高。②联盟伙伴的目标。企业的决策和行为受目标的驱动和指引，企业目标兼容有利于联盟的顺利运行。③联盟伙伴的组织结构。企业的权力分配、结构框架、管理方法、领导态度等是否兼容对联盟能否成功实施有重要影响。④联盟伙伴的生产方式。联盟企业以兼容的方式进行合作生产，能够提升产品质量，提高产品生产效率。⑤联盟伙伴的财务状况。通过对联盟伙伴的账务、税率、负债、管理等方面的分析，保障联盟在资金运行良好的状态下实施。此外，还要研究联盟伙伴产品的市场范围、社会关系网络、企业文化、信誉等方面是否与本企业相匹配。其二，在考察联盟伙伴的能力时，要对以下信息进行收集和分析：①联盟伙伴的综合实力，即财务能力、管理能力、销售能力、创新能力等。②联盟伙伴的市场实力，包括品牌认知度、市场覆盖率、顾客满意度等。③联盟伙伴的技术水平，包括企业的发明情况、申请专利及商业秘密保护情况、产品核心技术使用及发展创新情况等。④联盟伙伴的人力资源，如员工的知识背景、专业技能、培训情况等。⑤联盟伙伴的创新能力，如研发成果、产品生命周期、产品创新机制等。其三，在考察联盟伙伴的投入时，要对以下信息进行收集和分析：①联盟伙伴的核心业务是否是本企业所需。企业应当寻找基于核心业务合作的联盟伙伴，以保证伙伴能够提供本企业需要的投入。②联盟伙伴的退出机制。联盟需要维持其动态的稳定性，企业应当通过竞争情报充分了解其伙伴的退出机制及退出障碍等。

（2）执行阶段的竞争情报。该阶段是战略联盟发展的核心时期，此时，竞争情报要为保证联盟的正常运行提供情报支持。

战略联盟正式组建时，需要界定目标和结构，签订组建协议，建立激励机制、运行机制和分歧协调机制，成立相关合作小组，协调人员分配，投入相应资源等。此时的竞争情报工作主要是搜集分析联盟内外相关信息，尽量消除信息不对称现象，为联盟目标、组织结构、相关制度等的制定提供科学依据，确保相关规章制度、规范条款的合理性及科学性，最大限度地扫除可能造成联盟失败的隐患。

联盟组建完成后进入正式运行阶段，此时竞争情报不仅要对如何扩大生产，提高销售能力，拓宽分销渠道，整合资金、人员和技术资源，监测外部环境对可能出现的危机及时预警等方面的工作负责；同时还要跟踪联盟内部成员的活动，防止成员的机会主义行为对本企业或整个联盟造成损害，使联盟处于动态的稳定中。联盟的最高收益出现在这一阶段，联盟内企业对利润的争夺将更加激烈，矛盾开始浮出水面。因此，这时竞争情报要对联盟风险进行预警和控制，掌握联盟伙伴的异动，及时发现潜在的危机和可能出现的重大问题，并实时发出预警。另外，竞争情报还是有效的学习工具，企业的竞争情报部门应该利用联盟机会，辨识关键联盟成员，运用定标比超等竞争情报方法和手段对伙伴企业进行有目的的模仿和学习，尽可能多地掌握其先进技术和工艺（胡琳，2009；刘娟和俞培果，2010；吴晓伟和楼文高，2010）。

有学者总结了此阶段竞争情报的工作意义（胡琳，2009）：①辅助联盟确立竞争优势，降低联盟风险。竞争情报能够支持联盟实现预期的战略目标，实现风险共担，从而提高联盟竞争力。②辅助联盟在发挥规模效应的同时保持较高的灵活性和反应能力，实现信息资源共享，增强信息获取和分析能力，减少信息流通障碍，节约资金投入和时间成本。③促进行业的发展。联盟前，技术诀窍等核心资源很难通过正规手段获得，而联盟为企业提供了良好的交流平台，在联盟中核心技术的共享成为可能，这必然推动技术的发展和完善。另外，共享还有利于打破行业技术各自为政、互不兼容的弊端，降低研发费用和风险，促进行业技术标准的建立。

（3）演进阶段的竞争情报。演进阶段也称动荡进化阶段，联盟的生命周期进入了类似物种进化的优胜劣汰阶段。该阶段联盟成员间的冲突增多，力量不平衡逐渐显现，战略联盟表现出高度的不稳定性。这时，成员企业会开始探索新的领域，寻找新的合作机会，学习新的知识和技能以满足发展的需要。竞争情报的作用在于分析联盟内外部变化，并据此重新设定联盟目标、契约以及控制方式等。如果战略联盟没有平稳地度过风险期而走向失败，竞争情报则应该辅助联盟企业对资源进行优化配置、降低损失以及减少负面效应等。从动荡到失败，联盟企业可能遭受巨大损失，竞争情报要做好企业领导集团的参谋，辅助决策层快速、正确地采取有效手段使损失最小化（刘娟和俞培果，2010）。

2. 战略联盟对竞争情报的影响

学者们不仅关心竞争情报如何应用于战略联盟，也探讨了这种组织模式的变化给竞争情报带来的影响。战略联盟是由若干企业组成的集群，竞争与合作并存，这种组织模式的变化必然会对各成员企业原有的竞争情报工作造成巨大影响，如竞争情报的运行模式、系统结构、组织任务、人员调配等都会由于企业加入战略联盟而发生调整和变化等，可概括为以下四个方面：

（1）战略联盟促进了竞争情报共享。可共享性是战略联盟带给竞争情报最显著的影响之一。一般认为，基于单一企业的竞争情报只对本企业负责，因此不具有共享性或者说共享范围非常小（霍国庆，2001；贾殿村，2004；莫毅易和周九常，2007）。战略联盟成立后，企业的关系变化在一定程度上改变了竞争情报的独占性特点，此时竞争情报就表现出共享的一面，特定类型竞争情报的共享在联盟中得以实现（莫毅易和周九常，2007；

王玉，2005；王惠珠，2009；张鑫，2010）。竞争情报难以从市场按照价格机制获得，企业组织竞争情报生产的整个过程从立项、信息搜索、分析到形成决策支持需要支付巨大成本，同时竞争情报产品的使用往往不具备排他性，这些都使得企业倾向于将竞争情报隐性化于组织内部。也就是说，竞争情报通常具有独占性，不会被所有者主动共享。然而，这种情况在战略联盟中发生了改变。资源基础理论强调战略联盟的目的是通过联合来分享其他企业的特殊资源。竞争情报是企业的重要资源，联盟成员有义务提供必要的情报以支持联盟运作。此时，战略联盟内的竞争情报就以一种半内部化的状态实现了共享。竞争情报共享可以克服竞争情报产品市场失灵问题，缓解企业无法高效获得自身所需竞争情报资源的状况。

（2）战略联盟增加了竞争情报合作。战略联盟本质上是一种企业间长期的合作关系，这种关系要求联盟成员在保证自身利益不受侵害的基础上，根据事先的规定，开展通力合作，实现优势互补。在此背景下，成员企业的竞争情报工作也会进行某种程度上的合作，此时，各成员企业将作为一个联合体面对共同的竞争对手（张鑫，2010）。王玉（2005）[①] 认为，基于战略联盟的竞争情报工作应维护双方的合作关系，创造更大的联盟效益。联盟成员企业之间存在着不间断的交易活动，比如共同投资新领域、联合抗衡竞争对手、开发新技术新产品等，在这些过程中必然产生大量有价值的竞争情报。竞争情报不仅可以在成员企业间分享，也可以进行更高层次的合作，比如联合收集、分析、整理和使用，或者整合联盟成员的竞争情报部门。开展竞争情报合作的优势是减少重复工作，节约人力、物力和财力，提高竞争情报部门的工作效率，增强竞争情报能力以更好地支持联盟运作，并最终使各成员企业的竞争力得以提升。

（3）战略联盟将竞争情报内部化。从竞争情报的工作取向上来看，传统的竞争情报主要是针对环境、市场和竞争对手等外部要素进行调查和分析，通过这种"外向型"竞争情报监测获得有价值的情报，为企业的管理提供决策支持。但是在战略联盟中，竞争情报的活动范围不仅涉及联盟外部的环境、市场和竞争对手，也包括联盟内部的成员企业。将竞争情报内部化是战略联盟作用于竞争情报的一个重要表现。当然，竞争情报内部化的同时并没有停止对联盟外部情报的获取和分析，竞争情报外部化依然存

---

① 王玉：《企业战略联盟的竞争情报研究》，《情报理论与实践》，2005年第3期。

在。因此,有学者认为,完整的表述应该是战略联盟使竞争情报的内部化和外部化有机统一(莫毅易和周九常,2007;贾殿村,2004)。

(4)战略联盟使竞争情报更具风险。战略联盟增加了竞争情报的风险性(贾殿村,2004;张鑫,2010),使竞争情报更易泄露。作为密切合作的企业集群,联盟成员之间接触频繁、互动性很强,这使得了解对方的底细(资信情报)、掌握对方专有知识(专利情报)、攫取通过其他途径难以获得的情报(人际情报)等机会主义行为在很多时候变得名正言顺。在战略联盟中,企业在分享资源的同时也不得不承担情报流失的风险。在资源共享的名义下,成员企业可以轻而易举地得到联盟伙伴的情报,并且其获取手段也能够在法理上做到无可指摘。这种由于对情报共享性的内在要求而造成的成员企业情报安全性的降低,也称为联盟共享性的负效应①。此外,现代信息技术的发展使通过网络窃取情报变得更为方便,因此联盟成员的企业内网串联也增加了情报的泄露风险。Fitzpatrick 和 Burke(2003)② 用"脆弱性"来表达联盟中竞争情报的易泄露性或风险性(周九常,2009)。

3. 竞争情报在战略联盟风险管理中的应用

竞争情报的风险防范、危机预警及反竞争情报等功能使得它能够作为一种有效的工具应用到联盟风险管理之中去。就目前来看,竞争情报领域专门针对联盟风险的研究并不多,但是竞争情报的内在属性使得战略联盟中的每项竞争情报工作都或多或少地具有风险管理的特质,本节将从现有竞争情报在战略联盟中的应用研究中提取与联盟风险管理相关的内容进行梳理和研究。

(1)竞争情报在绩效风险管理中的应用。情报界对绩效风险的研究远多于关系风险,学者们主要是从外部环境监测、内部环境监测以及风险评估等方面对绩效风险进行研究的:一是外部环境监测。战略联盟的成功需要对外部的社会宏观环境、产业中观环境和微观的竞争者进行实时的、系统的、有效的监测。①宏观环境的监测主要指对社会情况、经济发展、法律法规、科教文卫等宏观环境有效地进行搜集、组织、分析、危机预警及

---

① 王惠珠:《合作型组织的竞争情报研究》,黑龙江大学硕士研究生学位论文,2009年。
② William M. Fitzpatrick, Donald R. Burke, "Competitive Intelligence, Corporate Security and the Virtual Organization", *Advances in Competitiveness Research*, Vol.11, No.1, 2003, p.1.

第一章 相关研究述评

趋势外推。②中观环境的监测主要包括产业发展框架、政策、趋势等，以辨别战略联盟属于朝阳型还是下降型的利益共同体，努力使企业存在于优良、健康的行业环境和产业框架位置中。③竞争对手的监测指对竞争对手进行资源能力、技术水平、组织结构、文化氛围等方面的调查，以进行劣势规避、优势追击，或采取定标比超的方法，赶超竞争对手的优势环节，提升联盟核心竞争能力（张鑫，2010）。二是内部环境监测。为了使战略联盟处于稳定状态，竞争情报部门要对联盟内部的日常运行情况进行常规监测，如生产经营状况、市场状况、资源投入状况等。负责联盟监测的主体可以是单个成员企业的竞争情报部门、联盟成员间相互监测、受联盟委托的第三方，还可以是战略联盟总部级的竞争情报部门（张鑫，2010）。三是内外部风险评估。联盟风险评估是对联盟失败的预测，以及对可能导致联盟失败的原因的查找和分析。风险评估需要情报人员从本企业和伙伴企业的具体情况出发，搜索和分析相关信息后得出诊断意见和建议。竞争情报工作不仅要为决策者提供预警信息，还应分析如何使企业可能蒙受的损失降到最低程度（胡琳，2009）。

对于绩效风险的防范，学者们在进行了深入分析后给出了若干建议，包括协调联盟目标、优化联盟结构、建立竞争情报风险防范模型、制定保护竞争情报的管理制度等。

（2）竞争情报在关系风险管理中的应用。合作并不能消除竞争，企业在向联盟伙伴开放己方资源时，必须注意对本企业核心机密的保护。因为，当通过机会主义行为获得的收益远大于遵守联盟各项规章制度而获得的收益时，在利益的驱使下，联盟伙伴会有置联盟规则于不顾的倾向，出现恶性欺骗、违章获取联盟伙伴机密等行为。因此，竞争情报部门应对联盟伙伴进行实时监测，及时发现联盟伙伴的违规行为，为决策机构的政策调整和危机处理提供情报支持。另外，在知识联盟中，成员间的知识共享和技术学习，容易造成核心技术和业务的流失。企业应该根据自身需要，开展以保护己方核心技术情报为目的的反竞争情报工作，如制定特殊的机制、设立专门的人员、成立信息监测委员会、限制员工获取敏感信息、采取必要措施保证重要传真/电话/邮件不被拦截、严格检查和限制员工外出携带的物品等（贾殿村，2004；张鑫，2010）。

· 31 ·

三、研究现状评价及对本书的启示

战略联盟使企业界限变得模糊，在此平台上，成员为了共同的战略目标通力合作，交流更加频繁，共享对方资源更加容易。但是联盟成员必须清楚，与来自外部竞争对手带来的伤害相比，合作伙伴造成的伤害更直接、更大，因此在合作的同时还要重视自身安全，采取必要的预防手段避免来自联盟内部的机会主义行为对本企业利益的危害。可见战略联盟竞争合作的特性使其成员时刻处于博弈之中，需要同时兼顾合作与自身安全，极其需要竞争情报这种同样具有双重属性的企业风险管理工具在理论和实践上给予支撑；同时，战略联盟作为一种新型的企业组织模式也为竞争情报的理论发展提出了新课题，为竞争情报的实践应用提供了新场地。把竞争情报理论与方法引入战略联盟领域中，构成学科交叉，实现知识互补，必将加快双方的知识创新，丰富双方的研究内容，扩展双方的研究范围，最终促进双方理论体系的发展和完善。

国内外竞争情报领域的学者在20世纪90年代就开始了对战略联盟的研究并取得了若干成果。从数量看，竞争情报领域的学者对战略联盟及联盟风险的研究不多；从内容看，现有研究的焦点主要是竞争情报在战略联盟生命周期各阶段的应用，而对于本书的研究对象——联盟关系风险的探索很少。

总体上说，国内外竞争情报领域的学者对战略联盟及联盟风险的研究还不成规模，尚未形成流派，也没有明显的对立观点，目前看来，主要存在以下问题：

1. 系统性、理论性尚欠缺

现有文献多是针对竞争情报在战略联盟及联盟风险管理中某个阶段的应用进行研究，从理论高度系统地探讨该问题的不多，研究深度有待加强。

竞争情报领域的学者已经注意到了战略联盟对竞争情报的需求，并做了相应的探讨，但多数只是对联盟过程中的某个阶段（如联盟伙伴的选择）或某个问题（如联盟内部的知识共享）进行分析，纵览全局的研究比较少，缺乏系统性。另外，以往研究偏重现象，绝大多数文献都是围绕着竞争情报的应用展开的，对于竞争情报为什么能够应用于战略联盟及联盟风险管理的理论性分析则较少。

本书不但重视竞争情报的实践应用，而且关心这种应用的理论基础。在对现有研究及相关理论分析的基础上，本书建立了理论模型，从本质上探讨竞争情报与联盟风险管理的内在联系，明确指出竞争情报与关系风险管理二要素之间的关系，并建立了基于竞争情报的战略联盟关系风险管理框架。

2. 对战略联盟的认识有待加强

现有研究虽然考虑了战略联盟对竞争情报的特殊要求，但更多的只是把战略联盟作为一个背景，未能把竞争情报与战略联盟结合在一起进行深入研究。

将战略联盟等同于一般网络组织或企业间一般性合作，必然导致认识上的偏差甚至错误。例如，有文章认为战略联盟的竞争情报工作可以交由处于盟主地位的企业去完成，盟主负责管理联盟成员的违规行为，以及整个联盟内外的竞争情报搜集、整理和共享，一般成员只是竞争情报的共享者或受益者，不需要亲自实施竞争情报。然而实际上，由于联盟具有互不隶属的属性，成员间均保持相互独立，即使是盟主也没有权力左右其他成员的决策行为，另外成员间的绝对信任并不存在，没有成员企业会完全依赖他人去完成竞争情报这种涉及自身核心竞争优势的关键性工作。

以往研究更加关注竞争情报本身，对战略联盟的理解稍浅。本书立足于战略联盟，事先对联盟及其风险做了大量的调研工作，深入分析了联盟的动因、特征、管理难度以及联盟关系风险产生的危害、诱因及治理机制等问题。

3. 研究对象不够明确

在关于联盟风险的竞争情报研究中，学者们没有区分联盟中存在的两类风险——关系风险和绩效风险。关系风险是战略联盟特有的内生风险，直接影响联盟的成败，而绩效风险则普遍存在于任何形式的企业经营活动中。不能笼统地把两类风险放在一起研究，因为它们的成因、特点、解决方法并不相同。现有研究成果中绝大部分的建议都是围绕绩效风险提出的。然而，实际上关系风险才是导致联盟失败的最主要风险，降低联盟失败率应该从解决关系风险问题入手。

本书明确地指出了论文的研究对象是战略联盟中的关系风险，对关系风险进行竞争情报分析，并在最后提出了针对关系风险的竞争情报解决方案。

4. 缺少实证研究

竞争情报领域的学者对战略联盟的发展提出了很多有益的建议，如有的学者提出了联盟竞争情报工作模式，有的学者构建了联盟竞争情报系统等。

通过观察国内外管理学领域的研究发现，该领域的学者不但注重理论性也注重实证性——管理学领域对战略联盟开展实证研究的历史已经超过了20年，产生了大量支持性数据。相比而言，竞争情报领域在研究战略联盟时，更多的是从概念、方法、手段上分析其可行性和必然性，还没有学者进行过实证研究，而没有数据支持必然会降低其观点或结论的说服力。

作为一种强调可行性的学科，竞争情报本身就要求理论与实践相结合。因此，本书在提出模型后，以调查问卷及专家访谈的方式对模型进行了验证，用数据说明了所建模型的合理性。

由以上研究述评可以看出，国内外竞争情报领域对战略联盟风险管理的研究很少，这为本书预留了相当大的研究空间。虽然现有文献数量不多且多与本书的研究对象不直接相关，但这些文献仍为本书的构思提供了巨大帮助。因为，实际上所有竞争情报对战略联盟的分析和应用，无论是否明确提出"风险"概念，规避联盟风险都是其暗含的前提和目的。可以说，现有研究为本书打下了良好的基础，开拓了本书的思路，加深了本书对竞争情报的理解，对本书的形成意义重大。

本章小结

本章首先对国内外管理学界关于战略联盟及联盟关系风险的研究成果进行了梳理和总结，接着对从竞争情报视角研究战略联盟和联盟风险问题的文献进行了归类、分析和评价，指出其不足及对本书的启发。

第二章 理论支撑

理论指导行动，科学的理论是科学研究的保证。支撑性理论作为本研究的依据，是论述的根基。作为本书的理论基础，本章在逻辑上可分为两部分：①对关系风险进行理论阐释。从交易成本理论、资源基础理论和组织学习理论三个角度阐释了什么是关系风险及其产生的根源。②对竞争情报能否解决关系风险问题进行理论论证。在分析了竞争情报的理论来源、核心思想和具体方法之后，对关系风险进行了竞争情报阐释，指出了战略联盟中竞争情报的新特点。

第一节 交易成本理论

Coase（Ronald H. Coase）[①] 于 1937 年发表了论文 *The Nature of the Firm*，该文首次提出交易成本概念，并开创性地分析了企业边界问题。此后，在众多经济学家，尤其是 Williamson（O.E. Williamson）、Alchian（Armen A. Alchian）、Demsetz（Harold Demsetz）等的不断努力下，该理论得以不断发展和完善，逐渐形成了交易成本经济学范式。

交易成本理论（Transaction Costs Theory）是较早用于战略联盟成因解释的理论之一，是联盟研究的主要流派，在战略联盟理论中居于重要地位。它分析了联盟与企业的边界，尤其适用于对供应商与客户之间组建的联盟的阐释。

---

① Ronald H. Coase，经济学家，1991 年获得诺贝尔经济学奖。

一、交易成本理论的核心思想

交易成本理论的核心思想来自 Coase，他认为在市场交易过程中会产生成本，包括寻找成本、签约成本和监督履约成本，节省成本是企业成长的动力。Coase 从成本角度解释了企业边界问题：在社会经济生活中，存在着两种截然不同的资源协调方式——市场协调和企业组织协调，它们可以相互替代，并且都伴有成本的产生（市场会产生交易费用，企业组织会产生内部行政费用），采取市场协调还是企业组织协调取决于市场交易费用和企业组织内部行政协调费用之比。市场被替代是因为存在市场交易费用，企业没有无限扩张是因为存在企业组织内部行政费用，也就是说，市场交易费用和企业内部行政费用共同决定着企业的协调方式选择，即决定了企业组织的边界（Coase，1937）。

但是，很多学者对 Coase 的交易成本理论提出了质疑，认为交易成本只是一个概念，并不具备可操作性，因此只有解释力而没有推测力。该问题直到 Williamson 时期才得到了较好的解决。Williamson 是影响交易成本理论发展的三大学者之一，他给出了交易成本的三个要素——资产专用性[①]、交易的不确定性[②]和交易的频率，认为这些要素与经济人的有限理性、机会主义等共同决定了交易治理结构的选择。Williamson 的交易成本度量思想与方法使交易成本理论具有了可操作性，许多假设因此得到了验证，大大增强了该理论的影响力和普及度（贠晓哲，2006；巫景飞，2007）。

交易成本理论的主要研究对象是经济组织及其边界，探讨应该如何选择边界范围以实现最小化生产成本和交易成本。它以"交易"作为基本的分析单位，研究存在交易费用的约束时市场交易如何实现，主要关注企业为了最小化生产和交易成本之和应该如何组织跨边界活动。Williamson 早期将市场和科层制定义为组织的两种形式，后来他意识到了组织间形式的重要性，认为组织间关系是相对于市场或层级组织的另一种选择

---

① 资产专用性是指在不牺牲生产价值的条件下，资产可用于不同用途和由不同使用者利用的程度。在交易成本经济学中，资产专用性主要指沉没成本。专用性资产是指某些资产只用于支持某种特定的交易，如果移作他用，就会降低其价值。
② 由于市场环境的复杂多变，交易双方的稳定性会受到影响，从而增加履约风险。

(Williamson, 1975, 1981, 1991; 龙怒, 2008)。

交易成本理论为企业边界研究提供了强有力的分析框架，战略联盟出现之后，学者们尝试使用交易成本理论分析战略联盟问题，并在研究过程中逐步形成了基于交易成本经济学的战略联盟理论，被认为是战略联盟研究中最为重要的理论范式之一。

二、基于交易成本理论的战略联盟

交易成本理论从企业边界的确定出发，分析了战略联盟产生和发展的动因，解释了企业为何跨边界组织活动，提出联盟之所以能够存在是因为它能够带来成本的节约。根据该理论，战略联盟的本质是企业为了达成交易而构建的一种介于企业和市场之间的使交易成本最小化的治理结构。

交易成本理论把联盟看作一种全新的经济组织形式和资源配置方式，认为战略联盟是企业内部化（如并购）和市场化两种传统治理结构的替代，它使得资源配置方式不再局限于企业和市场，企业可以通过有限合作以部分内部化、部分市场化的方式降低总的交易成本和行政协调成本。按照这一思路，联盟也可以被看作是一种资源配置的优化机制。

理论上，市场机制是资源配置的最优方式，但是由于市场中存在着不完全竞争、信息不对称等不确定因素，企业有时也会选择内部化。而当完全内部化成本过高或受到限制时，企业就会选择组建联盟。例如，当供应商数量有限且产品的专用性很强时，供应商就可能采取机会主义行为增加企业的交易成本。此时如果内部化同样会使行政成本大幅上升的话，企业就可能选择半内部化、半市场化的战略联盟。即当市场交易（如供应商和客户间的交易等）和企业内部化（如单一企业内部的资源配置等）都无法使交易费用和行政协调费用之和最小时，企业就有可能选择联盟（杜尚哲等，2006）。

Hennart（Jean Francois Hennart）是交易成本战略联盟理论的代表人物，他认为，联盟是在市场失灵和直接投资成本很高这两个条件同时成立时采用的一种组织模式，既可以节约市场交易的成本，又可以节约直接投资或纵向一体化的成本。从整个社会经济系统的运行来看，战略联盟的出现是追求更高资源配置效率的结果；从单个企业的角度出发，战略联盟使成本最小化（杜尚哲等，2006；蔡继荣，2006）。

交易成本理论从社会经济体系的高度分析战略联盟，极具指导价值，然而，该理论也存在自身的不足和局限性。比如，交易成本理论不能完全解释战略联盟组建的动因。当市场交易费用很高时，究竟选择纵向一体化（如并购）还是选择战略联盟并不完全由交易成本决定。实际上，Faulkner 和 Mark（2000）①经过大量实证研究后发现，没有受访者认为交易成本是他们组建联盟的动因。当然，他们的实证结果并不能代表全部情况，但是它撼动了企业组建战略联盟只是为了节约成本的看法。学者们发现，企业组建联盟不仅在于节约成本，更是为了提升企业的竞争力，具有很强的战略性，在某些情况下，企业为了获得竞争地位甚至会建立有可能使成本增加的战略联盟②。该理论的局限性还表现在过于强调成本的约束对于联盟双方行为的影响，而在现实中，机会主义行为导致的交易成本上升并不像该学派的学者所强调的那样严重。

三、交易成本理论对关系风险的解释

交易成本理论揭示了关系风险的本质，分析了联盟中的机会主义行为以及由此产生的内生交易成本（Hennart，1991），并就其管理给出了建议。

交易成本理论认为战略联盟中的机会主义行为无法避免，其代表人物 Williamson 指出，在经济活动中，人们总是寻求最大程度地保护并极力增加自身利益的方法，只要有机会就会损人利己。Williamson（1975）③强调机会主义行为的目的是最大化自身利益，当有机会时，企业就一定会战略性地改造信息或掩藏真实企图，如不履行承诺或欺骗等。在后来的研究中，Williamson（1985）④又指出了联盟中不可保险的风险，包括双边依赖、脆弱产权、测度风险、可能采取非均衡缔约、长期潜伏和策略滥用等（蔡继荣，2006）。

---

① Faulkner D.O., De Rond Mark, *Cooperative Strategy: Economic, Business and Organizational Issues*, New York: Oxford University Press, 2000.
② （法）皮埃尔·杜尚哲、贝尔纳·加雷特、李东红：《战略联盟》，中国人民大学出版社 2006 年版。
③ Williamson O.E., *Markets and Hierarchies*, New York, NY: Free Press, 1975.
④ Williamson O.E., *The Economic Institutions of Capitalism*, New York: Free Press, 1985.

此外，交易成本理论的学者还从资产专用性水平[①]的角度分析了关系风险，认为资产专用性水平越高，企业进行机会主义行为的意愿就越低。因为联盟的专用性资产通常是固定并预先支付的，很难再用于其他用途，有些专用性资产脱离联盟后只能被废弃，有些专用性资产进行价值转换时原有价值会发生巨减甚至消失。实质上，这些成本就是战略联盟的沉淀成本。只有当企业确信能够通过机会主义行为获取超过沉淀成本的利润时，才会采取机会主义行为。因此，专用性资产也可以看作是企业的可置信抵押。在联盟中放置大量不可回收的资产可以减少双方对机会主义行为的担心（张延峰，2007）。

该理论认为，机会主义的危害主要表现为内生成本的上升，在某些情况下内生成本会抵消甚至大于联盟给企业带来的收益。机会主义行为增加了联盟管理的复杂性，"搭便车"或对缄默知识、技术诀窍所产生租金的攫取等行为以及为了防止这些行为所采取的保护措施会引起交易成本（如监督成本）的上升。此外，预估发生机会主义行为的可能性越大，就越需要详细的合同条款，而详细合约的签订和执行都会产生额外成本，包括谈判费用、时间损耗以及谈判失败的可能性等，这些都属于联盟的内生成本范畴。

对于联盟风险的管理，该理论强调正式控制的重要性，指出应该建立完备的契约和激励机制，提高联盟成员个体利益与联盟整体利益的一致性，增加其遵守联盟协议的激励，从而降低联盟成员进行机会主义行为的动力，并最终降低内生成本。但是，交易成本理论忽视了信任和社会控制对关系风险管理的影响。在现实中，正式控制通常只是联盟管理的手段之一，其应用条件和作用受到很多因素的制约，要达到风险管理的效果，还必须配合其他手段。

[①] 威廉姆森（1983）将资产专用性划分为三种类型：一是厂址的专用性，二是物质资产的专用性，三是人力资产的专用性。

第二节 资源基础理论

20世纪80年代，以Porter为代表的竞争优势理论在战略管理领域迅速兴起，该理论以产业分析为出发点，探讨了企业的外生竞争优势。随着竞争优势理论的发展，学者们发现企业表现为超额利润率的竞争优势并非来自外部，而是企业自身的某种因素在起作用，在此背景下，以资源基础理论为代表的竞争优势内生派出现。

资源基础理论（Resource-Based Theory）从企业内生竞争优势的角度对战略联盟进行了分析，是对交易成本理论的补充，适合于拥有互补性资源的企业间建立的联盟。

一、资源基础理论的核心思想

Wernerfelt（1984）[1]发表了论文 *A Resource-Based View of The Firm*，该文第一次提出"资源基础理论"概念。随后，Barney（1991）[2]提出了企业资源与持续竞争优势的关系。Prahalad 和 Hamel（1990）[3]提出了企业的短期竞争力来自产品的质量和性能，而长期竞争优势则来自企业核心能力的创造和增强。Collis 和 Montgomery（1995）[4]提出了资源理论是建立在Porter竞争策略与核心竞争力的基础之上的，企业是资源（有形资产、无形资产）和能力的组合，两者共同决定企业的效率与成效，拥有最优化资源的企业会比竞争对手表现更佳或成本更低。

---

[1] Wernerfelt B., "A Resource Based View of the Firm", *Strategic Management Journal*, Vol.12, No.5, 1984, p.89.
[2] Barney J.B., "Firm Resources and Sustained Competitive Advantage", *Journal of Management*, Vol.17, No.1, 1991, p.99.
[3] Prahalad C.K., Hamel G., "The Core Competence of the Corporation", *Harvard Business Review*, Vol.68, No.1, 1990, p.79.
[4] Collis D.J., Cynthis M., "Competing on Resource Strategy in the 1990s", *Harvard Business Review*, Vol.7, No.8, 1995, p.26.

资源基础理论探讨了企业保持竞争优势的内在原因,从企业自身的资源和能力出发,认为竞争优势不是通过一般性的管理创造出来的,而是企业获得并高效地运用一系列有价值、稀缺、难以模仿和不可替代的资源的结果(Penrose,1959;Wernerfelt,1984;Prahalad 和 Hamel,1990;Barney,1991;Peteraf,1993;Conner K.R.和 Prahalad C.K.,1996)。资源基础理论有两个前提假设:①企业是异质的,不同企业拥有和控制的资源和能力不同。②企业资源不完全可以在企业之间流动。在此假设下,可推出特定的资源和能力形成了企业的经济租金,这就是企业的持续竞争优势(李新春,2006)。

根据资源基础理论的观点,企业本质上是一个资源集合体,企业的持续竞争优势来自其拥有或者控制的独特的、有价值的资源与能力,为了获得持续竞争优势,企业必须不断积累资源、积聚能力,尤其是那些关键的、独特的资源或能力。与交易成本理论以"交易"为分析单位强调成本最小化不同,资源基础理论以"资源"为分析单位,强调企业必须通过整合和利用有价值的资源来实现企业利益的最大化。

由以上分析可见,资源基础理论研究的出发点是企业资源和能力与竞争优势密切相关,正如 Barney(1991)[①]所指出的那样,当一个企业实现价值创造的资源或能力无法被现有或潜在竞争对手复制时,该企业就拥有了竞争优势。

二、基于资源基础理论的战略联盟

资源基础理论继承了竞争优势理论的精髓,认为资源是企业竞争优势的来源。该理论非常适于对战略联盟的形成和管理进行解释,因为企业组建联盟的目的就是为了获得有价值的异质资源,实现资源的边界优化、配置优化和价值最大化。

任何企业都不可能完全拥有保持其持续竞争优势所需的全部资源,因此利用外部资源弥补自身不足就成为了一种战略需求。但是有价值的资源通常植根于组织之中,且稀缺、不可模仿、缺乏直接替代品,难以通过市

---

① Barney J.B.,"Firm Resources and Sustained Competitive Advantage",*Journal of Management*,Vol.17,No.1,1991,p.99.

基于竞争情报的战略联盟关系风险管理研究

场交易获得。当企业无法通过市场或内部化（如并购）获得所需资源时，必然转向通过与其他企业集聚、分享或交换来获得资源。企业通过与具有互补性资源的其他企业建立联盟，可以充分利用外部共享要素，从而克服本企业的资源障碍，获得持续竞争优势。Gulati 等（2000）[1]指出，当互补性资源不能在要素市场获得时，联盟将成为获取它们的主要渠道，而合作伙伴通常是拥有自身所缺资源的企业。一些学者证明了某些资源的短缺会促使企业选择联盟。Glaister 和 Buckley（1996）[2]也发现，获得互补性资源是企业组建联盟的主要原因。

资源基础理论认为，联盟是企业获取和利用互补性资源的有效方法，它提供了一种从其他企业获得必要资源的合法途径（Miner 等，1990），是将来自不同企业的互补性资源组合在一起实现资源集聚以创造新的市场机会的手段。循着资源基础理论的思路，一个企业相当于它所拥有的一系列资源的集合体，而联盟是企业间资源整合的结果，是战略资源需求和社会资源机会驱动的结果，是企业寻求比其他资源联合方式更好地实现资源价值的优化资源边界尝试的结果（杜尚哲等，2006）。

Das 和 Teng（1996[3]，1998[4]，2000[5]，2001[6]）是联盟资源基础理论的代表性学者，他们对战略联盟进行了一系列连续性的研究：首先指出了企业组建联盟的动因，包括：①获得其他企业的资源。②通过把自己的资源与其他企业的资源相结合维持和开发己方资源。其次明确了联盟带给企业的四种关键资源——财务资源、技术资源、物质资源和管理资源。最后对联盟风险进行了大量研究，辨别了联盟的两类风险——绩效风险和关系风险，指出了关系风险是联盟所特有且无法避免的，提出了联盟风险管理二

---

[1] Gulati R., Nohria N., Zaheer A., "Strategic Networks", *Strategic Management Journal*, Vol.21, No.1, 2000, p.203.

[2] Glaister K.W., Buckley P.J., "Strategic Motives for International Alliance Formation", *Journal of Management Studies*, Vol.33, No.3, 1996, p.301.

[3] Das T.K., Teng B.S., "Risk Types and Inter-Firm Alliance Structures", *Journal of Management Studies*, Vol.33, No.6, 1996, p.827.

[4] Das T.K., Teng B.S., "Resource and Risk Management in the Strategic Alliance Making Process", *Journal of Management*, Vol.24, No.1, 1998, p.21.

[5] Das T.K., Teng B.S., "A Resource-Based Theory of Strategic Alliance", *Journal of Management*, Vol.26, No.1, 2000, p.31.

[6] Das T.K., Teng B.S., "Trust, Control, and Risk in Strategic Alliances: An Integrated Framework", *Organization Studies*, Vol.22, No.2, 2001, p.251.

要素——控制和信任。

总之,资源基础理论为战略联盟的研究开辟了一个全新的视角,它从资源和能力的角度解释了联盟的成因,认为企业组建联盟的目的是为了集聚稀缺资源,以获得并保持企业的持续竞争优势,对多种类型的联盟都具有很强的解释力。但是,它也有自身的不足,比如只是考虑了企业对资源的需求,而忽视了交易成本、学习机会等影响联盟的其他要素;过于强调资源本身,却忽视了资源的创造过程;没有就联盟企业自身能力如何发展、资源如何在企业间转移等给出合理解释;等等。Porter 就曾经对资源基础理论提出过尖锐批评,认为其缺乏操作性的定义,对于什么是核心资源、核心能力等基本概念不能给予明确的说明,已沦为一种神秘主义(巫景飞,2007)。

三、资源基础理论对关系风险的解释

在资源基础理论看来,联盟能使企业有效地获得所需资源、优化资源边界,保持持续竞争优势,但是组建联盟同时也造成了企业自身资源保护的困境,提供方资源的稀缺性会因之降低,出现价值贬损现象。这说明组建联盟会给企业带来一定程度的风险,Das 和 Teng 称之为关系风险,也有学者认为这是由联盟中成员间的互动造成的风险,所以称之为合作风险。

例如,当甲企业想扩展自己的业务范围而没有足够资源时,它便会选定一个合适的对象乙,并以联盟的名义与其合作。显然,获得乙的核心资源是甲结盟的目的。在这种情况下,战略联盟中的机会主义必然发生。如果乙不能很好地应对,就将面临失去资源竞争优势、培养出强大的竞争对手,甚至灭亡(如被甲收购等)的风险。为了避免上述情况发生,乙必会进行严格控制以保证其核心资源不被对方窃取。这一盗一防的博弈以及由此产生的一系列后果就是联盟的关系风险问题。Hamel(1991)①发现其调查的企业把战略联盟作为内部化合作伙伴技能的工具,也有学者直接以"特洛伊木马"来比喻联盟中伙伴间的合作。

按照资源基础理论的观点,一旦把专用性资产或专有核心资源投入联

---

① Hamel G., "Competition for Competence and Inter-Partner Learning within International Strategic Alliances", *Strategic Management Journal*, Vol.12, No.S1, 1991, p.83.

盟，企业就可能面临因专用性资产套牢或者核心资源溢出所导致的讨价还价能力被削弱，尤其当涉及技术、信息和知识等无形资源的投入时，这种现象更为突出，这就是所谓的侵占风险；为防止这种风险，企业有可能采取过于严格的保护措施，尽量避免过多投入，从而妨碍联盟中正常的资源交流与共享，这就是所谓的投入风险。联盟企业必须在攻击和防御之间或者说在竞争与合作之间权衡，也有学者称之为资源困境（Hamel，1991；Larsson 等，1998；Roehl 和 Truitt，1987；Yoshino，1995）。

关于关系风险治理，资源基础理论认为企业应该根据资源的类型和特点，分析其所面临风险的具体情况，提出有针对性的保护或预防措施。比如，当双方都投入产权资源时应该采取单边合作方式，都投入知识资源时应该采取双边合同方式，当一方投入产权资源而另一方投入知识资源时应该采取合资方式或股权参与方式等（Das 和 Teng，2000）。

联盟资源基础理论学派中，对关系风险研究最多的是 Das 和 Teng，他们的研究成果已经成为了众多后来此类研究的立脚点或重要参考，学术影响重大。本书使用的许多结论性观点也都源自他们的研究成果。

Das 和 Teng 认为，在联盟的关系风险管理中控制和信任是两个最为重要的因素，没有第三个能与之并列。在论文 *Trust, Control, and Risk in Strategic Alliances: An Integrated Framework* 中，他们构建了联盟风险、控制和信任的整合研究框架，认为控制和信任是减少风险的两条相互独立的途径。在该框架中，他们细分了风险、控制与信任的维度，认为联盟风险包括两类——关系风险和绩效风险，信任也包括两类——善意信任和能力信任，控制则可分为三类——行为控制、结果控制和社会控制，指出不是所有维度的信任和控制都与风险相关，具体关系见图 2-1。Das 与 Teng 的研究提供了一个关于不同维度的信任、控制和风险之间关系的整合框架，还在此基础上提出了结合信任与控制、最小化关系风险和绩效风险的建议。

综上所述，资源基础理论对联盟风险的研究做出了巨大贡献，它第一次精确界定了战略联盟的不稳定性（Inkpen 和 Beamish，1997），分析了联盟不稳定性（风险）与投入资产属性间的关系，揭示了联盟中关系风险的本质和治理要素，指出了在竞争与合作之间做出选择对联盟稳定的重要性（Teece，1992；Das 和 Teng，2000）。当然，该理论对关系风险问题的研究还有需要进一步完善的地方，比如没有对联盟成员如何在竞争与合作之间

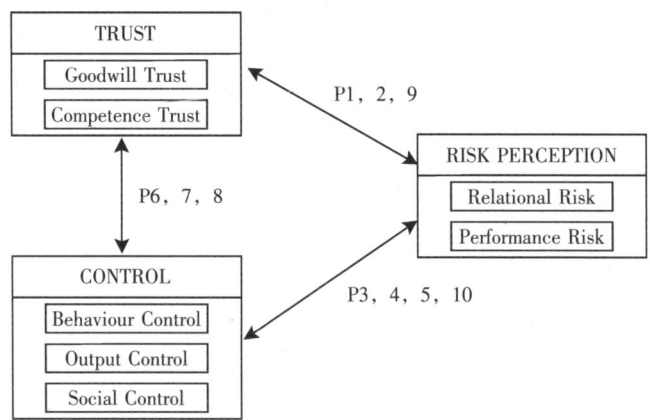

图 2-1 战略联盟风险、信任和控制的整合研究框架

资料来源：Das T. K., Teng B.S., "Trust, Control, and Risk in Strategic Alliances: An Integrated Framework", *Organization Studies*, Vol.22, No.2, 2001, p.251.

权衡取舍提出切实可行的选择依据；没有解释为什么当联盟中的合作收益大于竞争收益时，关系风险依然存在；虽然认识到了联盟成员自利决策中的机会主义，提出了信任的重要性，但是对关系风险的防范等问题没有给出可行的治理模式或机制等（蔡继荣，2006）。

第三节 组织学习理论

1965 年，Cangelosi 和 Dill 发表论文 *Organizational Learning: Observation toward a Theory*，开创了组织学习理论的先河。随后，Argyris 和 Schon (1978)[①] 提出了"组织学习"的概念。接着，管理学大师 Senge 从系统科学和一般动力学出发提出了建立"学习型组织"的管理理念。随着知识经济的到来，组织学习理论被越来越多地应用到实际管理领域。

在对联盟性质和功能的认识方面，组织学习理论（Organizational Learning Theory）进一步丰富了资源基础理论，因为资源基础理论忽视了

[①] Argyris C., Schon D.A., *Organizational Learning*, Reading, MA: Addison-Wesley, 1978.

资源或者能力的创造过程，而组织学习理论对此进行了补充与完善。

一、组织学习理论的核心思想

知识经济时代，企业经营环境中的不确定性因素激增、技术迅疾更迭、信息高速扩容，这使得企业必须不断学习，提高自身素质以适应形势的变化，从某种意义上说，学习已成为当代企业的生存方式。在此背景下，组织学习理论提出，企业必须将自己打造成为一个学习型组织——企业的成员要不断学习、企业内部组织要不断学习、整个企业也要不断学习，唯有建立开放、动态、高效的学习机制，企业才能更好地应对环境的变化（Argyris 和 Schon，1978）。

一般认为，组织学习是组织及其成员对存在于组织内外的知识加以吸取、传播、运用、创造和记忆，使组织适应不断变化的环境的过程。与组织学习密切相关的概念是学习型组织。所谓学习型组织，是指通过培养整个组织的学习气氛，充分发挥员工的创造性思维能力而建立起来的一种有机的、高度柔性的、符合人性的、能持续发展的组织。这种组织具有持续学习的能力，具有高于个人绩效总和的综合绩效（隋静，2005）。

Garvin（David Garvin）认为，组织学习是组织进行创造、获得与转移知识并进而修正其行为以及反映新的知识与看法的过程，它不是工具或技能，而是一种过程、概念，更是一种改变的能量。因此，组织学习是一个组织制定其组织目标，并据此进行一系列学习、知识获取、知识转移、知识创造的过程。而学习型组织是具有组织学习机制的完整组织，该组织根据个人、团队、组织的需求与发展，有系统地且持续不断地进行组织学习，包括个人生涯规划、团队目标达成、组织愿景的实现等，且必须具有系统思考、团队学习、资源共享、知识管理与组织基本功能等机制（隋静，2005）。

组织学习理论强调学习能力与竞争优势紧密相关，认为隐藏在资源、能力背后，决定企业竞争优势的是知识及与知识相关的学习能力，企业本质上是一个知识集合体，其知识存量决定了它的创新能力，并最终会体现在市场表现上，研究如何增加组织知识的积累、促进组织学习能力的提高对企业的持续竞争优势意义重大。

在知识获取方面，组织学习理论认为企业可以通过内部的"干中学"

"用中学",以及外部的"从相互作用中学习""产业间外溢"等途径,不断提高自身的知识存量。由于知识通常是缄默且难以定价的,很难由市场交易获得,企业有些时候会选择合作而不是市场交易完成知识积累。

组织学习理论有三个经典模型:一是由 Senge(Peter M. Senge)提出的五项修炼,包括自我超越(Personal Mastery)、改善心智模式(Improving Mental Models)、建立共同愿景(Building Shared Vision)、团体学习(Team Learning)、系统思考(Systems Thinking);二是 Slater 的组织学习模型,强调了信息在组织学习中的地位,认为组织学习可分为信息获得→信息扩散→信息三个阶段;三是野中郁次郎的组织学习模型(SECI),区分了显性知识和隐性知识,关注企业个体知识以及潜在隐性知识的充分挖掘,关注"隐性知识"与"显性知识"相互转化的"社会化、外在化、组合化、内隐化"过程,完成一次螺旋上升的每一个阶段都有一个"场"存在①。

二、基于组织学习理论的战略联盟

知识经济时代,企业越来越重视新知识的获取以保持持续竞争优势,而战略联盟是组织间知识转移的有效途径,也因此成为了企业实现知识积累的重要方式。目前,以向合作伙伴学习为首要目的的学习型联盟已成为主流,这类联盟不再是传统意义上的资源互补、风险共担,而是为了获取对方的核心知识或能力。

组织学习理论认为,企业组建联盟是为了获得向对方学习知识的机会(Hamel,1991;Kogut,1988;Mowery 等,1996),企业结盟的动机是通过合作获得技术、能力、经验等。结盟动机研究证明,学习对方的技术诀窍和某些能力是促使企业加入联盟的最主要动因之一(Kale 等,2000),企业通过合作影响其知识资产的积累而创造经济租金(李新春,2006)。

根据组织学习理论的划分,企业中存在两类知识,即显性知识和隐性知识,而决定企业核心竞争力的多是其所独有的隐性知识。隐性知识通常一体化于组织之中,很难跨越组织边界扩散,具有缄默、不易传播和难以

---

① 秦发盈:《国外组织学习理论综述与本土应答》,《继续教育研究》,2004 年第 4 期。

定价[①]等特点，因此企业从市场直接获得的机会较小。而战略联盟则为成员学习对方的隐性知识提供了平台，企业要想学习一项特殊的新知识、新技术，可以与在这个领域中有特殊经验的企业结盟。

按照组织学习理论的思路，战略联盟可以带给企业三个方面的好处：①联盟中频繁的技术交流、人员互动为企业向合作伙伴学习显性知识铺平了道路。②联盟中的"干中学"为企业获得合作伙伴的隐性知识创造了机会[②]。③联盟可以克服资金、时间等的限制，为企业共同创造新知识提供了可能[③]。Powell等（1996）[④]指出，在一些专门技术分布十分分散的复杂产业中，创新和新产品的开发经常发生在企业之间的学习过程中。Deeds和Hill（1996）[⑤]也发现，企业的新产品开发率是它所加入的战略联盟数量的正函数，虽然两者的关系可能是非线性的（巫景飞，2007）。

当然，战略联盟仅提供了学习的平台，企业能否充分运用合作伙伴的知识和技能，不仅取决于企业在学习平台上能否接触到这些资源，还取决于企业向联盟伙伴学习的能力[⑥]。学习能力是一个组织认识到新知识的价值，消化并将其运用到商业活动的能力，这种能力具有积累性发展、路径依赖、基于先前经验的特点。影响联盟企业学习能力的因素包括员工素质、知识基础、知识类型、先前经验、企业文化、学习壁垒、联盟双方的关系、学习激励机制等（Kumar和Nti，1998）。

组织学习理论从组织学习和知识积累的角度对联盟进行阐释，对战略联盟的管理，特别是跟知识获取相关的活动的管理具有一定的指导意义，但是该理论过于重视知识这种无形资产的获取和利用，忽视了在此过程中产生的成本。此外，该理论在分析结盟动机时只考虑了知识原因，这本身

[①] Mowery D.C., Oxley J.E., Silverman B.S., "Strategic Alliances and Inter-firm Knowledge Transfer", *Strategic Management Journal*, Vol.17, No.S2, 1996, p.77.

[②] Inkpen A.C., Currall S.C., "The Nature, Antecedents and Consequences of Joint Venture Trust", *Journal of International Management*, Vol.4, No.1, 1998, p.1.

[③] Doz Y., Hamel G., *Alliance Advantage: The Art of Creating Value through Partnering*, MA: Harvard Business School Press, 1998.

[④] Powell W.W., Koput K.W., Smith-Doerr L., "Interorganizational Collaborations and the Locus of Innovation: Networks of Learning in Biotechnology", *Administrative Science Quarterly*, Vol.41, No.1, 1996, p.116.

[⑤] Deeds D.L., Hill C.W.L., "Strategic Alliance and the Rate of New Product Development: An Empirical Study of Entrepreneurial Biotechnology Firms", *Journal of Business Venturing*, Vol.11, No.1, 1996, p.41.

[⑥] （法）皮埃尔·杜尚哲、贝尔纳·加雷特、李东红：《战略联盟》，中国人民大学出版社2006年版。

三、组织学习理论对关系风险的解释

在组织学习理论看来，企业结盟的主要目的是获取与核心竞争力相关的、有助于其保持持续竞争优势的知识或能力，尤其是内含在组织内部的隐性知识。因此，联盟企业会有意识地获取对方的核心技术、诀窍等（Hamel 等，1989；Hamel，1991；Doz 和 Hamel，1998）。很多时候，对该类知识的获取甚至不是联盟资源共享带来的意外收获，而是企业结盟时所设定的明确目标（Inkpen 和 Beamish，1997）。显然，以获取对方隐性知识或核心技术为目标而组建的联盟，在其运行过程中必然会出现冲突、矛盾，危害联盟的正常运转，甚至导致联盟失败。在此背景下，学者们开始从组织学习的视角研究关系风险问题。

按照组织学习的思路，联盟创造了相互学习的平台，为企业借助联盟获取对方隐性知识、核心技术提供了合法途径。但是，企业在向对方学习的同时也面临着被对方学习的风险，因此企业只有比合作伙伴学得更快，才能最大限度地避免或减少损失，这种现象组织学习理论称之为学习竞赛。

当战略联盟成为学习竞赛，能够更快掌握对方知识的企业会在关系中处于主动地位，拥有更强的谈判能力。Inkpen 和 Beamish（1997）[1]指出，知识或技能的获取可以改变企业的谈判能力，一旦企业得到目标知识或技能，便可以抛开联盟伙伴，自行在市场中创造价值，这导致联盟中企业的地位和谈判筹码发生变化，进而会改变联盟利益的分配方式和数量。联盟成员必须努力在学习竞赛中取胜，而通常那些拥有强烈学习动机和良好学习环境的企业会成为学习竞赛的赢家（Hamel，1991）。

Hamel（G. Hamel）是最早提出联盟学习竞赛观点的学者之一，在他看来，学习竞赛会增加机会主义行为的发生概率，而学习效果将决定企业在联盟中的去留，只有在学习竞赛中获胜才能得到战略联盟的支配权。当以获得对方核心技术为目的参与联盟时，企业一方面会尽可能高效率地学

---

[1] Inkpen A.C., Beamish P.W., "Knowledge, Bargaining Power and International Joint Venture Stability", *Academy of Management Review*, Vol.22, No.1, 1997, p.177.

习对方知识，获取外部能力，同时也会极力保护自身核心技术或知识不被对方学习或模仿。学习竞赛是战略联盟竞合本性的体现，一般会处于动态平衡状态，当出现激烈冲突失去平衡时关系风险便产生了。

Inkpen 和 Beamish（1997）[①] 也注意到了知识或技术的投入与共享跟联盟风险之间的关系，并以国际联盟为对象对该问题进行了研究。他们强调联盟成员间的连带关系，认为联盟成员可以通过连带关系了解对方的技能和潜能，这将有助于承诺和信任的形成。

总之，组织学习理论认为，一方面，战略联盟作为学习平台会使成员企业的核心技术或知识迅速低成本扩散，使企业面临核心技术流失、培养出强大竞争对手等风险；而另一方面，为了防止这种风险，企业可能对自身资源过度保护，导致信息、技术和知识的传递与共享不畅，影响联盟绩效。因此，企业必须尽可能科学地做出投入与保护的两难选择。

以上几大理论对深刻理解战略联盟具有重要的指导意义，但是这些理论的研究主要集中在联盟动力、联盟结构、联盟竞争力和价值创造等方面，对于关系风险关注不多。关系风险管理是保证战略联盟成功的关键一环，不容忽视，接下来本书将从竞争情报角度对联盟关系风险问题展开研究。

第四节　竞争情报相关理论

竞争情报是一个组织为了获得并保持竞争优势，对竞争对手和竞争环境进行系统的、持续的、合法的信息收集，并结合本组织的需要对所获取的信息进行定量化和定性化分析，得出旨在提高组织竞争力的策略的行为和方法，被认为是继技术、人才、资金之后的第四大竞争力。战略和竞争情报从业者协会将竞争情报工作定义为，对影响企业计划、决策和运作的外部信息进行收集、分析和管理的一种合法的系统程序。

竞争情报是经济发展的产物，其历史并不长久。冷战后期，美苏之间的军备竞赛为全球化的经济、技术竞争所取代，政治军事情报力量逐渐转

---

① Inkpen A.C., Beamish P.W., "Knowledge, Bargaining Power and International Joint Venture Stability", *Academy of Management Review*, Vol.22, No.1, 1997, p.177.

向民用，许多企业尝试将战时情报工作的模式移植到经济、技术领域；这种军事竞争向经济竞争的转换，使得市场竞争日益白热化，传统的市场研究不再能满足企业发展的需求，企业迫切需要一种全新的、能够适应当代竞争的情报理论的指导。此外，信息技术的进步也对竞争情报的产生和发展起到了极大的推动作用。在这种背景下，以合法手段获取信息并通过分析信息产生竞争策略的竞争情报应运而生，尤其是1986年战略和竞争情报从业者协会的成立，促进了竞争情报研究和实践活动的组织化、专业化、成熟化，自此竞争情报在全球范围内迅速兴起。

一、竞争情报的理论来源

国外的竞争情报研究历来重视实践，对于其理论基础问题关注不多，相比而言，国内学者在这个方面探讨得更多，成果更丰富。比如缪其浩（1995）[①]、包昌火等（2003）[②]认为，Porter的竞争优势理论为竞争情报的出现和发展奠定了基础；王知津等（2007）[③]认为，竞争情报理论来源于军事学、管理学、经济学和情报学；李林华等（2007）[④]认为，现代竞争理论规定了竞争情报的理论内核，讨论了现代竞争理论从外生到内生再到内外结合的演进历程，指出竞争情报也是沿着这种演进历程而发展的。王延飞（2012）[⑤]认为，竞争情报的理论来源可以从本体性研究、事业性研究、业务性研究和认知心智研究四个方面进行探讨。此外，还有学者从社会学、资源学、博弈论等角度讨论竞争情报的理论依据，试图确立竞争情报的理论基础。

从总体上看，竞争情报多学科交叉的特点使其理论来源呈现出复杂性和多样性，本节从竞争情报的特征出发，结合本书的研究内容，认为竞争情报主要有以下几个理论来源：

---

① 缪其浩：《竞争情报——国外的发展动向及其对我国的影响》，《情报理论与实践》，1995年第1期。
② 包昌火等：《竞争情报的崛起和发展》，《情报学进展》（第五卷），国防工业出版社2003年版。
③ 王知津、陈维军：《论竞争情报的理论来源》，《图书情报工作》，2007年第7期。
④ 李林华、容春琳：《现代竞争理论的演进及其对竞争情报研究的影响》，《图书情报工作》，2007年第5期。
⑤ 来自专家访谈。

1. 竞争优势理论

竞争优势理论是指以 Porter 为代表的经济界学者所提出的基于竞争的理论，它的目的是取代另外一大经济学理论"比较优势理论"。Porter 根据世界经济、技术发展潮流与产业竞争格局的演变，指出比较优势理论不能说明竞争优势所在，也无法解释竞争力的来源，认为只有竞争优势理论才能回答以上问题（尚涛，2009）。

竞争优势理论的核心著作即是著名的 Porter 三部曲：*Competitive Strategy*（1980），*Competitive Advantage*（1985）和 *The Competitive Advantage of Nations*（1990）。*Competitive Strategy* 的主要成果是提出了"五力模型"（Michael Porter's Five Forces Model）、产业环境和竞争对手分析框架、成本领先战略（Overall Cost Leadership）、差异化战略（Differentiation Strategy）和目标集中战略（Focus Strategy）；*Competitive Advantage* 的主要成果是采用价值链分析法（Value Chain Analysis）探讨了企业获取竞争优势的方法和途径；*The Competitive Advantage of Nations* 的主要成果是利用钻石模型（Diamond Model）分析了国家、地区如何取得持久竞争力。三部著作一脉相承，分别从微观（价值链是分析企业内部活动的微观分析工具）、中观（"五力模型"是分析企业所属产业环境的中观分析工具）和宏观（钻石模型是分析国家和地区竞争力的宏观分析工具）三个层面分析了企业乃至国家的竞争优势问题。

Porter 将竞争提升到了一个相当的高度，使人们对企业战略的目的和规划有了全新的认识——企业各项管理经营手段的根本目的就是提高其核心竞争力，保持持续竞争优势，从而获取更大利润。而竞争正是竞争情报的本质属性，是其区别于其他社会信息活动的标志。竞争情报是企业为了赢得和保持持续竞争优势而进行的信息活动，它产生于竞争环境，以战胜竞争对手为最终目的，有学者认为竞争是竞争情报存在的根本原因（文庭孝，2005；粟莉，2001；靳娟娟，1999），作为提高核心竞争力的信息基础和决策参考，竞争情报在企业生产经营过程中具有非同一般的地位。缪其浩（1995）① 认为，对竞争研究的深化是竞争情报诞生的直接推动力，竞争优势理论奠定了竞争情报学科构建的理论基础。

---

① 缪其浩：《竞争情报——国外的发展动向及其对我国的影响》，《情报理论与实践》，1995 年第 1 期。

竞争优势理论为解释竞争情报的形成机理和发展动力提供了思路和方法，它对于竞争情报的意义在于：①为竞争情报的研究、学科构建及发展方向提供了理论指导，确立了竞争情报工作的核心内容和目标，即创造与保持企业的持续竞争优势，为企业的战略决策服务。②为竞争情报提供了强大的分析工具，如三大战略、五力模型、竞争对手分析模型、价值链分析模型等。③钻石理论解释了国家竞争力的成因，为国家竞争情报概念的形成提供了理论依据（包昌火，2003；李林华，2007）。

2. 情报学理论

情报是一种普遍存在的社会现象，自从有了人类，就有了情报，有了情报的交流活动。"二战"后，现代科学技术进入了高速发展期，大科学出现，并因此积累了海量科技文献资料和科研成果，信息、知识急剧增长，人类进入信息时代，出现了"信息爆炸"现象。此时，对知识、信息进行有效管理已超出了个人所能够承受的范围和极限，信息产量与使用之间的矛盾凸显。在这种背景下，旨在开发利用情报资源以满足社会日益增长的情报需求的情报学应运而生，可以说，情报学是适应现代科学技术的发展，克服大科学时代情报危机的产物（马费成，1996；严怡民，2000）。

情报学是研究有关情报的产生、搜集、整理、存贮、检索和分析的原理原则与方式方法的科学。经过近70年的发展，情报学已经形成了一套相对完整的理论和方法体系，在解决"信息爆炸"所带来问题方面做出了巨大的贡献。情报学的研究内容包括情报交流与传递、情报源与情报获取、文献情报流的规律、情报的组织与控制、情报用户与情报需求、情报系统、情报技术及其应用等（严怡民，2000）。

最初，情报学的目标是解决由"信息爆炸"带来的情报积累与利用之间的矛盾，主要关注科技情报，研究科技情报的产生、传递和利用规律，并利用信息技术与手段使情报流通过程和情报系统保持最佳状态，提高情报产生、加工整理、贮存、检索、交流、开发利用的效率（马费成，1996；王知津，2007）。毋庸置疑，情报学的理论和方法为当代科技快速发展做出过巨大贡献，然而当人类社会进入知识经济时代，传统的情报学逐渐显现出了其局限性。对此，情报界曾展开过一场关于情报学的深化与突破的大讨论，出路之一便是大力发展竞争情报（包昌火，2003）。主张竞争情报振兴情报学的学者们认为，情报学应该积极适应新的生存环境，与经济紧密结合，在产业中实现自我价值，而竞争情报正是情报学的经济化,应该成为情报学发展的新方向。有学者甚至直接指出,情报本来就是指竞争情报(黄振中,1999),竞争情报的崛起是国际情报界的重大事件,它顺应了世界经济的发展趋势,是人类社会在信息化基础上向情报(智能)化发展的重要征兆,会对全球的经济发展与社会进步产生重要的影响(张超,2004)。

竞争情报与情报学的渊源深厚,这种联系在我国尤其突出,竞争情报就是由情报界人士首先引入并发起研究的。本书认为,情报学对竞争情报的贡献在于:①确立了竞争情报的思想、目的、范围和任务,明确了竞争情报不只是简单的信息加工,更不是数据堆砌,而是有目的地搜集关于组织内外竞争环境的信息,并通过识别真伪、分析、评价等步骤而形成的增值性情报产品,它服务于组织的科学决策,以赢得和保持持续竞争优势为目的和任务(邱晓琳,1999)。②为竞争情报工作提供了系统性的信息搜集、组织、处理、分析、传递和提供利用的手段和方法。情报学的主要研究方法,如社会调查法、文献计量统计法、系统分析与评价法、历史的研究法、德尔菲法、内容分析法、比较分析法等被广泛应用于竞争情报研究(王知津,2007)。

3. 其他理论

除了竞争优势理论和情报学理论,博弈论、人际网络理论和信息转化理论也被认为是竞争情报的重要理论来源。

博弈论[①](Game Theory)是研究博弈行为中是否存在以及如何找到最优行动方案的数学理论和方法。具有竞争或对抗性的行为即是博弈行为。在博弈中,各方都有自己的目标,为了达到目标,各方都必须考虑对手的可能性行动方案,并据之采取对己方最为有利的策略。竞争情报是市场竞争的产物,竞争情报研究本质上就是一个市场竞争中的博弈问题,博弈分析贯穿了竞争对手分析链——识别竞争对手、确定竞争目标、识别对手策略、评估对手强弱、估计对手反应、选择攻击(或回避)策略的整个过程,因此博弈论是竞争情报重要的理论来源(包昌火等,2012)。

人际网络理论[②](Social Network Theory)又称社会网络理论,即为达到特定目的,人与人之间进行信息交流的关系网。人际网络由节点和联系

---

① 维基百科: http://zh.wikipedia.org/wiki/博弈论。
② 百度百科: http://baike.baidu.com/view/1386793.htm。

两部分构成,节点是网络中的人或机构,联系则是交流的方式和内容。人际网络研究起源于社会学,逐渐扩展到经济学、传播学、市场营销学、人力资源管理等领域,相继出现了关系强度理论、社会资本理论、网络闭合理论、结构空洞理论等学术流派。竞争情报是植根于人际网络中的一项社会活动,人际情报网是竞争情报和竞争情报系统的重要组成,也是竞争情报活动的重要平台。人际网络理论对于人际情报网的建设和竞争情报学科的发展具有重要的意义,是竞争情报重要的理论来源(包昌火等,2012)。

信息转化理论(Information Transformation Theory)。知识由人的科学思维和技术工具创造,是改造人类自身和客观世界的强大力量,而信息分析方法或称知识激活手段则是知识创造的重要工具。包昌火提出科技情报工作是一项将信息转化为情报和谋略的活动,认为信息序化和信息转化是中国情报学的两大核心领域。Rothberg(H. N. Rothberg)和 Erickson(G.S. Erickson)合著的《从知识到情报》一书则给出了将知识转化为组织需要的、可指导行动的情报的途径和方法。因此可以说,信息转化理论是竞争情报的理论来源之一(包昌火等,2012)。

二、竞争情报与企业风险管理

企业风险管理一直是竞争情报研究的热点,也是其实践活动的重要内容。从某种程度上说,不管是经营环境分析、竞争对手分析,还是企业自身分析,归根结底都是一个从信息搜集开始,利用竞争情报工具和方法,通过削弱不确定性带来的危害,辅助企业建立持续竞争优势的风险管理过程。在此过程中,竞争情报的主要功能是帮助企业预知、回避、转移或降低由不确定性带来的风险,如建立风险预警机制、分析风险的影响因素、研究风险防范措施等。有学者甚至认为竞争情报就是为防范风险而生。下面分别从竞争情报应用于企业风险管理的切入点、具体应用以及常用方法和工具三个层次论述竞争情报在企业风险管理中的作用。

1. 竞争情报以信息为切入点作用于企业风险管理

知识经济时代,企业间竞争的核心体现为对信息的竞争[①],赢得信息竞争是企业获得持续竞争优势的关键。瞬息万变的市场使任何企业都无法

---

① 王国成:《竞争对策——博弈论在企业经营管理中的应用》,企业管理出版社 1997 年版。

掌握经营所需的全部信息而不得不在高度不确定性的环境中运行。实践证明，那些掌握更多信息的企业，更有能力抵御不确定性带来的风险。可见，信息是企业风险管理的重要内容，减少信息的不完备性，改善信息的缺失性，可以明显降低风险的可能性和程度，将信息管理纳入企业风险管理范畴十分必要。

企业信息的不完备多源于信息的不对称分布、相关人员的能力不足以及信息管理的费用有限等问题。竞争情报是以解决企业运行过程中信息类问题为目标的活动，是一种经过筛选、提炼和分析，得到的可据之采取行动的有关竞争对手和竞争环境的信息产品，是一个以信息为基础的智力增值过程。竞争情报以信息为切入点参与到企业风险管理中，通过专业情报人员的工作，在成本允许的情况下，按照搜集、分析、发布的顺序，把原始数据逐步转变成有价值的信息，即情报，并最终应用于决策。有效的竞争情报能够缓解企业信息不完备性的矛盾，进而减少不确定性因素带来的威胁或损失，从而降低风险，帮助企业确立相对于竞争对手的信息优势。

解决信息的不完备性是企业风险管理的关键，作为一项立足于环境监视及对手跟踪的信息管理性质的工作，竞争情报根据企业需求，通过对相关商业行为的优势、劣势、机会和威胁等信息的收集、分析、评估、传播与利用，对给企业带来风险的外部环境和自身内部状况系统地掌握，使管理者提前了解潜在的风险，以提前研究出相对合理的风险控制和转移措施。总之，竞争情报是一种利用信息消除或减少不确定性，保护企业避免由于突然遭受打击而造成损失的科学方法。

2. 竞争情报在风险管理中的应用

竞争情报强调风险预警，从事预警工作是竞争情报从业者区别于市场调研员和图书员的重要标志。风险预警是指根据企业目前的状况，在充分收集各方面信息的基础上，全面考虑可能出现的种种问题，运用科学的方法，对企业未来走向做出科学预测分析，消除在制定规划和决策中的不确定因素[①]，旨在从根本上防止企业风险的形成和爆发，是一种对风险的超前管理手段。采用竞争情报方法进行企业风险预警，能够提前发现威胁和风险征兆，连续跟踪信号变化，并对其进行分析和评估，最终发出风险警报。通常，一个完整的竞争情报风险预警循环包括三个关键步骤，即风险

---

① 罗伯特·希斯：《危机管理》，王成等译，中信出版社2001年版。

识别、风险追踪和风险警示。

（1）风险识别。风险识别是指企业在经济活动中对客观存在的风险进行系统的鉴别，包括感知风险和风险分析。风险识别是风险管理的第一步，只有全面、正确地识别各类风险，找到其发生的诱因，才能制定出有效的风险管理对策（吴涛，2000）。竞争情报是一个对企业经营环境、竞争对手及自身的全面监测过程，通过导入竞争情报，企业能够及时捕捉可能导致风险发生的事件、信号或异常等风险征兆，预见到尚处于萌芽状态的风险。变化带来不确定性，是企业经营风险产生的重要原因，发现变化通常是识别潜在风险的关键，竞争情报的风险识别主要追踪三个方面的变化：①市场环境的变化，主要关注影响公司业务的宏观环境（政治、经济、社会、文化、自然）、政策环境（法规、法律、管制）、产业环境（行业标准、新产品、新流程、新技术）、需求环境（主要客户动向、主要客户反馈，消费者观念、购买愿望）等方面的信息。②竞争对手的变化，主要关注竞争对手的联盟、投资、并购、专利申请、研究成果、新闻发布、媒体报道等方面的信息。③企业自身的变化，主要关注财务指标、组织管理（员工情绪、流失率、工作业绩）、产品与市场（市场地位、占有率、企业形象、产品回收）、研发（研发预算、新技术/新产品开发）等方面的信息（李素梅，2009）。

（2）风险追踪。风险追踪指在可能出现的各种情景路径之上，以经过分析确定的一系列必定会发生的关键性征兆事件作为路标，并对其进行连续的信息搜集，动态地监视这些征兆点的变化。竞争情报能够发现、跟踪并研究有关征兆点的信息，通过四个基本步骤完成风险监视工作：①风险征兆的遴选。此步骤要注意风险征兆必须是能引起风险的事件，此外，竞争情报是有成本的，企业应该在预算允许的前提下，根据财务状况制定征兆监视任务，如果某个风险造成的损失小于监视成本，则应考虑放弃监视。②风险征兆的分析。在各种风险情景的构造过程中识别出驱动力量和关键情节，对其进行分解后即可确定为可观察征兆。对这些可选方案进一步分解，即可确定关键的征兆事件。这些征兆事件确定之后，就可以有针对性地对其进行搜集和监视了。③风险征兆的确定。任何风险征兆的释放，都是遵循一定的时间序列规律的。因此，首先需要对这些征兆按照时间的先后次序进行分组，确定每一时间段上可以搜集到的征兆事件。之后，还需要对这些征兆事件的可观察性和可信度进行评价。④风险监视的实施。即对预先设定的风险征兆是否发生进行确认,可以通过构造风险监视矩阵的方法来实施。矩阵中,所有风险征兆事件按事件发生顺序依次排列,并记录这些征兆事件是否被激活,一旦处于激活状态,则记录下激活的日期和信息的来源以及评价等具体信息。风险监视矩阵要随着风险监视问题的发展进行更新,如添加或删除一些征兆事件,甚至被推翻重新绘制(李艳,2006)。

(3)风险警示。确定了风险征兆后(对象、范围、指标等),竞争情报系统便启动信息搜集、确定、监视的风险追踪程序,最终进入风险警示阶段。在风险警示阶段,竞争情报分析人员要对搜集到的零星信息进行整合、总结、分析和评估,形成带有预测性质的风险预警分析报告。当有足够证据表明风险将会发生时,情报部门便向决策层或相关部门发出风险警示。实践中,有的企业模仿军事情报方法,设定一定的警报级别启动预警机制,如用绿、蓝、黄、橙、红五种颜色代表从低到高的危险程度,根据监视到的不同征兆的出现情况启动不同的警报级别(李艳,2006)。

3.竞争情报在风险管理中的常用方法

竞争情报是一种规范化的信息管理过程,有一套相对成熟的研究方法。在风险管理中,常用的竞争情报方法可分为三类,即风险信息搜集类方法、风险信息分析类方法和商业秘密保护类方法。

(1)风险信息搜集类方法。信息获得是竞争情报研究的基础,本领域的研究者和实践者对信息的搜集非常重视,对信息搜集的特性、来源、时机、途径、手段和原则等问题做了深入的研究。与一般信息相比,风险信息的搜集除了目标更明确、范围更具体外,在方法上并没有过多区别。

现实操作中,常用的风险信息搜集方法包括:①常规方法。其包括文献资源检索(工具书检索、标准检索、专利检索、报刊检索、企业宣传材料查找等)、网络媒体检索(竞争对手网站查找、政府机构网站查找、商业情报数据库检索等)、市场调查(专家调查、问卷调查、访谈等)、实地考察(企业参观、市场观察、产品展销会等)等。②特殊方法。除了常规信息搜集方法外,企业往往还会采取一些特殊手段获取难以从公开途径得到的情报,如高技术侦查、反求工程、废弃物搜寻、人际网络等。其中,人际网络被认为是最有效的隐性情报获取途径,情报人员通过交谈、观察、倾听、记忆、拍照等手段,常常可以获得可靠性较高的第一手资料。

(2)风险信息分析类方法。在风险管理中,竞争情报的分析工具和方法可以帮助企业识别风险诱因、估计影响程度、确定监视范围、提供防御建议等，能够极大地提高企业风险预警的准确性和可靠性。常见的竞争情报分析方法包括：竞争环境分析（主要包括政治及国家风险分析、市场信号分析和战略组分析；五力模型、行业环境分析、市场竞争事态分析、情景分析等）、竞争对手分析（PIMS 数据库分析、多点竞争分析、SWOT 分析、财务报表分析、反求工程、竞争对手跟踪、兼并与收购分析以及专利情报分析；对手竞争力分析、财务报表分析、定标比超、战争游戏等）、竞争战略分析（SWOT 模型、BCG 矩阵、产业周期矩阵、业务组合分析矩阵等）、专利文献分析等。针对企业内部的分析主要包括价值链分析、业务流程重整、客户满意度调查和多元化业务分析等。

在诸多竞争情报分析方法中，情景分析和战争游戏最常用于风险预警。①情景分析（Scenarios Analysis）。情景分析是针对某个主体或主题所处的宏观环境进行系统分析的方法，通过对环境的研究，识别影响该主体或主题发展的因素，并模拟这些因素发生的多种可能性交叉情景，最后通过分析，预测和描绘各种可能的前景（秦燕，2006）。情景分析的基本分析要素包括概念（语言）、数值（数据）和关系（模型），目的是研究某些特定因素对未来的可能性影响，其分析结果呈多维性，适用于对不确定性影响因素较多的事件进行风险预测分析。②战争游戏（War Gaming）。战争游戏主要用于识别来自竞争对手的威胁，通过模拟自身和竞争对手相互出击、应对的过程，找到其中风险发生的可能性。与情景分析相比，这种方法更加关注竞争对手，目的是通过模拟战争了解竞争对手的意图、能力、战术等，利用己方优势制定进攻和防御的制胜策略。情景分析和战争游戏一个侧重外部环境的模拟，强调组织自身的适应与发展，一个侧重在与竞争对手较量的过程中获取竞争优势。在实践中，两者常结合使用，如通过战争游戏，模拟竞争双方的博弈过程，收敛多种情景到会给企业带来最大威胁的风险事件上（李艳，2006；张左之，2005）。

（3）商业机密保护类方法。商业机密是指那些影响企业竞争优势的无形资产，如核心技术、诀窍等，一旦泄露，企业就会遭受巨大损失，甚至破产。因此，商业机密保护是企业风险管理的重点，为防止商业秘密的泄露，企业应该启动反竞争情报程序。在进行反竞争情报工作时，要考虑的问题包括：保密与隐蔽、安全调查、保密制度、保密管理流程、安全保证策略等（张世平，2005）。

反竞争情报工作的核心是保护企业的商业机密，具体方法应根据企业的性质、业务、人员结构、对外交往等实际情况进行选择。在国外，OPSEC（Operations Security）作为一种有效的保密方法，常用于企业反竞争情报工作中的关键信息保护。该方法由五步构成：①识别关键信息，确定要保护的对象，比如企业的核心技术、营销计划、定价策略、收入模式等信息。②分析威胁，估计企业商业秘密泄露的后果，比如核心技术被竞争对手获得后可能会给本企业带来的不利影响。③分析脆弱点，确定本企业中最容易泄露信息的环节、渠道或人员等。④风险评估，估计什么事件会发生，什么情况可能出现。⑤采取对策，根据前面四个步骤分析的结果，采取有针对性的保护措施（秦铁辉等，2003）。

三、竞争情报对关系风险的解释

从竞争情报视角看，获取竞争优势是企业发展的根本，竞争并不会因为合作而终止。在战略联盟中，这种竞争表现为成员企业对知识和信息类资源（如技术诀窍、核心等）控制权的争夺。

根据竞争情报的竞争属性，本书认为既然合作不能消除竞争，那么联盟成员自利决策中的机会主义行为必然出现，联盟的关系风险无法避免。竞争的本质使企业结盟的目的只能是提高自身竞争力，保持持续竞争优势，实现自身利益最大化，而机会主义可以帮助企业在短期或低成本的情况下获利，与企业盈利目的一致。在联盟活动中，当投机带来的收益大于按规则活动时，寻求最大程度地增加自身利益的内在驱动便会使企业只要有机会就损人利己，常表现为窃取对方的技术诀窍、改造信息、掩藏真实企图、欺骗、长期潜伏等。可以说，战略联盟为企业获取所需资源提供了共享平台，但同时也造成了企业自身资源保护的困境，企业应在竞争情报工作的支撑下，权衡攻击和防御间的博弈，尽可能科学地做出合作与竞争的两难抉择。

根据竞争情报的信息属性，本书认为关系风险的发生来自成员的不确定性，由有效信息的缺失和管理不当引起。联盟的每项活动都产生信息，有效地搜集、分析和使用这些信息会给企业带来明显的竞争优势，企业的知识创造和信息处理能力是从战略联盟获利的关键性因素，如果把信息和对信息的管理看成是联盟过程中产生的无关紧要的副产品，那么企业一定会为此付出巨大代价[①]。因此，企业必须重视联盟信息流的管理，充分利用竞争情报的信息获取和保护功能，时刻警惕联盟伙伴的机会主义倾向，最大限度地避免或减少损失，真正从联盟的合作中获利。下面以一个真实案例说明由于竞争情报工作不到位所造成的关系风险。

【案例】一家美国企业和一家中国台湾企业结成了外销联盟，决定共同开发将在美国市场投放的换代产品。期间，美国无意中向其合作伙伴透露了产品规格变化方面的信息。早想进入美国市场的中国台湾企业马上警觉，认为这反映了市场的新特点，可以借此机会占领美国市场。于是，在联盟过程中，中国台湾企业秘密地对美国企业的相关行为进行了监控，并通过各种渠道系统地收集了关于市场和联盟伙伴的各类信息。通过对这些信息的分析，中国台湾企业了解了美国各个细分市场的竞争趋势、消费者偏好的变化、定价点以及价格敏感度、合作伙伴的竞争优势与劣势等方面的情况。这样，中国台湾企业在没有花费巨额市场调研经费的情况下就成功地得到了关于美国市场及其潜在竞争对手（目前的合作伙伴）的大量信息。毫无疑问，当中国台湾企业决定进入美国市场时，这些通过联盟所掌握的信息将发挥巨大作用。当一切准备就绪，中国台湾企业突然大举进入美国市场，先于美国企业推出了原有产品的节能样式。此时，美国企业才发现对方工程师早已利用职务之便从己方技术人员处获得了有关新产品项目的全部机密信息。最后，美国企业只得终结了与中国台湾企业的联盟，同另外一家企业建立了新的联盟关系。这次，美国企业加强了合作的保密性，注意审查各项与联盟有关的信息活动。

【分析】案例中，战略联盟对于美国企业来说是失败的，它因其核心技术被低成本扩散而失去了原有的竞争优势，不但谈判筹码减少，在联盟利益的分配方式和数量中处于不利位置，还培养了强大的竞争对手。从竞争情报的角度看，美国企业和中国台湾企业属于典型的"特洛伊木马"式的合作，中国台湾企业以攫取对方核心技术为目的参与联盟，有意识地搜集和分析合作伙伴的核心技术、诀窍、市场策略等信息；而美国企业由于合作而忽略了竞争，对自己的核心机密等信息疏于保护，让对方有机可乘，窃取核心机密的机会主义实施成功。

---

① 迈克尔·Y.吉野、U.斯里尼瓦萨·郎甘：《战略联盟——企业通向全球化的捷径》，雷涯邻等译，商务印书馆 2007 年版。

对于关系风险的治理，竞争情报强调正式控制和非正式控制并举，认为应该充分发挥竞争情报风险识别、风险追踪和风险警示的特长，为关系风险的正式管理机制和非正式管理机制提供情报支撑，如及时预警、商业秘密保护等，减少联盟内部环境的不确定性，避免联盟伙伴的机会主义行为给己方带来的危害。

在实践层面，本书认为应该根据联盟的类型和特点，分析其所面临风险的具体情况，提出有针对性的保护或预防措施。比如，研究证明对核心资源等商业机密的攫取在竞争性联盟中发生的可能性很大。因此，当与竞争对手缔结联盟时，企业必须格外小心，一方面要建立完备的契约和激励机制，提高成员个体利益与联盟整体利益的一致性，增加遵守联盟协议的激励，降低伙伴机会主义行为的动力，并善于通过人际网络，促进彼此承诺和信任的形成和巩固；另一方面要明确并严格保护那些影响自身竞争优势的信息，同时还要对联盟伙伴时刻警惕，连续搜集联盟内外相关信息，经过真伪识别、分析、评价等步骤，及时发现伙伴的异动。

在理论层面，本书认为竞争情报是战略关系风险管理框架中的又一重要的因素，它对企业的控制决策或信任决策负责，优化控制程度和信任程度的比例，与控制和信任一起共同降低联盟风险的发生概率。对于信任来说，竞争情报要根据联盟环境以及伙伴状态等具体情况对信任的水平、方式、效果和评价等提供支撑。对于控制来说，竞争情报要根据实际情况对控制程度、方式、成本等提供支撑，如条款的详细程度、合约的签订和执行等都需要竞争情报的参与。此外，竞争情报还必须保证控制和信任的配比程度与联盟的实际情况相适应。因为过于严格的控制会耗费谈判成本、时间成本，降低成员间的信任，不一定达到最好的效果，而过于松懈的控制又无法达到有效保护企业核心资源的目的，企业必须在竞争情报的支撑下使信任和控制以最佳比例搭配。

综上所述，竞争情报理论从竞争和信息的角度揭示了关系风险的本质和形成原因，分析了竞争情报对关系风险管理两大要素的支撑作用，指出了竞争情报在联盟风险管理中的重要意义，提出了关系风险的管理必须重视信息（情报）的获得和使用的观点。

四、联盟中竞争情报的特点

传统的竞争情报具有对抗性、保密性、谋略性和隐蔽性等特点,强调竞争。而战略联盟是以合作为起点组建而成的,联盟内部实行的是基于合作的工作机制,关注的是联盟成员间如何通过合作实现获利。由单纯竞争转向合作竞争,战略联盟中的竞争情报工作具有了一些新的特征。

1. 竞争情报具有了一定的共享性

传统的竞争情报只为本企业服务,情报工作由企业单独完成,情报成品需要严格保密。而在战略联盟背景下,为了服从联盟的共享属性,成员企业有义务相互提供有价值的情报或协同开展竞争情报工作。因此,竞争情报在联盟中具有了一定程度的共享性。这种竞争情报过程和成果的共享,增加了成员企业情报部门的信息获得途径,减少了重复搜集和分析,提高了工作效率。

2. 竞争情报的防御功能(反竞争情报)更加重要

竞争情报的防御功能,也称反竞争情报(Defensive Intelligence),是指企业为了保护自己的技术诀窍、商业机密等核心资源而开展的防御性情报活动,目的在于对抗竞争对手的刺探行为,保护核心资源,维护企业正常的经营环境,被视为一种风险管理保护模式,具体体现为采取一系列积极措施,对竞争对手针对本企业的情报活动进行全面的防范和抵抗。

竞争情报的防御功能可以有效地保护企业的核心技术等资源不被合作伙伴利用联盟平台攫取或占用。通过前文分析,战略联盟在客观上会诱导一系列合法或非法的核心资源被对方攫取或侵占的风险,如果企业忽视对己方核心资源的保护,其竞争优势将很可能被削弱甚至瓦解。值得注意的是,50%的战略联盟是在竞争对手之间组建的①。直接竞争对手具有更强的学习能力、更明确的资源攫取目标,也更容易找到获得资源的方法和途径,必须严加防范。可见,战略联盟中的竞争情报更加重视防御功能的使用,以保护核心资源和能力不受伙伴侵害。

---

① Ravindranath Madhavan, BSEO2511: *Management of Strategic AlliancesI*, 2008. (直接从 Madhavan 处获取的课件)

3. 人际网络的作用更加显著

人际网络（Social Network）是为达到特定目的，人与人之间进行信息交流和资源利用的关系网，是由个体或组织间的社会关系构成的动态系统。人际网络为获取、分析和传播非公开信息和隐性知识提供了重要的途径和工具，是竞争情报工作和竞争情报系统的重要组成部分。有学者认为，竞争情报是嵌入人际网络的一种社会活动，情报需求的产生、搜集、分析和传播都是处于网中的个体之间相互作用的结果。建立人际情报网是美国竞争情报工作的四大经验之一，在我国开展的调查也显示，高达65.1%的被访企业认为获取情报最常用的手段是人际交流（晏创业，2005；包昌火等，2006；普赖斯科特，2001；王涛，2004）。

人际情报网分为工作流网、咨询网和信任网三个主要类型，以竞争环境、竞争对手、企业自身、管理者、竞争情报部门或情报人员等为研究对象。传统的人际情报网要么是"协调—紧密"模式，这种模式的网络个体间存在高度信任，可获得隐性知识，但建网难度大、交际成本高、缺乏广度；要么是"分散—松散"模式，这种模式建网容易、范围广，但由于较难发展高度的信任关系，很难获得隐性知识。战略联盟的人际情报网介于两种传统模式之间，战略联盟的特殊环境更利于使人际情报网的作用得以充分发挥。首先，由于各种合约、协议的存在，战略联盟自然地加强了人际情报网的信任程度，节省了建立信任的时间和精力，从而更容易挖掘到对方的非共享性隐藏信息和隐性知识；同时，由于战略联盟产生于竞争对手、客户、供应商甚至不同行业企业之间，这就拓展了企业情报获取范围，增加了情报的多样性。

可以说，战略联盟促进了人际情报网络的搭建、网内信任的建立及情报获得层次的加深，使情报获取和分析更有针对性。因此，与一般的人际情报网络相比，联盟人际情报网的作用更加显著。

4. 竞争情报的伦理约束更加必要

竞争情报强调使用合法的、合乎职业道德的手段收集并分析信息，并为此制定了一套严格的道德准则（Patrick Bryant，2000）。伦理的约束一直是竞争情报专业人员遵守的行为准则，是把竞争情报从商业谍报的泥潭中剥离，使之最终走向专业化的核心保证。

战略联盟以共享为前提，成员企业有利用联盟平台获取其他企业的非公开性资源的条件，这就对竞争情报工作人员的道德和职业操守提出了挑战。联盟成员必须认识到信任机制是知识和情报共享的保障，而信任的前提是联盟成员的道德底线，一旦突破道德底线打破信任，就难以再次建立。另外，在战略联盟中，竞争情报工作小组的人员不只来自本企业，也常常会有来自对方企业的人员，若某方行为不当，必然引起冲突，危及联盟的健康发展。因此，必须建立基于竞争情报的自我约束机制，用明确的规章制度保证竞争情报在合乎道德标准的轨道上运行，做到有所为、有所不为，在警惕对方机会主义的同时也时刻检点自身行为，不为一时的利益破坏信任。

总之，联盟中的竞争情报不同于以往基于单一企业的竞争情报，它的新特征会影响其工作目标、内容、手段、途径等，在联盟中开展竞争情报工作时，必须考虑这些新特征，只有这样才能使竞争情报工作顺利开展。

本章小结

本章是合理性研究，对本书涉及的理论做了综述性梳理、总结和归纳，为概念模型的提出给出了理论依据，见表2-1。值得注意的是，不同理论学派对联盟风险的分析角度不同，也往往更适于对某一种或几种具体情况的解释，因此，各理论构成互补关系。

表2-1 理论支撑汇总

	交易成本理论	资源基础理论	组织学习理论	竞争情报理论
核心思想	在市场交易中会产生成本，包括寻找成本、签约成本和监督履约成本，节省成本是企业成长的动力	企业是一个资源集合体，其持续竞争优势来自企业拥有或者控制的独特的、有价值的资源与能力	制定学习目标，并据此进行学习、知识获取、知识转移和知识创造的过程	为了获得竞争优势，对竞争对手、环境和自身进行信息收集和分析
对战略联盟的解释	是市场失灵和直接投资成本很高这两个条件同时成立时采用的一种组织模式，节约市场交易成本和直接投资或纵向一体化成本	是资源整合的结果，由战略资源需求和社会资源机会共同作用，是企业寻求更好地实现企业资源的边界最优化的结果	结盟的主要目的是获取与核心竞争力相关的、有助于其保持持续竞争优势的知识或能力，尤其是内含在组织内部的隐性知识	企业获取和保持竞争优势的方法。联盟成员间是竞争—合作的关系

续表

	交易成本理论	资源基础理论	组织学习理论	竞争情报理论
对关系风险的解释	组织是自利的，在经济活动中，总是寻求最大程度地保护并极力增加自身利益的方法，只要有机会就会损人利己	企业一旦把专用性资产或专有核心资源投入联盟，就可能面对专用性资产套牢或者核心资源溢出的风险，陷入资源保护的困境	联盟作为学习平台会使成员企业的核心技术或知识迅速低成本扩散，使企业面临核心技术流失、培养出强大竞争对手等风险	竞争不会因为合作而终止，联盟成员自利决策中的机会主义行为必然出现

第三章 模型构建

本章是本书的核心部分,由四节构成:第一节分析了战略联盟风险管理的竞争情报需求;第二节分析了关系风险管理二要素——控制和信任的建立、产生、维持和优化条件;第三节建立了基于竞争情报的战略联盟风险管理模型;第四节对控制和信任进行了维度细分,并建立了竞争情报与各维度控制和信任的关系模型。

第一节 战略联盟风险管理的竞争情报需求分析

战略联盟是一种高风险性的组织形式,成员间的关系盘根错节、利益争夺激烈、纷争冲突不断。能否成功地预测、识别、评估风险,并采用经济、有效的对策化解风险,决定着战略联盟的生存与发展。因此,必须有一套科学的理论与方法对联盟风险的管理予以支撑。竞争情报是关于追踪环境和竞争对手动向,调整自身以适应变化的一整套原则、思路和方法,其风险防范、预警及商业秘密保护等功能使它能够作为一种有效的工具应用到联盟风险管理之中,本书认为联盟风险管理对竞争情报的需求强烈。

一、战略联盟风险管理中信息的重要性

对现有文献进行研究后,笔者发现很多学者都指出了信息在联盟风险管理中的重要地位,认为无论是绩效风险管理还是关系风险管理,都跟信息的获取和使用息息相关。可以说,信息充斥着从开始到结束的整个联盟风险管理过程,及时、准确、经过分析的信息(即情报)是联盟风险管理

的保证。由此，本书认为联盟风险可以通过有效的信息管理得以避免、缓解或消除。作为对前人研究的有益补充，竞争情报完全可以发挥所长，利用其超前的信息获得技术和专业的信息分析技术，从信息的角度切入到战略联盟风险管理当中。

信息本身具有价值，它的不对称性会造成一方强于另一方。战略联盟中充满了各类信息，它们的流动、交换、分析以及利用无一不跟联盟的成败与否密切相关。现实中，联盟成员间的复杂关系常使信息以无法预测的途径流动。例如，一家美国高科技公司的日本合作方就在参加内部研究会议时，从公告板上获得了美国公司高度保密的研究计划。管理者必须重视战略联盟中的信息流，对流入、流出的信息做好合理的控制、筛选等工作，同时尽可能多地掌握联盟内外环境及联盟伙伴的信息，打造自身的信息优势，从而使本企业处于战略上的优势地位。总之，信息是联盟风险管理的关键点，而竞争情报正是以信息为切入点参与到联盟风险管理的工作中的。具体来说，在战略联盟中，竞争情报通过辅助企业充分利用所掌握的信息，降低不确定性和人的有限理性等因素的干扰，实现风险治理目标。①联盟风险管理过程中的不确定性。不确定性是导致联盟风险发生的主要原因，由信息缺失或信息不对称造成，减少不确定性可以明显降低风险的可能和程度，因此联盟风险管理的关键是使企业摆脱信息困境。竞争情报可以通过专业情报人员的工作，在成本允许的情况下，按照搜集、分析、发布的循环生成有价值的信息即情报，帮助企业建立相对于联盟伙伴的信息优势，从而减少不确定性因素带来的威胁或损失。②联盟风险管理过程中的人的有限理性。经典理论假设中能够在给定条件下做出充分合理的决定的理性人并不存在。现实中，人的理性受到信息获得、分析和传播等因素的制约，若要做出充分合理的决策，必须得到充分且正确的信息。在联盟中，竞争情报能够通过提供决策所必需的信息，提高联盟管理者的理性程度，辅助其制定出最为合理的风险管理政策。

二、关系风险管理的竞争情报需求

关系风险是指那些妨碍联盟目标实现的合作问题，将竞争情报引入关系风险管理，能够有效改善信息不对称的情况，减少联盟内部关系的不确定性，使联盟达到利益稳定和结构稳定的状态，最终帮助企业真正从联盟中获利。由前文分析可知，关系风险有五个常见的诱因，下面分别分析这五个诱因的竞争情报需求。

1. 联盟伙伴选择中的竞争情报需求

联盟伙伴选择不当是诱发关系风险最为重要的原因。在伙伴选择阶段，企业必须搜集到足够的情报以便对联盟伙伴的动机、信用、能力等做出正确判断，避免随着合作的深入与联盟伙伴发生大量的摩擦和冲突，造成自身利益受损。联盟伙伴选择，本质上就是信任问题。在寻找联盟伙伴时，竞争情报部门应重点考察备选企业与本企业的兼容性、备选企业的实际能力以及备选企业的承诺兑现态度和历史。具体来说，以下方面需要竞争情报的支撑：①了解对方加入联盟的真正动机。很多时候，获取商业秘密就是企业加入联盟的真正目的，这样的联盟伙伴在联盟成立后一定会利用联盟平台攫取本企业的关键技术等商业秘密。如果不得不与此类企业结盟，就必须开展反竞争情报活动，做好机密保护工作。一般情况下，企业尤其要警惕与竞争者构建的联盟，调查显示在竞争者联盟中存在着突出的技术流失和技能攫取问题，这是因为对方与本企业处于同一业务领域、使用相似的技术、要满足相近的顾客需求和相似的顾客群体，这些知识、技能、市场等便利条件使联盟伙伴具有更大的动力和更容易的途径进行机会主义行为。②了解对方与本企业的兼容性。战略上，要考察双方是否拥有相似的战略目标，对未来是否有相同的预期；组织上，要考察双方的经营和管理能否相互包容，比如双方在经营任务、经营理念、协调管理等方面的一致性如何，如果遇到问题双方能否快速达成共识；人力上，要考察双方人员的相互适应性，比如领导者之间是否相互信任。③了解对方对承诺的态度和兑现历史。行为具有延续性，因此企业应该考察对方的市场声誉，尤其是以往联盟历史，借此判断其能否对自己承诺的责任或义务负责。④了解对方的真实能力。结盟前要对备选伙伴的能力状况进行调查，比如对方的市场份额、市场角色、公司规模、技术实力、影响实力及发展潜力等方面。一般情况下，企业应该选择综合实力相当的合作伙伴，因为由实力相当的公司组建的联盟更容易成功。

2. 利益分配中的竞争情报需求

关系风险的另一个重要源头是利益分配不公平。利益分配的公平与否直接影响联盟的稳定性。依据公平的动机理论，感受到不公平待遇的一方将设法恢复公平。按照这个思路，当成员企业认为联盟的盈利模式不公平时，就有可能设法在合作中通过机会主义行为恢复公平，比如减少对自己的约束，实施败德行为，甚至为了自己的利益损害联盟的整体利益等。因此，利益分配的矛盾很可能导致机会主义的发生，形成关系风险。现实中，联盟成员进行收益评估时，更看重公平而不是效率，因此联盟合作的必要条件是制定公平的利益分配机制。这里的公平是指与投入相称的盈利，即投入越多盈利越多。利益分配不公平，轻则降低成员企业的合作积极性，重则引发伙伴机会主义行为导致联盟失败。在制定利益分配机制时，需要竞争情报人员利用情报方法和工具进行大量的调研和分析，根据各方的实际情况辅助联盟管理者制定相对公平的利益分配制度，并不断跟踪各方变化，随着联盟的演进对原有制度进行调整使之更加合理。具体来说，以下两方面的工作需要竞争情报的支撑：①帮助管理者明确各企业资源投入与收益的博弈。防止当联盟成员的资源投入与期望收益不一致时其利用不当手段攫取合作之外的利益。②帮助联盟管理者明确联盟成员收益与联盟整体收益的博弈。联盟成员的增值结构总是不对称的，共享收益常常与个体收益此消彼长，要防止联盟伙伴为使个体利益最大化而牺牲共同利益。此外，在联盟形成之前也有许多因素能够导致不公平的利益分配模式，如备选伙伴的不匹配、一方没有选择余地、不利的法律环境等，竞争情报人员对这些因素也必须同等考察。

3. 文化冲突中的竞争情报需求

文化上的冲突源于企业间的文化差异，当具有不同背景的企业组建战略联盟时，由于各自独特的企业文化，在合作中难免发生价值观的碰撞，产生某些跟企业文化相关的冲突，尤其在跨国家或地区的战略联盟中文化观念上的冲突更加明显。一般而言，如果彼此之间文化差异较大且没有得到足够的重视和积极的干预，便会产生摩擦，表现为组织、领导、员工等在理念和行为上的冲突。这将降低彼此的信任度，诱发机会主义行为，形成关系风险。文化冲突客观存在，很难消除，需要使用竞争情报方法和手段缓解联盟中的文化冲突，如人际网络、访谈等，进行充分调研后，建立不同文化背景的员工能够认可和共同遵守的行为准则，把冲突双方引导到一个可以促进联盟发展的最佳状态。具体来说，要通过研究对方文化的特点（如种族、文化类型及文化发展阶段等），比较双方的差异（如价值观、信念、行为准则、管理模式、组织结构、管理哲学等），根据所得的数据进行整合、沟通并提出相应措施，以及时、妥善地解决双方分歧。由于文化冲突并不能完全消除，竞争情报部门还必须对由文化差异引起的机会主义行为有所警惕和防范，避免伙伴企业可能的消极怠工、资源投入减少、歪曲真实信息，甚至提前退出联盟等情况的发生。

4. 联盟组织管理中的竞争情报需求

联盟是一种松散的组织结构，每个成员都具有独立法人地位，彼此间不存在行政隶属关系，这就造成了联盟组织和管理方面的困难。在联盟的组织和管理中，管理权力、管理素质和管理制度非常重要，管理水平的高低直接影响联盟绩效的好坏。完善、高效的管理能够促进成员的相互信任，使成员企业能够在出现问题时以诚相待积极寻找解决方案；一旦有违约事件发生，违约行为会被及时制止，违约者也会受到相应的惩罚。在这样的组织管理下，机会主义行为发生概率较低。若组织管理不善，则会出现协调障碍、人员关系恶化、内部矛盾增多、问题不能得到及时解决等状况，机会主义行为发生概率较高。可以说，联盟能否成功很大程度上取决于联盟的管理水平，加强协调管理工作，及时化解处于萌芽阶段的矛盾和问题，对降低联盟关系风险有着特别重要的意义。联盟各方的利益和冲突不能以行政方式解决，必须建立一套科学的管理系统以保证联盟高效运转。竞争情报在组织管理方面的作用是为相关制度的建立提供依据，收集相关数据并分析可行性方案。情报收集和分析能够帮助企业了解自身与对方的优势与不足、所需激励、员工素质、企业文化等信息，进而保证联盟相关规章制度、规范机制（如合理的激励机制、沟通机制、共享机制、学习机制、处理联盟成员机会主义行为的监督约束和惩罚机制等）的制定不会成为导致今后关系风险发生的隐患。

5. 联盟方案设计中的竞争情报需求

联盟企业的有限理性和联盟内外环境的不确定性使制定包含了各种情况的完整性契约非常困难，企业监督和控制联盟伙伴机会主义行为的能力也因此受到一定程度的限制。为了保证联盟契约的相对完备性以最大程度地减少联盟伙伴进行机会主义行为的可能性，管理者在联盟方案设计的过程中需要竞争情报的支撑。经验表明，很多关系风险源于先天不足，签约准备工作不到位、谈判水平有限、考虑不全面等都可能导致联盟运行过程中出现摩擦、冲突。因此，在联盟方案设计阶段，必须引入竞争情报工作为联盟的管理者提供情报支撑。此阶段竞争情报的主要作用是通过信息收集和分析等手段设法减少企业的有限理性和环境的不确定性，充分预见未来，辅助相关人员做好联盟谈判和签约工作，建立相对完善、合理的契约体系，具体工作包括：①确定联盟的目标和宗旨，明确双方开展合作的领域，如技术创新、新产品开发、联盟营销等。②明确联盟各方权利和义务的划分，将联盟可行性研究与风险研究结合起来，并重视不可行性研究。合约、协议、条款等要尽可能详细，如汇报和检查措施、独立于协议的书面声明、账务检查、费用控制、仲裁条款、诉讼规定等。③制定公平的利益分配细则，使企业在谈判中占据主动地位，确保企业投入与收益大体相当。④制定联盟终止条款，建立联盟退出机制，以免联盟失败后企业蒙受巨额损失，如大幅赔偿、被对方收购等。

综上所述，竞争情报是关系风险管理的基础，为风险的预警和解决提供信息支撑。同时还应看到，关系风险对竞争情报的各种需求从本质上都可以归结为控制和信任这两条相互独立的关系风险规避途径对竞争情报的需求，如联盟组织管理、联盟方案设计等属于控制问题，而联盟伙伴选择、利益分配、文化冲突等则属于信任问题。那么，成员企业的竞争情报能力[①]究竟与控制和信任存在什么样的内在关系？稍后，本书将在充分分析控制和信任的基础上，通过建立模型对该问题进行回答。

三、绩效风险管理的竞争情报需求

绩效风险虽然不是本书研究的重点，但作为战略联盟的两大风险之一，绩效风险也在很大程度上影响着战略联盟的成败，因此本节对绩效风险的竞争情报需求进行简要的分析。

绩效风险由合作以外的威胁联盟目标实现的因素所导致，与联盟伙伴间的关系无关，是即使在联盟伙伴充分合作的情况下，联盟仍无法达到预期目标的风险。竞争情报能够降低绩效风险的发生概率，为联盟决策层快速、正确地采取有效手段最小化绩效风险提供支持。具体来说，在联盟的绩效风险管理中，竞争情报主要从三个方面提供情报支撑：①外部环境监测。为避免和预防绩效风险，联盟需要使用竞争情报对其外部的社会环境、产业环境和竞争对手的信息进行实时、系统、连续的搜集、整理和分

[①] 本书认为，竞争情报能力就是一个企业竞争情报工作所能达到的水平，与人员、资金、设备等软硬条件相关。

析,并提供风险预警。其中,社会环境主要指社会情况、经济发展、法律法规、科教文卫等;产业环境主要指产业发展框架、政策、趋势等,辨别联盟是朝阳型还是下降型的产业,努力使联盟处于优良健康的行业环境和产业框架位置;联盟的竞争对手是削减联盟持续竞争优势的最重要因素,要对其资源能力、技术水平、组织结构等情况进行跟踪和分析。②内部环境监测。竞争情报部门要对联盟内部的日常运行情况进行常规监测,以防绩效风险的发生,通常要搜集、整理和分析联盟的生产状况、销售、分销渠道、资金和技术等信息。③联盟内外部风险评估。为了避免绩效风险的产生,竞争情报要对联盟内外部进行风险评估,如建立风险评价指标体系、模型或方法,分析风险原因、可能造成损失的大小、可能发生的时间、可以采取的规避和管理措施等。风险评估需要情报人员从本企业和联盟伙伴的具体情况出发,搜索和分析相关信息后得出诊断意见和建议,不仅要给决策者提供预警信息,还应分析如何使可能的损失降到最低。

第二节 控制和信任

控制和信任是市场交易中的两个极其重要的概念,在联盟关系风险研究中,Das 和 Teng 甚至认为没有第三个要素能够与它们相提并论[①]。基于此,本书在研究竞争情报对关系风险的影响时,引入控制和信任要素,通过分析竞争情报与控制和信任的关系推导竞争情报对关系风险的影响。

一、关系风险管理的两条途径

战略联盟的关系风险管理路径有两条,一是强调经济属性的正式治理,如法律条款、惯例等;二是强调社会属性的非正式治理,如社会关系、信誉等。前者的本质是控制,通过法律措施禁止和惩罚与预期目标相违背的行为;后者的本质是信任,通过改变人们行为的价值取向使其自觉

---

① Das T.K., Teng B.S., "Trust, Control, and Risk in Strategic Alliances: An Integrated Framework", *Organization Studies*, Vol.22, No.2, 2001, p.251.

地完成组织期望的行为。一般情况下，企业会同时使用这两种方式实现对关系风险的管理，但对两种方式的倚重程度会因具体情况而异。

在战略联盟中，控制是关系风险管理的重要途径。控制机制通过描绘清晰的边界影响联盟成员的行为模式，如规定各方的责任、义务以及在对方实施机会主义行为时保护自身利益的权利。它强调利用规则、目标和程序说明期望的行为，或利用组织价值、惯例和规范鼓励预期的行为，采用结果控制或行为控制的模式，对结果或行为进行规范、评价和干预，以达到减少机会主义行为的目的。值得注意的是，这种机制本身存在缺陷：①契约的不完备性。在现实中，由于有限理性和信息的不对称性，制定完备契约界定所有问题以及每一种可能发生的情况几乎是不可能的。这注定了控制机制只能解决有限的关系风险问题。②高额的控制成本。为了制定相对完备的契约，结盟前企业要花费时间、精力、金钱等进行调研和合同签订，因此会产生大量的搜寻成本和谈判成本。联盟成立后企业还必须严格按照契约内容对联盟伙伴实行契约控制，因此会产生大量的监督成本。这些成本会抵消企业的部分甚至全部联盟获利。根据交易成本理论，为了平衡所付成本企业很可能有意地进行某些机会主义行为。③可能的反作用。控制程度和控制效果之间并不存在必然的因果关系。过强的控制不一定带来更好的控制效果，甚至反而会降低控制效果，造成诸如互相猜疑、抵抗行为和消极态度等负面效应，诱发机会主义行为的发生（李新春，2006；谢恩等，2009；黄玉杰，2009；Das 和 Teng，1998）。

由以上分析可见，控制机制的应用条件和作用受到诸多因素的制约，只能提供不完全保护，需要控制之外的方式予以补充。研究认为，建立联盟成员间坚实的信任关系可以弥补控制机制的不足。信任的意义主要体现在：①降低交易成本。联盟伙伴相互信任能够降低缔约费用和监督费用。在相互信任的情况下，结盟前不必花费大量搜寻成本，而且谈判成本也会因彼此的信任而降低。信任还可以促成自我监督机制，从而减少监督成本。②提高反应速度。如果联盟伙伴充分信任，当遇到突发事件时就能够尽快达成一致并迅速做出反应。联盟具有经常谈判性，每次对原有合作安排的调整都意味着新一轮谈判的开始。联盟伙伴的相互信任使联盟各方采取更加积极、合作的态度开展谈判，减少了谈判过程中的猜疑和争执，从而推动决策的迅速形成，避免错过调整的最佳时机。③增加稳定性。联盟伙伴相互信任使彼此能够从容地应对合作中的摩擦、冲突等矛盾，并以较

第三章 模型构建

低的合作成本换取更大的合作剩余，打造共赢的物质基础，达到结盟的目的，从而使联盟更加稳定（张平，2009；张醒洲和唐莹莹，2005）。

控制和信任作为两条关系风险管理途径，已为企业界和理论界所公认。然而，对于两者之间的关系的看法却远未达成一致，主要存在三种主流意见：①信任是特殊的控制机制。持该观点的学者认为，信任是能够支配经济交易的控制机制，他们有的使用"控制交换"概念说明信任对交易产生的作用，有的在讨论组织中的自我控制时以信任为基础，还有的认为社会认知就是一种社会控制机制。总之，持此观点的学者试图证明信任及其相关概念可以被看作控制机制。然而，这些论据并不具有说服力，比如自我控制不涉及影响其他人的行为不能算是真正的控制。因此，本书不认同这一观点。②控制与信任是对立关系。这种观点把控制和信任看成两种截然不同的方法，认为信任不但不是控制机制，而且还与控制机制对立。信任是对他人动机的积极预期，它不影响其他人的行为而只相信他人将会实施符合信任者最大利益的行为，即使缺乏控制。信任不仅不能成为一种控制机制，而且它还暗示着对蓄意控制他方行为的排斥，即如果完全信任合作伙伴，就没有控制其行为的必要性，控制只有在缺乏信任时才发生。还有学者认为，控制会危害信任的建立，严格的控制表示彼此并不相信，而信任是相互的，一方的不信任必然导致另一方的不信任，互信基础由此丧失。本书认为，信任和控制并不是此消彼长的关系，在现实中，企业间高度的信任并不必然意味着控制水平的降低；反之亦然。③控制和信任是互补关系。现实中的绝大多数经济关系都同时包含了控制和信任两种机制，而且信任水平的高低并不总是与控制水平的强弱成反比，比如在联盟中，企业可能在建立更多信任的同时并不降低控制的力度。为此学者们提出，互补关系更能贴切地描述控制和信任间的动态变化，认为控制和信任不是零和博弈，它们平行运行，共同通过各自的方式增加联盟伙伴在交易中的可预测性。也就是说，为了有效管理关系风险的实际需求，企业可以平行地同时改变信任和控制的水平（Das 和 Teng，1998，2001；金高波和李新春，2001）。本书同意第三种观点，认为控制和信任是一种互补的关系，它们之间相互平行，共同并且独立地作用于关系风险。

二、控制的内涵、建立和优化

控制是联盟关系风险管理的核心内容,有效的控制对于降低关系风险、提高联盟绩效有着非常重要的意义,是实现联盟目标的重要保证。本节将对控制的内涵、建立以及优化问题进行讨论。

1. 控制的内涵

在管理学界,控制历来都是一个非常重要的概念,学者们对控制的看法非常接近。Green 和 Welsh (1988)[1]认为控制是一个调整的过程,用以指导和限制一个交互的行为符合一定的标准或达到一定的目标。Geringer 和 Hebert (1989)[2]认为控制是一个过程,通过这个过程一个实体影响另一个实体的行为和产出。Leifer 和 Mills (1996)[3]认为控制是一个限制过程,目标是使一个系统的要素通过在追求某一期望的目标或状态的过程中所建立的标准而变得更加可以预测。

从以上定义可知,控制是一个能够决定组织行为的过程,在此过程中,管理者使用一定的限制手段以实现组织期望的目标。按照这个思路,联盟控制就是通过契约、规则、治理结构、管理安排或其他法律机制等手段影响和约束联盟成员的行为,推动成员间的合作,以实现对关系风险的管理并最终实现联盟期望绩效的过程。联盟控制包括控制目标、控制机制和控制手段三个要素,其中控制目标对控制机制和控制手段的选择影响很大,有学者在以往研究的基础上,总结了联盟控制的三个主要目标,即防范投机行为、降低协调成本和最大化创造价值,其中与本书密切相关的是防范投机。

防范联盟伙伴的投机行为实际上就是对关系风险的管理问题,因此可以说降低关系风险是联盟控制的重要目标。早期的联盟控制研究受交易成本理论的影响较大,持交易成本理论观点的学者认为,联盟中发生投机行

---

[1] Green Stephen G., Welsh. M. Ann, "Cybernetics and Dependence: Refraining the Control Concept", *Academy of Management Review*, Vol.13, No.2, 1988, p.287.

[2] Geringer J.M., Hebert L.H., "Control and Performance of International Joint Ventures", *Journal of International Business Studies*, Vol.20, No.2, 1989, p.235.

[3] Leifer R., Mills P.K., "An Information Processing Approach for Deciding upon Control Strategies and Reducing Control Loss in Emerging Organizations", *Journal of Management*, Vol.22, No.1, 1996, p.113.

为的概率很高，联盟控制的目标就是通过一系列手段防范投机行为的发生，减少关系风险，最终降低交易成本。

2. 控制的建立

联盟控制通过事先的契约或制度规定成员企业在联盟中的义务和责任以及发生机会主义行为时依靠第三方力量（如法律、国家）保护自身利益的权利。控制不但与关系风险的治理密切相关，还影响关系风险治理的另一关键要素——信任。在联盟的初始阶段，控制尤为重要，因为此时成员间还没有形成充分的信任，必须依靠控制约束彼此的行为。

不同的控制方式对不同类型联盟的效果不同，为联盟选择和设计恰当的控制方式对降低关系风险、实现联盟目标至关重要。联盟控制的建立主要涉及三个问题——控制机制、影响要素和控制手段。

（1）控制机制。战略联盟的控制机制可分成基于契约的和基于制度的两类：①契约机制。契约将双方的权利、义务、责任以及联盟的目标、战略、政策写入正式的合同，为联盟提供明确的框架，确定各方的角色、权利、冲突解决的原则和程序、义务、责任等以保证联盟目标的实现。②制度机制。制度机制通过建立规章制度来监督联盟成员的行为、承诺和参与，强调管理和行政手段的使用。契约通常是指引性和原则性的，而制度则提供具体的规章、政策和程序，是契约机制的重要补充。

（2）影响要素。学者们分别从交易成本理论、委托代理理论、资源依靠理论、战略管理理论等角度提出了联盟控制方式选择的影响要素，如环境的不确定性和专用性投资水平[①②]、伙伴之间的相互依赖程度[③]、合作的历史和预知的投机风险[④]、各方的战略目标、联盟董事会和高级管理人员的选择、联盟的资源构成[⑤]、监督成本和激励机制成本等。

（3）控制手段。有学者总结了联盟控制的手段：减少专用性资产投入、采取多合作者战略、制定契约并监督、设置抵押、接管或组建合资企

---

① Williamson O.E., "Comparative Economic Organization: The Analysis of Discrete Structural Alternatives", *Administrative Science Quarterly*, Vol.36, No.2, 1991, p.269.

②③ Birnbirg J. G., "Control in Inter-Firm Co-operative Relationships", *Journal of Management Studies*, Vol.35, No.4, 1998, p.421.

④ Parkhe A., "Strategic Alliance Structuring: A Game Theoretic and Transaction on Cost Examination of Interfirm Cooperation", *Academy of Management Journal*, Vol.36, No.4, 1993, p.794.

⑤ Das T.K., Teng B.S., "Resource and Risk Management in the Strategic Alliance Making Process", *Journal of Management*, Vol.24, No.1, 1998, p.21.

业、相互持有对方的股份、建立具有吸引力的发展前景、利用声誉牵制、密切联盟伙伴与专用性资产的关系以提高其转换成本和潜在损失、提高联盟伙伴价值的专用性、形成联盟惯例、开发共同的战略计划、搭建共同的标准和价值、选择具有共同标准和价值的联盟伙伴等。

3. 控制的优化

战略联盟不是一个静态的合作结构，而是一个发展和演化的过程（Ring 和 Ven de Van，1994）。随着合作的深入，管理者必须根据合作过程中的具体情况，分析如何通过恰当的控制实现预期绩效，这就会涉及对原有控制体系进行优化的问题。

不恰当的联盟控制非但不能充分发挥其作用，还可能诱导机会主义行为的出现，危害成员利益。评估现有控制体系是否适合主要看其能否引导成员的合作、能否减少合作冲突、能否降低管理的复杂性、能否抑制机会主义行为并使其得到惩罚、能否提高资源共享的效率和准确性、能否增加各方的透明度和容忍度等。在联盟演进过程中，随着合作的深入，联盟目标和成员间关系等一定会发生改变，管理者必须根据实际情况对联盟控制的发展和执行情况进行客观的评估和完善。

联盟控制的优化就是分析和洞察联盟控制体系的缺口和薄弱环节，并有针对性地通过对契约或制度的建设、补充或修正，不断完善联盟的控制体系，提升和强化管理效力的过程。控制优化的内容包括控制的方式、水平、成本等方面的完善。优化目标则是明确各方的职责、需要和利益，使联盟的成员、内部条件、内外部联系等构成一个更有活力的和谐体，以最大限度地发挥合作优势。

联盟控制的优化使现有控制体系更具有针对性，是关系风险管理的重要内容。经验表明，只有更具针对性的控制才能真正起到降低关系风险的作用。比如，当联盟伙伴的机会主义倾向明显时，企业投入的资产、知识、技能很可能被对方模仿或窃取，此时应该严格规定双方的权利和义务、界定产权关系、建立惩罚机制等，利用完备的契约机制和周密的监督机制约束联盟伙伴的行为。

联盟控制的优化是一个连续、复杂的过程，要求联盟管理对联盟控制系统功能、作用机制和结构有全面的认识和深刻的理解，能够分析和洞察组织内部管理制度中的缺口和薄弱环节，发现制度缺陷或漏洞，有通过建立规范的制度提高联盟效率的意识。值得注意的是，联盟控制体系的优化过程中评估、制度、试行、修正等各个步骤都需要大量相关情报的输入。

三、信任的内涵、建立和维持

在关于战略联盟关系风险的研究中,各流派的学者都不约而同地强调了信任的重要性,认为信任是战略合作关系的核心特征,基于高度信任的联盟具有更大的决策和操作柔性。为了深入理解信任这一经济学和社会学概念,本书立足战略联盟对信任的内涵、建立基础和维持条件进行梳理和分析。

1. 信任的内涵

在联盟中,伙伴间的信任能够比事先预测、依靠权威或进行谈判等手段更快速、更经济地减少组织内部的不确定性,同时互信还有助于增强合作意愿、提升关系柔性、降低合作成本。

对信任的研究始于20世纪初,学者们分别从人际关系、组织行为、社会制度等角度对信任予以解释。信任的定义有多种,Rousseau等认为,信任是建立在对另一方意图和行为的正向估计基础之上的不设防的心理状态。Coleman认为,信任是致力于在风险中追求最大化功利的有目的的行为。张醒洲等在综合前人思想的基础上认为,信任是承担风险的意图,其核心是风险,信任行为则是实际承担风险。总之,信任是一方相信另一方的承诺或决定,并愿意以此作为自己行动的基础,这就意味着一方授予另一方伤害自己的权利,同时又相信对方不会滥用这个权利(张平,2009;张延峰,2007;Mayer等,1995)。

信任有两个必要条件:风险和依赖。风险是指一方将承担由于另一方的不可信任性而导致的潜在负产出(伤害或损失)。而依赖则是一方的意志行为,使其命运被另一方掌握。本书认为,联盟中的信任主要受利益驱动,而风险和依赖的改变会影响信任的水平和信任的形式(Zand,1972)。

2. 信任的建立

企业间的信任具有极大的脆弱性,表现为难以产生且易于破坏。为了帮助联盟企业建立起足够的信任,学者们进行了大量研究,指出了建立信任的途径和关键要素。

(1)信任的建立途径:①计算途径。通过计算对方欺骗或诚信的成本和收益(包括财务上的和名誉上的)以确定是否信任对方。②预测途径。

根据对方的历史表现如行为的一致性、言行的差异性等,对其可能的行为进行判断和预测以确定是否信任对方。③动机途径。通过辨明对方的动机是否是善意的,如责任感、合作精神、公平意识、互惠意识、愿意以合作伙伴的利益为重等,判断对方能否依赖以确定是否信任对方。④能力途径。通过考察对方是否具备履约能力,即对对方技术、人力、资历、专业知识和成就等情况进行分析,判断对方是否有做出合意行为的能力以确定是否信任对方。⑤转移途径。把第三方(先前的信任者)对对方的描述作为信任建立与否的基础,通过向第三方转移信任的方式确定是否信任对方,这种途径也被称作信任的扩展(张平,2009;张醒洲和唐莹莹,2005)。

(2)建立信任的关键要素:①合作历史。合作历史是联盟伙伴间信任产生的基础,研究显示,合作历史为联盟成员评估对方实现承诺的能力和意愿提供了判断依据。有学者认为,只有成功地完成了原有交易并确定合作伙伴的行为恰当时,企业间的信任才可能产生。②风险承担。风险是信任存在的先决条件,没有风险则无所谓信任,为了产生信任,首先需要承担风险。在战略联盟中,成员企业往往通过承担风险的方式向合作伙伴表示其可信性。研究认为,信任与风险承担程度正相关。③公平维持。在联盟中,公平的维持是建立信任的又一途径。公平意味着企业投入的越多,得到的就越多。联盟企业通常认为,公平比效率更为重要,如果利益分配不公,即使联盟能为企业带来利益,互信的基础仍然可能被严重削弱。因此,公平是重要的信任来源,为构建信任,利益的分配应该以维持公平为原则。④沟通。沟通能够促进与信任相关的信息在联盟伙伴间顺畅流动,有利于信任的建立和巩固。有学者认为,沟通是信任的重要来源:首先,快速有效的沟通是互信的特性之一,它能增加合作双方的理解,促进信任的产生。其次,企业必须收集证据以确认联盟伙伴是否可信,而沟通有助于这项工作。最后,沟通为联盟成员提供了持续相互作用的基础,成员企业在此过程中可能发展出共同的价值和标准,信任也会因此而增强。⑤企业适配。适配是指企业在组织文化、人力政策和行政程序等方面的相似性。有学者认为,联盟成员的相似性有助于信任的建立,缺乏相似性极易产生冲突、矛盾甚至对立从而破坏彼此的信任。⑥伙伴能力。联盟伙伴的能力影响联盟中信任的产生,因为企业只有在对联盟伙伴的能力和技能进行评估并确认对方有执行决策的意愿和能力后,才会有信任的意愿(李新春,2006)。

3. 信任的维持

信任本质上是一种心理状态，天生不具备稳定性。信任建立后如不注意维护，则很可能出现水平下降，甚至消失殆尽的情况。因此，联盟各方必须刻意地、持续地对已建立的信任进行培植，使其保持在一个良好的发展状态中。

李新春（2006）[①]根据前人的研究总结了信任维持要素，并指出这些要素既由信任产生又反过来作用于信任。①伙伴协作信心。信心就是对联盟伙伴做出合意行为的确定性的察觉水平。绝大部分信心来自于联盟成员间的信任，因为信任是一方冒险对另一方的信誉和可靠性持有积极的态度，一方越是相信另一方，就越对双方的合作有信心。信心也同时反作用于信任，高度的信心会增强成员间的互信。当然，还有一部分信心来源于联盟内的控制，如有足够的控制，即使信任度很低也能有相当高的信心。②容忍。在战略联盟中，容忍是指企业能够接受对方机会主义行为的程度。伙伴间的相互容忍在联盟关系中必不可少，有学者指出了信任和容忍之间的关系：信任能够带来容忍，容忍反过来增强信任。③专用性资产投入。专用性资产是指当联盟结束时不可移为他用的投入性资产，如厂房、设备等，伴随着专用性资产的是套牢风险。企业的专用性资产投入是一种风险决策，愿意进行专用性投资是对对方信任的表现，这通常会促进联盟成员间互信的发展。研究发现，专用性资产的投资随着成员间高度信任的确立而增加，同时，投资会增强对未来相互影响的预期，从而加深成员间的信任。④联盟范围。结盟前，企业通常会因对潜在联盟伙伴的信任不足，如不确定伙伴的能力、声誉等，而对合作的范围有所保留。联盟形成后，其范围和目标通常会随着战略的转变和信任的增减而变化。如果信任增长，联盟伙伴可能做出扩大联盟范围的决策，如果信任降低或缺乏，联盟伙伴可能做出缩小联盟范围的决策。Inkpen 和 Currall（1998）[②]认为，联盟范围与伙伴信任是相互加强的关系。⑤联盟绩效。联盟绩效和信任的关系是联盟风险研究中重要的课题。一般认为，信任作用于绩效：信任能够确保联盟成员间的充分合作，信任越多投入产出率就越高，绩效也就越

[①] 李新春：《战略联盟、网络与信任》，经济科学出版社 2006 年版。
[②] Inkpen A.C., Currall S.C., "The Nature, Antecedents and Consequences of Joint Venture Trust", *Journal of International Management*, Vol.4, No.1, 1998, p.1.

好。如果缺乏信任，联盟成员一方或双方会产生不满，出现摩擦、矛盾甚至机会主义行为，并最终导致绩效下降。而联盟绩效作用于信任也得到了一些学者的支持：Yan 和 Gray（1994）认为，绩效可能对信任有反作用，低绩效会导致彼此间的不信任。联盟成员对合作伙伴实现承诺可信度的判断往往通过绩效与预期的比较而来，如果联盟绩效比预期结果差，联盟企业可能对伙伴的能力和竞争力提出质疑，信任水平也会因此受到影响。

第三节　基于竞争情报的战略联盟风险管理模型

本节将构建基于竞争情报的联盟风险管理模型，以明确竞争情报在联盟风险管理中的作用，厘清当前情报学领域关于联盟风险研究的某些误区，如将绩效风险与关系风险相混淆等问题。

一、要素的选择

要素（Essential Factor），是具有共同特性和关系的一组现象，是构成系统的必要因素和基本单元，相互独立又按比例关联成一定的结构，要素及要素间的关系在很大程度上决定了系统的性质。根据定义，本书从众多影响联盟风险的事件中抽离出最为本质的概念构成模型，包括竞争情报、控制、信任、关系风险、绩效风险和联盟绩效。

1. 竞争情报

竞争情报是系统、持续、合法地收集信息，并结合需要对所获取的信息进行定量和定性分析的行为和方法，其风险识别、风险追踪和风险警示功能使企业及时掌握内外部环境变化，发现潜在风险，并制定出合理的风险管理措施，帮助企业预知、回避、转移或减小由不确定性带来的损失。

从竞争情报的角度看，联盟关系风险的发生源于伙伴的不确定性，由有效信息的缺失和管理不当引起。对于关系风险的治理，本书认为竞争情报工作应该坚持正式管理和非正式管理并举的原则，根据联盟的具体情况建立风险预警机制，通过风险信息搜集、风险信息分析和商业秘密保护等手段找出风险影响因素，研究风险防范措施，为关系风险的正式管理机制和非正式管理机制提供情报支撑。具体来说，在战略联盟中，竞争情报要对企业做出的控制（控制的程度、方式、优化等）和信任（信任的建立、程度、方式、效果等）的决策负责。应该注意的是，竞争情报不是禁止信息流动，阻止资源共享，而是指导控制与信任的程度达到最优配比，保证控制和信任的程度与联盟的实际情况相适应。

本书所要构建的模型将考察联盟企业的竞争情报能力对控制、信任、关系风险、绩效风险以及联盟绩效的影响。这里，竞争情报能力是指企业竞争情报的实施水平，具体包括信息获取能力、分析能力和可行性建议能力等几大方面，可以用竞争情报工作开展的频度、效果、持久性、普及度等指标来衡量。

2. 控制

控制是一个调整和限制的过程，使系统要素变得更加可以预测，用以指导交互行为符合一定的标准或达到一定的目标。在这个过程中，一个实体会通过一定的手段影响另一个实体的行为和产出，以实现组织的期望目标。按照这个思路，联盟控制就是通过契约、规则、治理结构、管理安排或其他法律机制等手段影响和约束联盟成员的行为，推动成员间的合作，并最终达到联盟期望绩效的过程。

控制是关系风险管理最为重要的方式之一，科学的控制机制能够有效地防范联盟伙伴的机会主义行为，减少关系风险，最终实现满意的联盟绩效。掌握信息的程度和质量对控制决策的制定影响巨大，由于战略联盟中的信息具有高度不对称性，本书认为科学控制决策的制定非常需要竞争情报从信息保障方面予以支撑。

3. 信任

信任是一种建立在对对方意图和行为的正向估计基础之上的不设防的心理状态，一方相信另一方的承诺或决定，并愿意以此作为己方行动的基础，在人们的社会交往过程中产生、维持和增强，能够简化复杂的人际关系。

国内外研究证实信任是企业合作的基础，战略联盟失败大多被归结为成员伙伴间信任的缺乏。联盟中的信任主要受利益驱动，具有风险性和有限性。若要建立合理的信任，必须得到伙伴企业充分、详尽和明确的信息，以最大限度地降低由信息缺失造成的信任决策失误。因为，从概念上说，信任是以对他人未来的行为或举止的期待为取向的，未来的行为或举止与当下的信任之间存在时间和空间差，需要有效信息的弥补[①]。此外，联盟中的信任有其程度和边界，如对不同合作伙伴采取不同程度的信任，在某些方面信任而在别的方面不信任，在某个阶段信任而在别的阶段不信任等。学者们普遍同意联盟信任不是免费的，是一系列有计划的活动的结果。本书认为，竞争情报就是信任成本的最重要组成部分。在联盟中，竞争情报主要负责测评合作伙伴是否值得信任、信任的程度和边界，以及对方对己方的信任程度等。

4. 关系风险

关系风险是联盟的特有风险，主要由联盟成员的机会主义行为引起。联盟并不消除竞争，获得自身利益才是企业的最终目的，联盟成员有进行机会主义行为的天然动机。利益的冲突是机会主义发生的根本原因，当个体利益与联盟伙伴或联盟整体的利益不一致时，企业更倾向于以牺牲其他成员甚至整个联盟的利益为代价而实现自身利益。此外，机会主义可以很快实现个体目标而不必面对联盟长期收益的不确定性，当联盟企业无法把握联盟前途时，机会主义等短期行为就会在联盟中占上风。

联盟中存在两类关系风险：一类是侵占风险，主要是关于对方是否会不公平地使用或占用己方资源，从而导致己方竞争优势丧失、利益受损的风险。侵占型的机会主义行为具有隐蔽性，尤其当涉及难以描述、监测和编码的知识与技能类资源时，更易失去控制受到侵占。另一类是投入风险，主要是关于对方能否向联盟投入其所承诺的资源，提供高质量、高效率的产品或服务的风险。当联盟伙伴采取阻碍某些关键知识、信息流动的方式来防止其他成员获得有用的信息和技术，或故意提供不完全产品和服务时，便产生了投入风险。本书主要通过研究竞争情报如何作用于控制和信任两大要素来达到降低关系风险的目的。

5. 绩效风险

绩效风险是指即使在联盟伙伴充分合作的情况下，战略联盟仍无法达到预期目标。其多源于合作以外的威胁战略目标实现的因素，与联盟伙伴间的合作关系不相关，是任何战略决策的一部分。绩效风险虽然不是本书的研究重点，但为了所提出模型的完整、全面、合理，本节也会对竞争情

---

① 董才生：《信任本质与类型的社会学阐释》，《河北师范大学学报》，2004年第1期。

报与绩效风险的关系进行简要的讨论。

6. 联盟绩效

联盟绩效大多会涉及企业目标的完成与否,由于联盟是多个企业组成的经济复合体,因此其目标可分为联盟的共同目标和联盟成员的个体目标。本书是以单个企业为研究对象的,因而将联盟绩效定义为成员企业个体目标的实现程度。

一般来讲,联盟绩效具有模糊性和主观性,衡量过程十分复杂。早期学者倾向于使用客观指标(如收益、生存率、持久性等)进行衡量,然而企业结盟的目的并不局限于财务上的盈利等客观指标,如进入某一市场、获取某项技术等目标的实现程度就很难在客观指标上得到充分体现。因此,为了全面地衡量联盟绩效,当客观指标无法获取或不是重要目标时,常辅以主观指标(如绩效满意度和伙伴满意度)进行衡量(张延峰,2007)。

本书认为,竞争情报将最终对联盟绩效负责,以提高联盟绩效为终极目标。因此,本书建立了以竞争情报开头,以联盟绩效收尾的概念模型,研究竞争情报如何通过降低关系风险和绩效风险等来实现联盟的绩效。

二、模型的构建

本书认为,竞争情报与关系风险、绩效风险、联盟绩效、控制和信任之间存在着一种内在的联系:竞争情报是控制和信任产生和维持的信息基础,通过作用于控制和信任降低关系风险并最终提升联盟绩效,同时竞争情报也通过降低绩效风险提升联盟绩效。据此,本书尝试在关系风险管理的研究框架中引入竞争情报,以构建一个更为完整的理论模型。基本思路是:竞争情报有助于控制效果的提高,控制能有效地降低关系风险;竞争情报有助于信任水平的提高,信任水平能有效地降低关系风险,关系风险的降低会提高联盟绩效,竞争情报有助于降低绩效风险,绩效风险的降低会提高联盟绩效。

1. 竞争情报与控制的关系讨论

通过前几章的理论和案例分析,本书发现竞争情报对联盟控制的影响很大。这种影响主要体现在两个方面:一是为联盟控制的建立、实施和优化提供必需的信息。如谈判、合同签订、执行、完善等都需要竞争情报的支撑。二是竞争情报本身就是联盟控制体系的一部分,直接参与联盟的风险管理。如联盟风险预警系统、商业秘密保护措施等都属于竞争情报的工作范畴。

竞争情报按照规划、搜集、分析、发布的循环为控制的建立、实施和优化提供情报支撑,使控制体系更加完善和有效。在控制的建立过程中,无论契约机制还是制度机制,在建立之初都需要竞争情报活动为其提供相关情报,以保证决策者对控制要素①有全面、准确的把握,并能根据实际情况选择恰当的控制手段。随着联盟的运行,控制系统面临优化。对现有控制系统的评估、制度、试行、修正及新政策的考察等也都需要大量情报的输入。前文分析了关系风险管理对竞争情报的五大需求,其中联盟方案设计、联盟组织管理、利益分配三个方面都是竞争情报对控制予以支撑的具体表现。可见,竞争情报能够通过为控制系统提供信息支持来减少有限理性和不确定性,从而使联盟的规章制度、规范条款等更科学合理,并最终达到提高控制的水平和效果的目的。

此外,竞争情报还是控制的一部分,直接参与关系风险管理活动。联盟成员间的复杂关系使关键信息以各种难以察觉的途径流动,知识共享和恶意盗取也会造成核心技术的流失。为防止企业核心机密的泄露,企业必须开展以保护己方商业秘密为目的的风险预警工作。竞争情报有一套成熟的保密与隐蔽、安全调查、保密制度和管理流程等理论和方法,能够对专利和技术诀窍等商业秘密进行有效的保护,通过建立风险预警系统,对流入、流出的信息做好合理的监控、筛选等工作,找到风险影响因素,提前发现威胁,研究应对措施,并最终发出风险预警。基于竞争情报的风险预警系统包括三个基本模块:①风险识别模块,确定要保护的对象,分析可能导致风险的事件、信号或异常等征兆。②风险追踪模块,连续搜集联盟内外相关信息,及时发现联盟伙伴异动。③风险警示模块,对搜集到的信息进行评估、总结和分析,向决策层或相关部门发出警示并提供应对方案。

综上所述,竞争情报能够通过指导企业采取正确的控制方式、强度、

---

① 环境的不确定性和专用性投资水平、伙伴之间的相互依赖程度、合作的历史和预知的投机风险、各方的战略目标、联盟董事会和高级管理人员的选择、联盟的资源构成、监督成本和激励机制成本等。

范围等加强控制的水平,即竞争情报能力越强,控制的能力越高,效果越好。因此,本书认为竞争情报与控制为正向关系,具体表述为:

H1:竞争情报与企业对联盟伙伴的控制能力正相关。

2. 竞争情报与信任的关系讨论

企业间的信任是理性指导下的本企业利益最大化,是在充分且正确的信息分析后做出的战略决策,需要竞争情报的支撑。竞争情报能够为企业提供信任的来源和依据,解决为什么要信任、信任的程度和信任的领域等问题。此外,由于信任的双向性,竞争情报还负责分析是否应该接受对方的信任,以及如何促进互信等问题。本书将从信任的建立和维持两个方面分析竞争情报与信任的关系。

(1) 信任的建立。该过程要求企业明确为什么要信任、信任的程度和领域等关键问题。不管是信任的理性部分,即相信联盟伙伴即使为了自己的利益也不会欺骗,还是信任的感性部分,即相信联盟伙伴的善意、品质、忠诚度等,都不是凭空产生的,都需要情报的支撑。企业必须获取有关联盟伙伴详尽的、明确的信息以权衡信任的潜在收益与潜在损失之比和联盟伙伴失信的可能性[①],才能最终做出是否信任的决策。具体来说,前文提到的五个联盟信任建立途径都是以情报工作为基础的:①计算途径。该途径基于假设"如果欺骗的收益小于被抓住的损失则对方不会欺骗",此时竞争情报需要评估信任的性质,计算相互信任的得失。②预测途径。竞争情报需要对联盟伙伴的历史行为进行调查,掌握其行为的一致性和言行的差异度。③动机途径。竞争情报需要通过联盟伙伴的责任感、合作精神、公平意识、互惠意识等判断其交易意图。④能力途径。竞争情报通过考察联盟伙伴的技术、人力、资历、专业知识和成就等确定其是否有做出合意行为的能力。⑤转移途径。竞争情报需要识别信任转移中介的可靠性。

(2) 信任的维持。信任本质上是一种心理状态,天生不具备稳定性,需要双方持续地维护。联盟成立后,在合作过程中逐渐形成相对稳定的人际网络。由于单个的企业活动和伙伴间的交互活动会产生大量信息,所以联盟人际网络中充满了各种有价值的情报。竞争情报利用该网络了解合作伙伴,帮助企业做出基于知识的信任维持方案。值得注意的是,本书所讲

---

① Coleman J.S., *Foundations of Social Theory*, Cambridge, MA: Harvard University Press, 1990.

的维持并不单指对现有信任的保持，还包括设法增强或适时降低，因为信任的水平应该与联盟所处的生命周期和联盟的具体情况相匹配。为了有效地维护信任，使其保持在最适合的水平上，企业需要竞争情报掌握信任源的发展变化情况。前文总结了五个主要的信任维护要素，包括伙伴协作信心、风险容忍、专用性资产投入、合作范围和联盟绩效，它们是信任的强信号，与之相关的信息分散在联盟的人际网络中。竞争情报在人际网络中持续搜集相关信息，随时掌握信任源的状态，分析并权衡利弊，使企业能够根据自身利益增强、减少或保持信任的水平。

前文分析了联盟风险管理对竞争情报的五大需求，其中伙伴选择和企业文化兼容性本质上就是信任问题，是竞争情报对信任予以支撑的具体表现。

综上所述，竞争情报能够通过指导企业采取正确的信任方式、强度、范围等增强信任的水平，即竞争情报能力越强，信任的能力越高，效果越好。因此，本书认为竞争情报与信任效果为正向关系，具体表述为：

H2：竞争情报与企业对联盟伙伴的信任能力正相关。

3. 控制、信任与关系风险的关系讨论

对于控制与关系风险及信任与关系风险的内在联系问题，以往观点较为统一：控制效果的好坏导致关系风险发生概率和损害程度的差异，而信任效果与关系风险也息息相关，它们共同减少了实施机会主义的外部条件和内在要求。

控制本质上是通过硬性或软性的积极干预约束和影响联盟伙伴的行为，使其机会主义实施空间和动机减少的手段，恰当的控制能够有效地抑制机会主义的滋生与蔓延，是实现关系风险管理的重要途径。一方面，企业通过描绘清晰的边界，利用严格的规则、制度和机制等直接约束联盟伙伴的行为，如事前和事后的契约、合同等具有强制性的管理系统安排：①权力系统。建立治理结构，严格规定双方在联盟中的权利和义务、界定产权关系、明确债务清偿、保护知识产权、预设退出机制等。②激励系统。建立激励结构，敦促联盟伙伴以善意和标准进行合作，对其有利于联盟顺利发展的行为予以奖励等。③惩罚系统。建立惩罚结构，及时发现并惩罚侵占、欺骗等机会主义行为。另一方面，企业通过向对方灌输组织价值、惯例和文化间接影响联盟伙伴的行为。研究表明，相似的工作风格、价值取向、文化氛围等能够重塑联盟伙伴的行为模式，使双方更容易达成一致意见，对制度规则等更容易认同并内化，对目标和战略的偏好差异更小，企业间的人际关系更和谐。这为联盟伙伴实现自我约束提供了空间，使其不容易为了一时的机会主义冲动而损害其他成员的利益。同时，这种潜移默化的控制也给了联盟伙伴更多尊重的感觉，使其更自觉、自愿地完成期望行为。一般情况下，为了达到最好的控制效果，联盟会同时采用软、硬两种控制方式来防止联盟伙伴的投入不足或盗取核心资源等机会主义行为，实现对关系风险的有效管理。当然，控制并不必然降低关系风险，过于严格或不恰当的措施反而招致机会主义行为的发生，只有正确的控制才能真正降低关系风险。因此，企业对合作伙伴实施正确控制（包括方式、程度、范围等）的能力是有效开展关系风险管理的关键。

综上所述，对联盟伙伴的控制能力越高，关系风险发生的概率越低，造成的损失越小。因此，本书认为对联盟伙伴的控制能力与关系风险为负向关系，具体表述为：

H3：企业对联盟伙伴的控制能力与关系风险负相关。

信任是联盟成功的前提，它虽然不直接参与对关系风险的管理，但却能够降低成员对风险的预期，从而使联盟更加稳定。一方面，联盟企业间存在着一种计算性信任，其本质是在对对方能力、信誉等全面考察和分析的基础上做出的理性决策。这种信任与风险预估紧密相关，只有预估的风险在可承受的范围内时才可能产生。因此也可以认为，给予对方的计算性信任越多，表明企业对合作的信心越足，机会主义动机也就越小。在现实中，一个企业给予另一个企业计算性信任往往意味着两者有着较强的依赖关系。弱势一方对强势一方（掌握核心资源）的需要使其表现出积极配合的姿态，进行机会主义行为的顾忌较多；而强势一方为了保证自己在联盟中的地位，也会承担起盟主的责任，对联盟进行充足和高质量的投入。这种良性互动会降低关系风险发生的可能性。此外，随着合作的开展与双方了解和感情的加深，成员间会产生一种建立在对对方美德的信心基础上的非计算性信任。这种信任不计较现实的利害关系，本质上是一种对联盟伙伴善意和忠诚度等的心理感觉，即相信对方是善意的，不会进行机会主义行为。这将降低各方对关系风险的评估，进而减少机会主义发生的主观可能性（John，1984）。需要注意的是，第一种信任以利益为先导，并不牢靠，会随着激励的改变而消失，如果暂时的投机行为会带来更大收益，联盟伙伴就可能冒着被惩罚或联盟瓦解的风险实施机会主义行为。第二种信任虽然相对较稳定,一旦形成就不太容易被打破①,但如果盲目信任了目的不纯的合作者,则会面临己方资源被侵占的风险。可见,信任并不必然削减关系风险,只有正确的信任才能真正实现对关系风险的有效管理。因此,企业给予合作伙伴恰当信任(包括方式、程度、范围等)的能力是有效开展关系风险管理的关键。

综上所述,对联盟伙伴的信任能力越强,风险发生的概率越低,造成的损失越小。因此,本书认为对联盟伙伴的信任能力与关系风险为负向关系,具体表述为:

H4:企业对联盟伙伴的信任能力与关系风险负相关。

4. 关系风险与联盟绩效的关系讨论

关系风险是战略联盟的主要风险,直接作用于联盟绩效。在联盟中,企业要面对两类关系风险:一类是关于对方滥用或非法占有己方资源的可能性,即侵占风险。这类风险在知识经济时代主要与知识、技能等核心资源相关,多表现为盗取技术、挖走或买通关键人才、侵吞或滥用对方资产等败德行为。侵占风险具有隐蔽性,常到最后一刻才被发现,危害极大。另一类是关于对方不能按照事先的约定完成其义务或不能向联盟投入其所承诺的资源的可能性,即投入风险,多表现为躲避或不能履行义务或承诺、缺乏投入或投入低质量的资源、阻碍关键知识或信息的流动、提供劣质或不完全的服务等。投入风险比较明显,一旦出现会立即影响合作的效率。

关系风险使联盟成员相互猜疑、抱怨,甚至产生敌对情绪,彼此抵制,造成合作成本上升、反应速度降低、工作效率低下等负面影响,并最终导致绩效的下降。具体来说:①关系风险增加联盟的成本。联盟成本主要由管理成本和运行成本构成。关系风险频发的联盟需要有更多的机制来规范成员的行为,这必将大幅增加各种相关成本的消耗,比如协调成员关系的协调成本、监督联盟伙伴关系的监督成本、为签订更为详细周全的合同而消耗的签约成本、加入联盟后的妥协成本,以及其他适应性成本。关系风险的预防和治理会使联盟的收益被内生性管理成本和运行成本所冲减,因此,关系风险越大,所耗费的时间、资源、资金、人才等成本越

---

① Zajonc R.B.: "Feelings and Thinking: Preferences Need No Inferences", *American Psychologist*, Vol. 35, No.2, 1980, p.151.

高,联盟绩效就越低。②关系风险减缓反应速度。联盟本身就具有谈判不断的特点,成员为了各自的利益会在做出决策前进行大量的谈判。关系风险频发会使联盟成员间缺乏必要的默契、理解和支持,表现为互信度低、行动节奏不协调、沟通不到位、很难妥协等。这会使联盟应对内外不确定性的反应速度变慢,不能及时形成有效决策,错失时机,最终导致联盟的绩效低下。③关系风险降低合作效率。一方面,关系风险会破坏联盟成员间的合作关系,使成员无法开展充分的合作,投入转化为产出的效率因此变低。另一方面,由于担心自身核心资源被侵占,企业会采取诸多防范措施,如减少投入或过激保护等,生产资源的不足必然导致合作效率的降低。最后,关系风险使企业对联盟伙伴的诚意产生怀疑,信任水平因此受到影响,这将导致长期的合作供给与合作需求减少、合作范围缩小,合作效率降低。而低效率的合作无法保证合作的正常进行,直接导致联盟绩效的低下。

综上所述,关系风险会损害联盟绩效。因此,本书认为关系风险与联盟绩效为负向关系,具体表述为:

H5:关系风险与联盟绩效负相关。

5. 其他

除了特有的关系风险外,战略联盟中还存在着所有企业都要面对的绩效风险。绩效风险是指即使在联盟伙伴充分合作的情况下,战略联盟仍无法达到预期目标,其多来源于合作以外的威胁战略目标实现的因素,比如市场变化、政策法规改变等。与关系风险一样,绩效风险的存在也必然影响联盟绩效的实现。

在第二章、第三章及第四章的研究中,本书分别总结和分析了竞争情报对绩效风险的抑制作用。据此,本书认为竞争情报可以通过降低绩效风险的方式辅助联盟绩效的实现。也就是说,竞争情报可以通过绩效风险与联盟绩效建立正向关系,具体表述为:

H6:竞争情报与绩效风险负相关。

H7:绩效风险与联盟绩效负相关。

本书认为,控制和信任是关系风险管理的两个基本要素,并以此为基础按照竞争情报通过作用于控制和信任进而影响到关系风险的思路开展研究。显然,研究并没有穷尽所有可能。在现实中,除了控制和信任外,竞争情报和关系风险之间可能还存在其他路径,即竞争情报还可能通过作用于其他因素实现降低关系风险的目的。因此，得出假设：

H8：竞争情报与其他因素正相关。

H9：其他因素与关系风险负相关。

根据以上分析和假设，本书建立了基于竞争情报的战略联盟风险管理模型①，如图 3-1 所示。

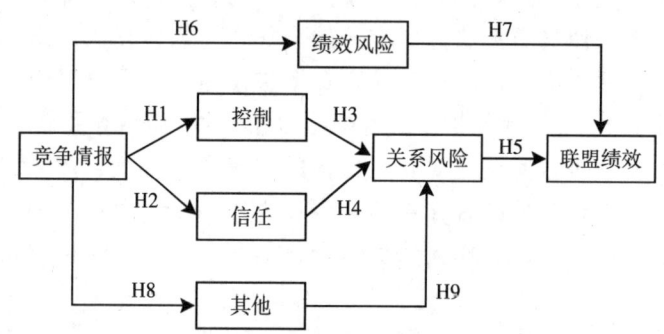

图 3-1 基于竞争情报的战略联盟风险管理模型

第四节 竞争情报与控制和信任的关系模型

本书的逻辑是通过分析竞争情报如何作用于控制和信任来降低关系风险，进而提高联盟绩效。可见，竞争情报与控制和信任的关系是研究的重点，也是模型中的基础关系，有必要进行深入考察。

控制和信任都不是单一维度概念，有不同的形式，不可笼统而论。本书认为，竞争情报对不同方式的控制和信任的影响效果存在差异。为了明确竞争情报究竟对哪种方式的控制和信任影响更为显著，本节将分析竞争情报与不同类型控制和信任间的具体关系，以便提出更具针对性的管理建议。

---

① 必须说明的是，现实中的关系风险管理是一种自组织能力整合系统，系统内各要素相互作用、相互影响，情况非常复杂。而本书模型的建立是在完美假设的前提下进行的，只探讨了竞争情报与控制和信任的相互作用，一些次优因素并未在其中得以体现。

一、控制和信任的维度

结合前人的研究及笔者对控制和信任的理解,本节将控制划分为权力控制和社会控制,将信任划分为理性信任和感性信任。下面对各维度下的控制和信任及其特征、衡量依据等进行分析和解释。

1. 控制的维度

对于联盟中控制维度的分类,有学者认为可划分为行为控制和结果控制,也有学者提出了契约控制和层级控制的概念。这些分类方式均有其合理性,但或因功能的重叠或因实证结果的不支持,并未得到广泛认可。张延峰(2007)[1]建议,根据管理学中最基本的内、外控制的理念,从控制的基本特征入手,将控制分成基于措施的权力控制(建立和利用正式的规则、程序和政策等来监控和激励期望的行为和产出)和基于价值的社会控制(建立组织标准、价值和内在的目标等来鼓励期望的行为和产出)。本书认为,在这种分类方式下控制的各维度间界限清晰,因此也采用权力控制和社会控制的划分方式。

(1)权力控制。权力控制基于以下假设:如果没有规定详细的目标和特定的流程,人们难以确定对组织最有利的行为或即使可以确定也不一定会自发地实施这些行为。因此,权力控制强调用条文化的规则、目标、程序和规章制度来说明期望的行为,以保证目标的实现,是一种带有强制性意味的控制方式。通过治理结构、合同细则、管理安排等机制,如契约型的安排或行为上的监测,联盟成员的机会主义行为将会受到硬性的措施禁止和惩罚(张延峰,2007)。

(2)社会控制。社会控制基于以下假设:人们会受到其所分享的价值和标准的影响,因此可以根据惯例或某种价值标准来确定人们的行为,如果这种惯例或标准与组织目标相协调,人们就会自觉地实施那些对组织发展最有利的行为。可见,社会控制是通过营造一定的组织氛围,形成双方共享的价值观和行为标准,利用组织价值、惯例来鼓励预期的行为。本质上,社会控制就是一方将己方的经营哲学和价值观灌输给另一方以改变其

---

[1] 张延峰:《战略联盟中信任、控制对合作风险的影响及其组合绩效研究》,上海财经大学出版社2007年版。

价值行为取向,从而自觉地完成己方期望的行为。在战略联盟中,通过建立良好的沟通机制、共享的价值观、惯例等,促进联盟成员的适应和融合,能使联盟成员更易达成相似预期,更愿意开展通力合作并更能够进行自我监督,最终联盟目标会更顺利地实现(张延峰,2007)。

2. 信任的维度

对于信任维度的划分,McAllister(1995)[1]认为,信任可分为基于计算的认知信任(Cognition-based)与来自良好期望和责任的感情信任(Affect-based);Gulati(1995)[2]认为,信任可分为在两个企业相互影响和学习过程中形成并最终产生围绕公平标准的知识信任(Knowledge-based Trust)和企业相信由于正式契约控制的高代价惩罚使伙伴不敢进行机会主义行为的威慑信任(Deterrence-based Trust);Das 和 Teng(2001)[3]认为,信任可分为相信对方具有道德责任和义务将己方利益置于自身利益之上的善意信任(Goodwill Trust)和相信对方有技术能力和专业能力的能力信任(Competence Trust)。

分析前人的分类依据和结论可知,信任一方面来源于理性判断,一方面来源于感性判断,张延峰(2007)[4]将之概括为理性信任和感性信任。理性信任视对方为利益驱动的理性人,认为信任是企业将自身和对方的得失进行均衡博弈的结果,即权衡潜在收益与损失以及对方失信的可能性后的理性选择;感性信任则源于对合作伙伴价值观的信心,认为组织内、外社会关系和管理体系对人际信任行为有产生和泛化作用。本书认为,理性信任和感性信任能够对信任的维度进行合理、清晰的描述,因此本书将沿用该划分思路。

(1)理性信任。理性信任,也称计算性信任,是一种对个人或组织行为进行风险分析后的理性决策,被定义为一个关于代理 A 评估另外一个代理或代理团队 B 将实施一个特定的影响 A 的行动的主观可能性水平。

---

[1] 李新春:《战略联盟、网络与信任》,经济科学出版社 2006 年版。
[2] Gulati Ranjay, "Does Familiarity Breed Trust? The Implication of Repeated Ties for Contractual Choice in Alliances", *Academy of Management Journal*, Vol.38, No.1, 1995, p.85.
[3] Das T.K., Teng B.S., "Trust, Control, and Risk in Strategic Alliances: An Integrated Framework", *Organization Studies*, Vol.22, No.2, 2001, p.251.
[4] 张延峰:《战略联盟中信任、控制对合作风险的影响及其组合绩效研究》,上海财经大学出版社 2007 年版。

这一评估的基础是对清晰的（主要来自于财务的）激励和模糊的（特别是关于声誉的）激励如何影响 B 的行为的理解，这里假设 B 是稳定的并具有清晰定义的偏好。因此，当说一个人可被信任，是指相信他将做得很好的可能性足够高（张延峰，2007）。

（2）感性信任。感性信任是关于双方间的良好关系，以感情为纽带。联盟中，成员间会进行相互的感情投资，以表达出对联盟伙伴真诚的关心。感性信任使联盟成员相信彼此间关系的内在美德和关系的互惠性。Zajonc（1980）①认为，感性信任一旦形成就不太容易被破坏，这种信任经常会坚持到最后一个认知基础被打破。

二、模型的构建

上节将控制和信任作为了两个综合性要素，分别从逻辑和理论上推导了它们与竞争情报的关系。为了更加清晰地描述要素间的关系，笔者认为有必要在对控制和信任进行合理分类的基础上，研究竞争情报与不同类型的控制和信任的关系。

1. 竞争情报与不同控制方式的关系讨论

权力控制基于以下假设：如果没有规定详细的目标和特定的流程，人们难以确定对组织最有利的行为或即使可以确定也不一定会自发地实施这些行为。社会控制基于以下假设：人们会受到其所分享的价值和标准的影响，因此可以根据惯例或某种价值标准来确定人们的行为，如果这种文化、惯例或标准与组织目标相协调，人们则自觉地实施那些对组织发展最有利的行为。从两者的假设前提来看，它们的主要区别在于权力控制依靠严格的条文实现对联盟伙伴的控制，而社会控制则依靠人际间的互动实现对联盟伙伴的控制。前文中，本书从竞争情报为控制提供信息支撑及竞争情报本身就是一种控制机制两方面分析了竞争情报对控制的影响，本节将在此基础上结合两者的区别分析竞争情报分别如何影响权力控制和社会控制。

（1）提供情报支持。竞争情报在企业运行过程中重要的功能之一就是

---

① Zajonc R.B., "Feelings and Thinking: Preferences Need No Inferences", *American Psychologist*, Vol. 35, No.2, 1980, p.151.

通过向相关部门提供经过分析的信息（即情报）支持企业的战略决策。在战略联盟中，企业对信息流的掌控非常重要，而竞争情报就是通过对信息流的管理为权力控制和社会控制的制定和形成提供支持。对于以条文化的规章、制度为基础的权力控制，其建立和优化的每一步都必须配合全面、科学的情报服务。此时的竞争情报工作主要包括：①事前的调研。由于不同方式、内容、程度、范围、侧重的权力控制对关系风险的治理效果不同，因此在控制建立前要对风险进行预先识别，如通过分析联盟伙伴的结盟意图等影响要素判断可能发生的风险。②谈判。在制定各种契约前，联盟企业为争取各自的利益会进行大量谈判。为了在谈判中处于有利地位，企业必须对双方的目的、优势、劣势等有全面的了解以掌握更大的谈判筹码。③内容确定。治理结构、合同细则、管理安排等具体内容的确定都需要可靠信息的输入。④事后的考评及优化。既定的契约会存在局限性和盲点，同时联盟内外环境也会发生变化，因此在其执行过程中，企业还要随时搜集、分析现有制度的有效性及局限性等方面的信息以对其进行优化。对于以人为基础的社会控制，其强调通过组织价值、惯例等营造氛围，把自己的观念潜移默化地灌输给对方以改变对方的行事原则或价值观。从竞争情报的角度看，社会控制是通过联盟内部的人际网络实现的，本书认为，充满整个联盟的信息是组织价值、惯例传播的重要载体，社会控制的无形影响正是通过人际网络中的各类信息得以产生和传递的。Uzzi 认为，社会控制的特点之一便是完整和充分的信息交流。因此，为了实现社会控制，企业需要竞争情报一方面收集、整理和分析散落在联盟人际网络中的情报供己方使用，另一方面帮助建立良好的沟通机制，把己方信息以更规范、更有效的方式传递给关键目标人。这些都有助于惯例和标准以及商业道德的培养，并最终促进社会控制的形成。

（2）属于控制的一部分。由于契约的局限性及联盟中各成员的独立性等原因，建立风险预警机制，对联盟伙伴实施监控非常必要。本书曾经指出，竞争情报的风险预警机制可以实现对流入、流出的信息的监控、筛选等工作，找到风险影响因素，提前发现威胁，研究应对措施，并最终发出风险预警。由于竞争情报的风险预警机制是条文化的规制，具有一定程度的强制性，符合权力控制的特点，因此，本书认为竞争情报的预警机制实际上属于权力控制的一部分。

综上所述，竞争情报能够通过情报提供和直接参与的方式加强企业权力控制和社会控制的能力，提高两类控制的实际效果。因此，本书认为竞争情报与两个维度的控制皆呈正向关系，具体表述为：

H10：竞争情报与权力控制能力正相关。

H11：竞争情报与社会控制能力正相关。

2. 竞争情报与不同信任方式的关系讨论

不管是理性信任还是感性信任，其本质都是一种心理状态，与控制相比更容易受到外界因素的影响而发生改变。两者的主要区别在于：理性信任建立在利益计算的基础之上，而感性信任则建立在善意愿望的基础之上，并不一定与现实的利益相关联。

前文分析了竞争情报如何支撑联盟企业建立互信，并使其维持在恰当状态。由于竞争情报具有两面性，其在现实中对基于理性的信任和基于感性的信任影响效果有所不同，因此本节将分别分析竞争情报与这两类信任的关系。

（1）理性信任。理性信任是一种计算有利形势的智慧，以利益最大化为目标，主要依赖收集和处理信息来设计一定的未来事件的可能产出（Barney 和 Hansen，1994；斯普伦格，2004）。因此，理性信任的建立就是企业根据所获信息计算给予或接受信任所带来的利益得失的过程。在这个过程中，竞争情报需要搜集并分析相关信息为理性信任提供决策依据，通过有关联盟伙伴的能力、财务、声誉等方面的信息分析企业应该给予和接受的理性信任的范围、程度和对象等。可以说，企业的竞争情报能力越强，信息的获得和分析越与实际情况相符合，其理性信任决策就越恰当。

由于以利益为前提，理性信任实际上并不稳定，一旦环境发生改变，理性信任就会马上随之消失。因此，理性信任的维持更需要大量经过分析的、及时准确的情报的支撑，以保证现有理性信任的水平与联盟所处的生命周期和联盟的具体情况相匹配。在理性信任的维持过程中，竞争情报需要锁定能够引起理性信任发生改变的强信号，如伙伴合作信心、风险容忍、专用性资产投入、合作范围和联盟绩效等，跟踪掌握并预测这些信号的现实状态和变化趋势，帮助企业在权衡利弊后做出增强、减少或保持理性信任水平的决策。值得注意的是，与这些信号相关的信息分散在整个联盟中，尤其存在于人与人的交往中。人际网络管理正是竞争情报研究的重点内容之一，其丰富的理论和实践经验可以为联盟企业的理性信任决策提供最有效的指导。

综上所述，竞争情报能力越强，理性信任的效果就越好。因此，本书认为竞争情报与信任为正向关系，具体表述为：

H12：竞争情报与理性信任能力正相关。

（2）感性信任。感性信任是对联盟伙伴的善意、品质、忠诚度等的信心，在长时间的合作中逐步建立，体现了联盟企业共同的价值观。研究发现，联盟伙伴的感性信任主要产生于合作过程中的沟通和共享，需要大量的信息输入。竞争情报正是通过为这个过程提供了解联盟伙伴（搜集并评价联盟伙伴的品质、行动作风、声誉、价值观等）、保证资源共享（疏通技术、市场、人员等资源的共享渠道）和加强沟通（提高互动质量、促进相互理解、培养良好关系等）所必需的信息来增加联盟双方的感性互信的。应该注意的是，竞争情报也是一把双刃剑：它一方面促进沟通、共享，加强双方的好感；另一方面对联盟伙伴进行实时监控，时刻提防对方的机会主义行为。一旦监测和防范过度，就会给联盟伙伴造成不必要的限制，伤害对方的感情，使对方产生逆反心理从而降低相互间的感性信任。但这并不表明竞争情报与感性信任养成存在根本冲突，因为竞争情报工作本身的方式、方法及程度把握属于企业竞争情报能力范畴。因此，可以说企业的竞争情报活动可以提高感性信任的效果。

综上所述，竞争情报能力越强，感性信任的效果就越好。因此，本书认为竞争情报与信任为正向关系，具体表述为：

H13：竞争情报与感性信任能力正相关。

根据以上分析和假设，本书建立了竞争情报与控制和信任的关系模型，如图3-2所示。

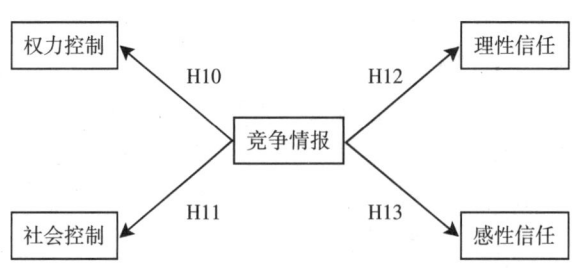

图3-2 竞争情报与控制和信任的关系模型

本章小结

本章首先从联盟风险管理对竞争情报的现实需求入手,较为详细地剖析了竞争情报如何以信息为切入点,对联盟的关系风险和绩效风险提供情报支撑;接着对关系风险管理机制的两大要素——控制和信任的产生、优化、维持以及相互关系等进行了分析;随后,在对竞争情报与信任、控制、关系风险、绩效风险和联盟绩效间的关系进行充分梳理的前提下,建立了基于竞争情报的战略联盟风险管理模型;最后讨论了控制和信任的维度,分析了竞争情报对各维度控制和信任的影响,并在此基础上建立了竞争情报与控制和信任的关系模型。

第四章 实证研究

本章采用问卷调查法进行实证研究,对前文提出的模型予以验证,共分四部分:①介绍实证研究的具体过程。②建立需要验证的假设结构方程模型。③对规范化处理后的数据进行统计学分析。④采用结构方程模型分析法对两个模型进行检验。

第一节 实证研究过程

本节系统地介绍了实证研究的具体过程,包括样本如何选择、采用哪种方式进行调研、调查问卷如何设计、问卷的发放与回收情况以及采用何种数据分析方法等内容。

一、样本选取

本研究在选取样本时充分考虑了企业规模、所属行业以及地域分布等可能对数据分析造成影响的因素,采用配额抽样的方式,尽量使样本在上述几个方面呈均匀分布状态,以提高样本的代表性,确保本次调研能够最大程度地反映实际情况。

1. 行业分布

知识密集型行业内的战略联盟非常活跃,而且在这类行业的战略联盟中,联盟伙伴的机会主义行为更加突出,竞争情报的作用也更为重要。因此,本书在开展调研时,以知识密集型行业中的企业为重点。

2. 地域分布

为了使调研取样具有典型性,调研结果具有普适性,本书以区域经济发展水平为分层标准，尽量使本次调研的地域范围涵盖经济发达、经济较发达和经济欠发达三类地区。

3. 企业规模

根据我国 1999 年 8 月制定的标准，年销售收入和资产总额均在 5 亿元及以上的为大型企业；年销售收入和资产总额均在 5000 万元及以上的为中型企业；其余的均为小型企业。本书在配额抽样时考虑了企业规模因素，按照 1∶1∶1 的比例抽取三种规模的企业作为问卷投放对象。

二、调研方式

联盟风险管理属于企业层面的研究①（基于单一企业），所需数据很难从公开统计报告等二手材料中获得。因此，本书采用问卷调查法针对已经实施了战略联盟的企业进行调研，以获取实证研究所需数据。

调研中，本书采用的抽样方式是非概率抽样方法中的配额抽样。配额抽样是根据总体的结构特征来确定样本分配定额或分配比例，以取得一个与总体结构特征大体相似的样本。配额保证了在这些特征上样本的组成与总体的组成相一致。一旦配额分配好了，选择样本单元的自由度就变得很大，唯一的要求就是所选的样本单元要适合所控制的特征性②。

如果对调研人员和调研过程进行严格的控制，配额抽样可以获得与某些概率抽样非常接近的结果。据此，为了提高准确性，本书要求所委托的市场调研公司在调研前对被访者进行详细的说明和解释，以便使其对调研的目的和内容有比较充分的理解。

同时，为了保证问卷的科学性和实效性，在开始正式调研前，本书对问卷进行了前测。前测的目的是通过让被访者试填问卷，对问卷的测量项目进行净化。前测阶段，共有针对性地发放问卷 30 份，回收 28 份。根据

---

① 本书立足于单一企业，从单一企业的利益和立场出发，研究企业在参与联盟时，如何通过竞争情报工作有效地管理联盟风险，减少由联盟风险带来的损失，保护自身资源并最终从联盟中获利。
② 必须说明的是，因为本书的抽样方法并不是严格的随机抽样法，所以势必对于研究结果造成影响，但是本书的样本选取方法仍可认为是能够被接受的次优方案，因为简单地通过从上市公司名录或 SDC（Security Data Company）数据库中分层随机抽样发送调查问卷，回收率极低；此外，即使企业回复了问卷，但问卷实际填写人很可能根本不了解本企业战略联盟的具体情况，其所填内容不具备合理的效度。本书在问卷调查期间，没有选择盲投，而是通过社会网络，及专业的咨询公司进行定点投放。这不但保证了问卷的有效性，也保证了问卷的效度。

填写效果及反馈建议，本书修改了原问卷中的不合理选项，并最终形成了正式调查问卷。

三、问卷设计

本书使用自行设计的调查问卷作为调研工具（见附录1），问卷共分三部分[①]，第一部分和第二部分是对公司基本信息和联盟基本情况的询问，第三部分是量表，要求被访者对给出的陈述做出相应判断。

问卷量表采用李克特五点计分制（5-point Likert Scale）[②]，即对于给出的每个陈述，要求被访者从"绝对不同意、基本不同意、不能确定、基本同意、完全同意"五个判断中进行单项选择。在数据处理时，采用了5分模糊打分法。问卷为正向提问，分数越高，对测试项目的评价越高。答案的设计从"绝对不同意"到"完全同意"，如果选择"完全同意"，则为5分，"基本同意"为4分，依次类推，"绝对不同意"为1分。

模型各要素的测量指标，是在借鉴已有国内外研究成果的基础上[③]，结合本书的研究成果在必要的修正后形成的。测量指标及其来源如表4-1所示。

表4-1 模型各要素测量指标及其来源

要素	测量指标	指标依据
竞争情报	1. 在联盟前我方对内外部环境进行了客观细致的分析 2. 我方对联盟伙伴有充分的了解 3. 我方能够预见潜在的冲突并制定了相应的解决方案 4. 我方对联盟伙伴可能的机会主义行为（比如盗取核心资料）时刻警惕 5. 在我方投入的资源中，对技术知识的保护很到位 6. 我方注重利用人际网络关系获得相关信息	自行设计

---

① Vincent（1976）认为，问卷的开头若能安排简单易答的问题，不但能使调研顺利进行，而且能够提高被调研者对问卷的兴趣。而企业基本资料等问题填写相对容易。本书根据Vincent的建议，将企业基本资料部分放在问卷的前面，将量表部分放在其后。
② 对于采用几点尺度量表，学界并没有绝对的看法。Berdie（1994）根据经验研究，认为在大多数情况下，5点尺度量表是最可靠的。
③ 张延峰（2007）在《战略联盟中信任、控制对关系风险的影响及其组合绩效研究》一书中对要素测量指标的来源做了全面的介绍，并使用探索性因子分析法证明了指标的效度，因此，本书部分要素的测量指标应用了他的研究成果。

续表

要素		测量指标	指标依据
绩效风险		7. 我们无法推测政策环境的变化 8. 我们不能预知竞争对手的变化 9. 我们对联盟伙伴的能力不清楚 10. 我们不能对外界变化做出反应 11. 我们不能有效地调配联盟内部资源	自行设计；负晓哲（2006）
联盟绩效		12. 我们对合作业绩很满意 13. 我们从合作中得到了预期的收益 14. 我们的合作关系非常稳定 15. 我们认为合作关系会存续 16. 双方对此次合作的综合评价很高	Chen 和 Boggs（1998）；Geringer 和 Hebert（1991）；Saxton（1997）；自行设计
关系风险		17. 合作使我方关键技术被对方盗取的可能性很高 18. 合作很可能会导致我方的关键技术人员和管理人员流失 19. 如果有机会，对方会侵害我方利益 20. 总的来看，对方的表现不佳 21. 关于自身业务，对方不能提供真实的情况 22. 如果我方不进行检查，对方就不会努力地履行其在合作中的责任	Parkhe（1993）；Gulati 和 Singh（1998）
信任	感性信任	23. 与我合作的对方员工能够在合作中公正地对待我 24. 与我合作的对方员工对我很诚实 25. 我们的合作方非常正直、真诚	Nooteboom、Berger 和 Noorderhaven（1997）
	理性信任	26. 如果合作破裂，对方将要花费相当的时间和精力去弥补这一变化所产生的缺口 27. 如果合作终止，对方很难找到更好的合作者	Ramaseshan 等（1998）；Akbar 等（1998）；Dyer（1997）
控制	社会控制	28. 对于合作的目标和远景，双方的认识比较相同 29. 强调共同协作提高合作的效率 30. 双方在组织文化方面能够相互适应	Jap 和 Ganesan（2000）；Gulati 和 Singh（1998）
	权力控制	31. 只有当所有合作细节都通过合同规定之后，双方才可以顺利合作 32. 总的来看，双方签订的契约是约束对方行为的最有力工具 33. 双方已经共同制定和形成了完善的合作规则 34. 合作中已经建立了明确的解决双方争议和冲突的制度和办法	Aulakh 等（1996）；Tsai 和 Ghoshal（1998）
其他要素		35. 在完全理想情况下（情报充足，我们完全信任对方，能够完全控制联盟及联盟伙伴）就不存在关系风险了	自行设计

四、问卷发放、回收及数据处理

本次问卷调查在 2010 年 8 月到 2011 年 2 月间进行，为期半年，其中 2010 年 8 月为问卷前测期，2010 年 9 月到 2011 年 2 月为正式调研期，共发放问卷 300 份，回收 173 份，有效问卷 139 份，有效问卷回收率为 46%。

1. 问卷的发放

正式调研从 2010 年 9 月开始，到 2011 年 2 月结束，共持续五个月。调研问卷分线上电子版和纸质版两种形式，根据被访者的语言习惯分别发送中、英文问卷。研究的性质要求问卷填答人对本企业联盟的运行情况有充分的了解，因此本书把调研人群锁定为企业中高层关键信息人。调研以三种途径进行：

（1）委托咨询公司和市场调研公司发送问卷。为了提高问卷的回收数量，笔者委托了两家曾经实习和工作过的专业公司负责问卷的发放与回收，专业公司庞大的客户资源数据库为本次调研的问卷回收总量提供了有力保证。首先，笔者从 SDC 数据库以及上市公司目录中筛选出适合的被访企业，制成拟调研企业名单，随后把名单交由专业公司的调研员，请他们根据实际情况比对并修正形成正式调研名单，并按名单进行调研。另外，为了保证问卷的效度，笔者要求调研员事先向问卷填答人准确地解释调研目的和问卷填答要求。这种方式主要通过网络向被访者发送问卷链接（即线上电子版问卷）来完成。

（2）请 EMBA 授课教授代为发送问卷。EMBA 学员属于企业高级管理层，是本研究的理想调研人群。笔者请浙江工业大学 EMBA 的专职教授，同时也是战略联盟管理问题的专家，利用课堂时间，发放纸质问卷，要求学员当场完成并回收。

（3）通过人际网络直接发送问卷。笔者在情报界工作和学习了近十年，积累了一定的人脉关系，本次研究，笔者利用人际网络（比如世界 500 强 HR 沙龙、精益六西格玛客户群等）联系到了若干企业总经理、总监级高层管理者，请他们直接填写或将问卷转发至相关人员处填写。

2. 问卷的回收

三种途径各有长短，相互补充，有效问卷回收情况及效果如表 4-2 所示。由数据可见，第一种途径的问卷回收率一般、有效问卷率一般、回收速度慢，但样本总量大，是本次实证研究的主要数据来源；第二种途径问卷回收率高、问卷有效率高、回收速度快，但样本数量小；第三种途径与第二种情况相似。

表 4-2 有效问卷回收率比较

	发放数量	回收数量	有效数量	有效问卷率
专业公司	260	133	101	39%
MBA 课堂	25	25	23	92%
人际网络	15	15	15	100%
合计	300	173	139	46%

3. 规范化处理

调查问卷回收后，需要进行规范化处理，剔除无效问卷。无效问卷主要包括两类：一类是有漏填选项的问卷；另一类是被访者未进行认真填写的问卷（如所有选项答案都相同的问卷视为无效予以剔除）。问卷数据规范化处理后，共得到有效问卷 139 份，有效问卷的总回收率为 46%。

五、数据分析方法

本章采用以下分析方法对两个模型进行验证：

1. 描述性统计分析（Descriptive Statistic Analysis）

描述性统计分析以掌握样本的类别和特征为主要目的，对调研数据的结构和总体情况进行描述，并不深入探究数据的内部规律。一般地，描述性统计分析包括两项内容：一是对样本的基本信息进行分析（包括样本企业的规模、所属行业、成立时间、形式等）；二是对问项的回答进行简单分析（说明各变量的平均数、百分比、频数分配等）。

2. 效度分析（Validity Analysis）

效度即有效性，是指测量工具能够准确测出被测量事物的程度，本质上讲，效度就是测量工具在多大程度上反映待测量概念的真实含义，测量结果越能表示测量对象的真正特征，效度就越高；反之，则效度越低。问卷调查的效度测量非常重要，其目的是检验所收集的数据与问卷设计者想要测量的心理特征之间的一致性。效度有三种类型：内容效度（Content

第四章 实证研究

Validity)、校标效度（Criterion Validity）以及建构效度（Construct Validity）。

3. 信度分析（Reliability Analysis）

信度即可靠性，它是指采用同样的方法对同一对象重复测量时所得结果的一致性程度。一个好的测验必须是稳定可靠的，多次使用所获得的结果是前后一致的。简单地说，信度就是指测量数据和结论的可靠性程度，是测量的结果使人们可以信赖的程度有多大[①]（余建英和何旭宏，2005）。在问卷调查中，信度本身与测量所得结果正确与否无关，它的功用在于检验问卷量表本身是否稳定。

4. 结构方程模型（Structural Equation Modeling，SEM）

结构方程模型是一种线性统计建模技术，它可以用来衡量不能通过观察直接得到的变量。在包含大量复杂性的假设的研究中，可以构建一个由潜在结构和可测量模型相互作用而成的结构方程模型，以分析这个不可观察的结构和它的可观测变量之间的关系[②]（侯杰泰，2004）。

第二节　概念假设模型

根据第四章提出的基于竞争情报的联盟风险管理模型及竞争情报与控制和信任的关系模型，本节将构建两个待验证的假设模型：基于竞争情报的联盟风险管理假设模型，竞争情报与控制和信任假设模型。

在第一个模型中，主要验证四方面的逻辑关系：竞争情报通过关系风险对联盟绩效的影响；竞争情报通过绩效风险对联盟绩效的影响；竞争情报通过控制和信任对关系风险的影响；竞争情报不通过控制和信任对关系风险的影响。如图4-1所示。

在第二个模型中，主要验证竞争情报与权力控制、社会控制、理性信任和感性信任之间的相关关系，如图4-2所示。

[①] 余建英、何旭宏：《数据统计分析与SPSS运用》，人民邮电出版社2005年版。
[②] 侯杰泰等：《结构方程模型及其应用》，教育科学出版社2004年版。

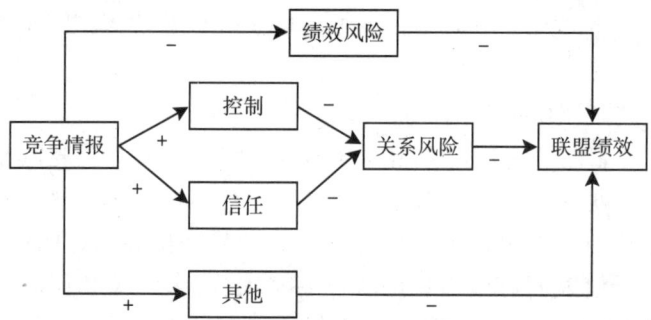

图 4-1 基于竞争情报的战略联盟风险管理假设结构方程模型

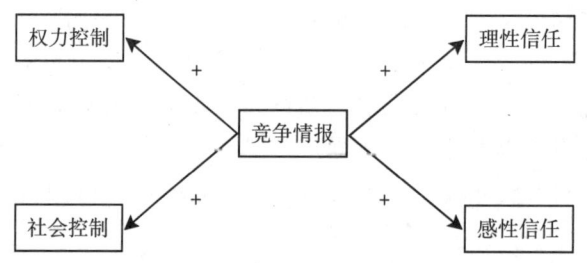

图 4-2 竞争情报与控制和信任的关系假设结构方程模型

第三节 数据基本分析

数据的基本分析是指，对通过问卷所得、经过规范化处理的数据进行描述性统计分析、效度分析和信度分析。这些分析的目的是检验调查问卷和回收数据的可靠性、有效性及科学性，确定其是否能够作为证明本书所提出模型的依据。

一、描述性统计分析

本小节首先对 139 份有效样本的基本资料和问项的回答进行了描述性统计分析，随后，对本实证研究是否适合使用结构方程模型进行了分析，共分为三部分：①被调研企业的基本信息，包括公司所在地区、所属行业等四个问题。②被调研企业联盟的基本信息,包括公司现有联盟数量、成功率等九个问题。③结构方程模型使用合理性分析。

1. 企业基本信息分析

(1) 所在地区。本问题的目的是考察有效样本的地区分布,以及不同地区企业的竞争情报工作开展情况。调研结果显示:有效样本的地区分布不均匀,其中,经济发达城市①占总有效样本量的71.9%,其他两类城市分别为17.3%和10.8%。具体数据如表4-3所示。

表4-3 企业的地区分布

	样本数目	百分比
经济发达城市	100	71.9%
经济较发达城市	24	17.3%
经济欠发达城市	15	10.8%
合计	139	100.0%

(2) 性质。本问题的目的是考察有效样本的企业性质分布,以及不同性质企业的竞争情报工作开展情况。调研结果显示:有效样本的企业性质分布不如预期均匀,从高到低依次为外商独资企业40.3%、合资企业17.3%、国有企业28.8%、私营企业12.9%、其他性质企业0.7%。具体数据如表4-4所示。

表4-4 企业的性质分布

	样本数目	百分比
外商独资企业	56	40.3%
合资企业	24	17.3%
国有企业	40	28.8%
私营企业	18	12.9%
其他	1	0.7%
合计	139	100.0%

---

① 城市划分主要依据包括政治地位、经济实力、城市规模、区域辐射能力等。本书问卷所在区域是开放式问题,分析时按照城市划分依据分为三类。另外,台北、东京、渥太华等国际城市按"经济发达城市"统计。

（3）所属行业。本问题的目的是考察有效样本的行业分布，以及不同行业企业的竞争情报工作开展情况。调研结果显示：问卷提供了六个行业供被访企业选择，但本次调研的有效样本中，选择其他行业的最多[①]，为59%，其他从高到低依次为电子通信制造业15.8%、金融业7.9%、生物化工及农产品开发行业7.2%、汽车制造业5.8%、计算机软件业2.9%、家电制造业1.4%。具体数据如表4-5所示。

表4-5 企业的行业分布

	样本数目	百分比
汽车制造业	8	5.8%
电子通信制造业	22	15.8%
生物化工及农产品开发行业	10	7.2%
计算机软件业	4	2.9%
家电制造业	2	1.4%
金融业	11	7.9%
其他	82	59.0%
合计	139	100.0%

（4）企业规模。本问题的目的是考察有效样本的企业规模分布，以及不同规模企业的竞争情报工作开展情况。调研结果显示：有效样本中，实施联盟的大型企业数量最多，占总量的61.9%；中型企业其次，为30.2%；小型企业最少，为7.9%。具体数据如表4-6所示。

表4-6 企业的规模分布

	样本数目	百分比
大型企业	86	61.9%
中型企业	42	30.2%
小型企业	11	7.9%
合计	139	100.0%

---

① 除了所列选项外，还包括能源、电子、钢铁、机械、化工、航空、新能源、建筑、服装、国际贸易、国防、医疗医药、房地产等行业。说明本次回收的问卷行业覆盖面较广。

第四章 实证研究

2. 联盟基本信息分析

（1）现有联盟数量。本问题的目的是考察有效样本企业的联盟经验，并分析联盟数量与竞争情报使用情况的内在联系。调研结果显示：有效样本中拥有联盟数量从高到低依次为 1~5 个 63.3%，10 个以上 28.1%，6~10 个 8.6%。具体数据如表 4-7 所示。

表 4-7 企业拥有的联盟数量

	样本数目	百分比
1~5 个	88	63.3%
6~10 个	12	8.6%
10 个以上	39	28.1%
合计	139	100.0%

（2）联盟存续时间。本问题从另一个侧面考察样本企业的联盟经验，并分析联盟存在时间与竞争情报使用情况的内在联系。调研结果显示：有效样本中联盟存续时间从高到低依次为 1~5 年 56.1%，6~10 年 28.1%，11~15 年 7.9%，大于 20 年 6.5%，16~20 年 1.4%。具体数据如表 4-8 所示。

表 4-8 联盟存续的时间

	样本数目	百分比
1~5 年	78	56.1%
6~10 年	39	28.1%
11~15 年	11	7.9%
16~20 年	2	1.4%
大于 20 年	9	6.5%
合计	139	100.0%

（3）与联盟伙伴在结盟前的接触程度。本问题的目的是考察有效样本结盟前与潜在伙伴的接触情况。调研结果显示：有效样本在结盟之前绝大多数（大约 81.3%）都跟联盟伙伴有较深入的接触，没有接触的只有 18.7%。具体数据如表 4-9 所示。

表4-9　结盟前与合作伙伴的接触程度

	样本数目	百分比
较深入	113	81.3%
没有	26	18.7%
合计	139	100.0%

（4）结盟前公司与联盟伙伴的关系。本问题的目的是考察有效样本企业在结盟之前在价值链上的相对位置，以及在何种类型关系的企业间组建的联盟更重视竞争情报工作。调研结果显示：有效样本中结盟前与联盟伙伴之间的关系类型从高到低依次为顾客28.8%，供应商28.1%，竞争对手28.1%，分销商1.4%，其他关系13.6%。具体数据如表4-10所示。

表4-10　结盟前与合作伙伴的关系

	样本数目	百分比
顾客	40	28.8%
供应商	39	28.1%
竞争对手	39	28.1%
分销商	2	1.4%
其他	19	13.6%
合计	139	100.0%

（5）向对方学习是否是结盟的目的之一。本问题的目的是考察有效样本的结盟目的，以及当企业抱有学习目的时，该企业的竞争情报使用情况。调研结果显示：有效样本中，66.9%的企业希望从对方学到某种自身不具备的知识，33.1%的企业对学习不感兴趣。具体数据如表4-11所示。

表4-11　企业是否计划向对方学习

	样本数目	百分比
是	93	66.9%
否	46	33.1%
合计	139	100.0%

（6）如果有学习目的，企业希望学习到的内容。本问题为多选，目的是考察当学习是结盟目的之一时，企业对学习什么内容感兴趣。调研结果显示：企业希望学习的内容从高到低依次为技术专长 87.8%，企业管理技能 85.6%，新产品开发技能 73.4%，生产运作技能 56.8%，市场开拓技能 56.1%，其他 45.3%。具体数据如表 4-12 所示。

表 4-12 企业希望向对方学习的内容

	样本数目	百分比
技术专长	122	87.8%
市场开拓技能	78	56.1%
新产品开发技能	102	73.4%
企业管理技能	119	85.6%
生产运作技能	72	56.8%
其他	63	45.3%
公司合计	139	—

（7）结盟过程中的竞争情报使用情况。调研结果显示：有效样本中，69.1%的企业使用过竞争情报，30.9%的企业没有使用过竞争情报。具体数据如表 4-13 所示。

表 4-13 是否使用竞争情报

	样本数目	百分比
是	96	69.1%
否	43	30.9%
合计	139	100.0%

（8）管理者对竞争情报在联盟中作用的评价。本问题的目的是考察管理者对竞争情报的态度，以及竞争情报在联盟中的表现。调研结果显示：有效样本中企业管理者对竞争情报的评价从高到低依次为很重要 48.2%，重要 31.7%，不清楚 16.5%，不重要 3.6%。具体数据如表 4-14 所示。

表 4-14 对竞争情报的评价

	样本数目	百分比
很重要	67	48.2%
重要	44	31.7%
不清楚	23	16.5%
不重要	5	3.6%
合计	139	100.0%

（9）联盟成功率。本题为开放式问题，由被访者根据本企业的实际情况估算。调研结果显示：有效样本中联盟的成功率依次为不详（81个），80%（11个），100%（8个），70%、60%（7个），90%、50%（6个），30%（5个），40%、20%、10%（2个），75%、25%（1个），平均成功率为65.8%。具体数据如表4-15所示。

表 4-15 战略联盟的成功率

	成功率	样本数目
	10%	2
	20%	2
	25%	1
	30%	5
	40%	2
	50%	6
	60%	7
	70%	7
	75%	1
	80%	11
	90%	6
	100%	8
	不详	81
平均成功率		65.8%

3. 结构方程模型使用合理性分析

一般来说，运用结构方程模型进行数据分析时，样本数目需要满足条件：样本数减去模型中所需估计参数的数目大于50，而且一般认为样本数最少应在100~400间才适合使用最大似然估计法来估计结构方程模型参数（郑胜华，2007）。Rex B. Kline（1998）[①] 在《结构方程模型的理论与实务》一书中引用Breckler对发表在 Personality and Social Psychology Journal 上的72篇用结构方程模型构建模型的论文进行研究后得出，78%的样本数多于100，但是只有25%的样本数大于500，也就是说，超过一半的样本数分布在100~500的区间之内。本研究共发出调查问卷300份，回收173份，其中有效样本共139份，有效回收率为46%，样本情况符合要求。

二、效度分析

效度是指量表测量的结果能够真正反映调研人员所要了解对象特征的程度，也就是测量结果的准确性。一般而言，效度可以分为三种：内容效度、建构效度和效标效度。本书重点考察前两类效度。

1. 内容效度

内容效度是指量表涵盖研究主题的程度，判断方法为：测量工具是否可以真正测量到研究者所要测量的变量；测量工具是否涵盖了所要测量的变量。调研人员必须检查量表中的项目能否足够地覆盖测量对象的主要方面。为了获得足够的内容效度，要特别注意设计量表时应遵循的程序和规则。

本问卷内容通过文献研究而得，为使问卷内容更具完整性且题意清楚明了，在问卷初稿完成后，进行了前测和修正，以便使问卷内容可以充分涵盖所测量的内容。内容效度的主观性使其不能单独地用来衡量量表的效度，但可以用来对观测结果做大致的评价。

2. 建构效度

建构效度是本书效度分析的重点。本书采用探索性因子分析方法进行效度分析。因子分析的主要功能是从量表全部题项中提取一些公因子，各

---

① Rex B. Kline, *Principles and Practice of Structural Equation Modeling*, New York: The Guilford Press, 1998.

公因子分别与某一群特定变量高度关联，这些公因子即代表了量表的基本结构。

本书进行了 KMO 与 Bartlett 球体检验（KMO and Bartlett's Test of Sphericity）。KMO 值是用于比较观测相关系数值与偏相关系数值的指标，其数值越接近 1，表明这些变量进行因子分析的效果越好。通常 KMO 值小于 0.5 时不宜做因子分析（李红，2008）。同时，p<0.001（Bartlett's Test of Sphericity Sig.）则拒绝相关系数矩阵为单位矩阵的零假设，也支持因子分析。在提取公因子时，一般采用主成分法，并按特征根大于 1 的原则，选取出具有较高解释能力的因子为公因子（王琴，2008）。

本书使用 SPSS18.0 进行效度分析，对第三章所提出的两个模型中的要素分别检验，结果如表 4-16 和表 4-17 所示。从表中可见，所有分量表的 KMO 值都大于 0.5，表示要素均通过效度检验。

表 4-16　各分量表 KMO 以及 Bartlett 球体检验值 I

	KMO 值	Bartlett's Test of Sphericity Sig.	因子数量	解释方差的比例
竞争情报分量表	0.902	0.000	1	78.4%
控制分量表	0.904	0.000	1	75.1%
信任分量表	0.868	0.000	1	78.7%
关系风险分量表	0.881	0.000	1	75.2%
绩效风险分量表	0.865	0.000	1	67.6%
联盟绩效分量表	0.899	0.000	1	80.9%

表 4-17　各分量表 KMO 以及 Bartlett 球体检验值 II

	KMO 值	Bartlett's Test of Sphericity Sig.	因子数量	解释方差的比例
竞争情报分量表	0.902	0.000	1	78.4%
权力控制分量表	0.865	0.000	1	78.8%
社会控制分量表	0.786	0.000	1	78.7%
理性信任分量表	0.819	0.000	1	83.6%
感性信任分量表	0.749	0.000	1	87.6%

三、信度分析

内部一致性是测试信度最为常用的指标，它是通过计算问卷问题项得分之间都具有较高的正相关性来测验问题项之间的一致性程度。测量一致性的信度类型有两种：一种是折半信度，填答问卷后，将问卷题目分成两半，分别计分，再用这两半的总分计算其相关系数，这种相关系数称为折半信度系数；另一种是 Kuder-Richardson Reliability、C.HoytRH 系数、Cronbach's α 系数。本研究采用比较流行的 Cronbach's α 系数作为评判测量问卷信度的主要依据，其公式如下：

$$\alpha = \left(\frac{K}{K-1}\right) \times \left(1 - \sum \frac{S_i^2}{S^2}\right)$$

其中，K 表示该测验所包含的项目数，S_i^2 表示每一项目分数的变异量，S^2 表示测验总分的变异量。

本研究计算了变量的 Cronbach's α 系数值①，结果如表 4-18 和表 4-19 所示。从表中可见，各变量的 Cronbach's α 系数值均在可接受的范围内，而且大部分大于 0.9，因此本问卷的信度较高。

表 4-18 模型 I 的要素信度

要素	测量指标	Cronbach's α
竞争情报	在联盟前我方对内外部环境进行了客观细致的分析 我方对联盟伙伴有充分的了解 我方能够预见潜在的冲突并制定了相应的解决方案 我方对联盟伙伴可能的机会主义行为（比如盗取核心资料）时刻警惕 在我方投入的资源中，对技术知识的保护很到位 我方注重利用人际网络关系获得相关信息	0.944
控制	对于合作的目标和远景，双方的认识比较相同 强调共同协作提高合作的效率 双方在组织文化方面能够相互适应 只有当所有合作细节都通过合同规定之后，双方才可以顺利合作 总的来看，双方签订的契约是约束对方行为的最有力工具 双方已经共同制定和形成了完善的合作规则 合作中已经建立了明确的解决双方争议和冲突的制度和办法	0.940

---

① Cronbach's α 值一般介于 0 和 1 之间，越接近于 1，说明信度越高。按照 Nunnally 的标准，Cronbach's α > 0.9 为信度非常好，0.7 < Cronbach's α < 0.9 为高信度，0.35 < Cronbach's α < 0.7 为中信度，Cronbach's α < 0.35 代表低信度。

续表

要素	测量指标	Cronbach's α
信任	与我合作的对方员工能够在合作中公正地对待我 与我合作的对方员工对我很诚实 我们的合作方非常正直、真诚 如果合作破裂，对方将要花费相当的时间和精力去弥补这一变化所产生的缺口 如果合作终止，对方很难找到更好的合作者	0.932
关系风险	合作使我方关键技术被对方盗取的可能性很高 合作很可能会导致我方的关键技术人员和管理人员流失 如果有机会，对方会侵害我方利益 总的来看，对方的表现不佳 关于自身业务，对方不能提供真实的情况 如果我方不进行检查，对方就不会努力地履行其在合作中的责任	0.934
绩效风险	我们无法推测政策环境的变化 我们不能预知竞争对手的变化 我们对联盟伙伴的能力不清楚 我们不能对外界变化做出反应 我们不能有效地调配联盟内部资源	0.879
联盟绩效	我们对合作业绩很满意 我们从合作中得到了预期的收益 我们的合作关系非常稳定 我们认为合作关系会存续 双方对此次合作的综合评价很高	0.902

表 4-19　模型 II 的要素信度

要素	测量指标	Cronbach's α
竞争情报	在联盟前我方对内外部环境进行了客观细致的分析 我方对联盟伙伴有充分的了解 我方能够预见潜在的冲突并制定了相应的解决方案 我方对联盟伙伴可能的机会主义行为（比如盗取核心资料）时刻警惕 在我方投入的资源中，对技术知识的保护很到位 我方注重利用人际网络关系获得相关信息	0.944
权力控制	只有当所有合作细节都通过合同规定之后，双方才可以顺利合作 总的来看，双方签订的契约是约束对方行为的最有力工具 双方已经共同制定和形成了完善的合作规则 合作中已经建立了明确的解决双方争议和冲突的制度和办法	0.723
社会控制	对于合作的目标和远景，双方的认识比较相同 强调共同协作提高合作的效率 双方在组织文化方面能够相互适应	0.730

续表

要素	测量指标	Cronbach's α
理性信任	如果合作破裂，对方将要花费相当的时间和精力去弥补这一变化所产生的缺口 如果合作终止，对方很难找到更好的合作者	0.801
感性信任	与我合作的对方员工能够在合作中公正地对待我 与我合作的对方员工对我很诚实 我们的合作方非常正直、真诚	0.929

第四节 结构方程模型分析

结构方程模型分析法关注事物的内在联系，是本书基于竞争情报的联盟风险管理定量研究中最重要的环节。是否正确地对联盟风险管理相关变量进行测量直接关系到研究工作的质量。本节将在科学分析的基础上对模型的测量方法、测量工具和相关参数界定等内容进行说明。

一、实证方法介绍

结构方程模型，也有学者称之为潜在变量模型，是一种线性统计建模技术，可以用来衡量不能通过观察直接得到的变量。在包含大量复杂假设的研究中，可以构建一个由潜在结构和可测量模型相互作用而成的结构方程模型，分析这个不可观察的结构和它的可观测变量之间的关系[1]。结构方程模型基本上是一种验证性的方法，通常必须有理论或经验法则支持，由理论来引导[2]，基本思想是：根据先前的理论和已有的知识，经过推论和假设，形成一个关于一组变量之间的相互关系（常为因果关系）的模型。然后用数据对模型进行验证，如果模型能很好地拟合数据，模型就是可以接受的，否则，就对模型进行修正以使其更好地拟合数据[3]。

---

[1][3] 侯杰泰等：《结构方程模型及其应用》，教育科学出版社 2004 年版。
[2] 吴明隆：《结构方程模型：AMOS 的操作与应用》，重庆大学出版社 2009 年版。

结构方程模型具有以下优点[①]：①同时处理多个变量。在回归分析和路径分析中，就算统计结果的图表中展示多个因变量，但其实在计算回归系数或路径系数时，仍是对每个变量逐一计算。所以图表貌似多个因变量同时考虑，但在计算对某一个因变量的影响或关系时，都忽略了其他因变量的存在和影响。②容许自变量和因变量含测量误差。一些变量往往含有误差，也不能简单地用单一指标测量。而结构方程模型分析容许自变量和因变量均含测量误差，变量也可用多个指标测量。③同时估计因子结构和因子关系。在传统统计方法中，各因子内结构不会因为其他因子的存在而变化。然而，在结构方程模型分析中，同一个研究中其他共存的因子及其结构会相互影响，不仅影响因子间的关系，也影响因子的内部结构（即因子与指标的关系）。④容许更大弹性的测量模型和估计整个模型的拟合程度。传统因子分析难以处理一个指标从属多个因子，或者考虑高阶因子等比较复杂的从属关系模型，但结构方程模型分析容许更加复杂的模型。同时在传统路径分析中，只估计每一个路径（变量间关系）的强弱。在结构方程分析中，除了上述参数的估计外，还可以计算不同模型对同一个样本数据的整体拟合程度，从而判断哪一个模型更接近数据呈现的关系。

二、测量工具及模型适配度指标

本书使用专门处理结构方程模型的 AMOS（Analysis of Moment Structures）统计软件包作为测量工具验证所建模型，揭示竞争情报与控制、信任、关系风险、绩效风险和联盟绩效之间的内在关系。AMOS 软件包由 SPSS 公司开发，最大特色是可视化，以易学、易用、易懂著称，提供模型修正与模型设定探索，能够计算直接与间接效果。由于其采用图形界面及不必编程等特点，非统计学专业的研究人员也可以快速掌握和使用。

好的结构方程模型的适配度检核指标（Goodness-of-fit Indices）必须在一个合理的范围之内。模型的适配（Fit）指的是假设的理论模型与实际数据的一致性程度。在此，简单介绍一下将要用到的几个重要指标的含义[②]。

[①] 侯杰泰等：《结构方程模型及其应用》，教育科学出版社 2004 年版。
[②] 吴明隆：《结构方程模型：AMOS 的操作与应用》，重庆大学出版社 2009 年版。

- 拟合优度指数（GFI）。GFI 通常介于 0 和 1 之间，1 表示完全拟合。一般大于 0.9 时表示观测数据较好地拟合所定义的模型。
- 调整的拟合优度系数（AGFI）。AGFI 考虑的是检验模型中的自由度。AGFI 的最大值是 1，表示的是完美拟合。但不像 GFI，其最小值不一定是 0。一般大于 0.9 时表示观测数据较好地拟合所定义的模型。
- 近似均方根误差（RMSEA）。一般情况下，如 RMSEA 取值为 0.05 或小于 0.05 并且 RMSEA 的 90% 置信区间上限在 0.08 及以下，表示数据与定义模型拟合较好。
- 标准拟合指数（NFI）。NFI 的值在 0 和 1 之间，接近 1 表示模型拟合性较好。
- 比较拟合指数（CFI）。CFI 的值在 0 和 1 之间，接近 1 表示模型拟合性较好。

三、测量结果

本书构建了两个概念模型，即基于竞争情报的联盟风险管理模型和竞争情报与控制和信任的关系模型，共使用了 34 个指标来度量模型中的六个要素。这些指标参考了以往相关文献的研究成果，相对而言使用较为普遍。在检验模型中各要素的关系假设之前，本书首先使用探索性因子分析法对各要素的具体指标进行检验，以考察所选指标的聚合情况是否理想，如表 4-20 和表 4-21 所示。

表 4-20 Total Variance Explained

Component	Initial Eigenvalues			Extraction Sums of Squared Loadings			Rotation Sums of Squared Loadings		
	Total	% of Variance	Cumulative %	Total	% of Variance	Cumulative %	Total	% of Variance	Cumulative %
1	19.644	57.775	57.775	19.644	57.775	57.775	8.815	25.927	25.927
2	3.098	9.112	66.888	3.098	9.112	66.888	5.405	15.897	41.824
3	1.603	4.715	71.603	1.603	4.715	71.603	5.006	14.724	56.547
4	1.244	3.658	75.261	1.244	3.658	75.261	4.689	13.793	70.340
5	0.876	2.576	77.837	0.876	2.576	77.837	1.785	5.250	75.590

续表

Compo-nent	Initial Eigenvalues			Extraction Sums of Squared Loadings			Rotation Sums of Squared Loadings		
	Total	% of Variance	Cumu-lative %	Total	% of Variance	Cumu-lative %	Total	% of Variance	Cumu-lative %
6	0.747	2.198	80.035	0.747	2.198	80.035	1.512	4.446	80.035
7	0.634	1.866	81.901						
8	0.619	1.821	83.722						
9	0.551	1.619	85.341						
10	0.481	1.415	86.756						
11	0.457	1.343	88.100						
12	0.424	1.248	89.347						
13	0.326	0.958	90.305						
14	0.315	0.926	91.231						
15	0.307	0.904	92.135						
16	0.279	0.820	92.955						
17	0.254	0.748	93.703						
18	0.231	0.680	94.383						
19	0.212	0.623	95.005						
20	0.197	0.579	95.584						
21	0.181	0.534	96.118						
22	0.172	0.505	96.623						
23	0.152	0.446	97.069						
24	0.135	0.396	97.465						
25	0.131	0.385	97.850						
26	0.115	0.337	98.188						
27	0.111	0.326	98.514						
28	0.098	0.289	98.803						
29	0.093	0.273	99.076						
30	0.086	0.254	99.330						

续表

Compo-nent	Initial Eigenvalues			Extraction Sums of Squared Loadings			Rotation Sums of Squared Loadings		
	Total	% of Variance	Cumu-lative %	Total	% of Variance	Cumu-lative %	Total	% of Variance	Cumu-lative %
31	0.075	0.220	99.550						
32	0.064	0.189	99.739						
33	0.048	0.141	99.880						
34	0.041	0.120	100.000						

Extraction Method: Principal Component Analysis

表4-21 Rotated Component Matrix（a）

	Component					
	竞争情报	绩效风险	联盟绩效	关系风险	信任	控制
V1 在联盟前我方对内外部环境进行了客观细致的分析	0.803					
V2 我方对联盟伙伴有充分的了解	0.825					
V3 我方能够预见潜在的冲突并制定了相应的解决方案	0.726					
V4 我方对联盟伙伴可能的机会主义行为（比如盗取核心资料）时刻警惕	0.776					
V5 在我方投入的资源中，对技术知识的保护很到位	0.821					
V6 我方注重利用人际网络关系获得相关信息	0.768					
V7 我们无法推测政策环境的变化		0.762				
V8 我们不能预知竞争对手的变化		0.669				
V9 我们对联盟伙伴的能力不清楚		0.609				
V10 我们不能对外界变化做出反应		0.727				
V11 我们不能有效地调配联盟内部资源		0.74				
V12 我们对合作业绩很满意	0.505		0.526			
V13 我们从合作中得到了预期的收益			0.841			

续表

	Component					
	竞争情报	绩效风险	联盟绩效	关系风险	信任	控制
V14 我们的合作关系非常稳定			0.818			
V15 我们认为合作关系会存续			0.823			
V16 双方对此次合作的综合评价很高			0.772			
V17 合作使我方关键技术被对方盗取的可能性很高				0.802		
V18 合作很可能会导致我方的关键技术人员和管理人员流失				0.745		
V19 如果有机会，对方会侵害我方利益		0.689		0.434		
V20 总的来看，对方的表现不佳				0.874		
V21 关于自身业务，对方不能提供真实的情况				0.826		
V22 如果我方不进行检查，对方就不会努力地履行其在合作中的责任				0.706		
V23 感性信任：与我合作的对方员工能够在合作中公正地对待我		0.48			0.52	
V24 感性信任：与我合作的对方员工对我很诚实		0.444			0.509	
V25 感性信任：我们的合作方非常正直、真诚	0.465	0.403			0.527	
V26 理性信任：如果合作破裂，对方将要花费相当的时间和精力去弥补这一变化所产生的缺口			0.429		0.558	
V27 理性信任：如果合作终止，对方很难找到更好的合作者			0.531		0.406	
V28 社会控制：对于合作的目标和远景，双方的认识比较相同						0.66
V29 社会控制：强调共同协作提高合作的效率						0.679
V30 社会控制：双方在组织文化方面能够相互适应	0.501					0.551
V31 权力控制：只有当所有合作细节都通过合同规定之后，双方才可以顺利合作	0.457					0.623

续表

	Component					
	竞争情报	绩效风险	联盟绩效	关系风险	信任	控制
V32 权力控制：总的来看，双方签订的契约是约束对方行为的最有力工具	0.417					0.71
V33 权力控制：双方已经共同制定和形成了完善的合作规则						0.619
V34 权力控制：合作中已经建立了明确的解决双方争议和冲突的制度和办法						0.813

Extraction Method: Principal Component Analysis. Rotation Method: Varimax with Kaiser Normalization

a. Rotation converged in 7 iterations

表4-20显示，当聚类为六组时已经解释了全部内容（34个指标）的80%，效果良好[1]。表4-21显示，指标在各自的因子中几乎都有较高的因子载荷[2]，这表明所选因子能够较好地描述各指标项，符合统计检验应该具备的基本要求。接下来，分别检测各模型及相应假设的验证情况。

1. 基于竞争情报的战略联盟风险管理模型

本书使用AMOS软件包计算了第一个模型及各项数值，根据计算结果得到了模型的拟合优度情况和假设验证情况，如表4-22和表4-23所示。

表4-22 模型Ⅰ的拟合优度表

拟合指标	指标值	拟合情况
拟合优度指数 GFI	0.901	>0.9，很好
调整的拟合优度指数 AGFI	0.914	>0.9，很好
近似误差均方根 RMSEA	0.049	<0.05，通过
标准拟合指数 NFI	0.869	>0.8，通过
比较拟合指数 CFI	0.907	>0.9，很好

从参数的指示值可知，第四章推导出的理论模型与实证数据的拟合情况较好。因此，可以使用该模型分析各要素之间的关系。

---

[1] 只有34组时才能达到解释全部，即100%。
[2] 其中个别指标可以属于两组，结合理论分析，本书将其放在最恰如其分的要素下。

基于竞争情报的战略联盟关系风险管理研究

表4-23 模型Ⅰ的假设相关值

假设	相关值	验证情况
1. 竞争情报→控制	0.774	强
2. 竞争情报→信任	0.603	较强
3. 控制→关系风险	−0.804	强
4. 信任→关系风险	−0.786	强
5. 关系风险→联盟绩效	−0.772	强
6. 竞争情报→绩效风险	−0.764	强
7. 绩效风险→联盟绩效	−0.703	强
8. 竞争情报→其他因素	—	没有结果
9. 其他因素→关系风险	—	没有结果

本模型的各项拟合指标检验结果如表4-23所示。从表中数据可知，结构方程模型的各项指标都通过且质量很好，要素之间的路径关系与所预期的路径关系一致。这说明，预先假设的结构方程模型是有效的，能够较好地支持本书提出的理论观点。

2. 竞争情报与控制和信任的关系模型

本书使用AMOS软件包计算了第二个模型及各项数值，根据计算结果得到了模型的拟合优度情况和假设验证情况，如表4-24和表4-25所示。

表4-24 模型Ⅱ的拟合优度表

拟合指标	指标值	拟合情况
拟合优度指数GFI	0.923	>0.9，很好
调整的拟合优度指数AGFI	0.931	>0.9，很好
近似误差均方根RMSEA	0.043	<0.05，通过
标准拟合指数NFI	0.909	>0.9，很好
比较拟合指数CFI	0.912	>0.9，很好

从参数的指示值可知，第四章推导出的理论模型与实证数据的拟合情况较好。因此，可以使用该模型分析各要素之间的关系。

本模型的各项拟合指标检验结果如表4-25所示。从表中数据可知，

表 4-25　模型 II 的假设相关值

假设	相关值	验证情况
10. 竞争情报→权力控制	0.867	强
11. 竞争情报→社会控制	0.590	较强
12. 竞争情报→理性信任	0.807	强
13. 竞争情报→感性信任	0.393	较弱

结构方程模型的各项指标都通过且质量很好，要素之间的路径关系与所预期的路径关系一致。这说明，预先假设的结构方程模型是有效的，能够较好地支持本书提出的理论观点。

本章小结

本章首先说明了实证研究的过程，包括样本选取、抽样方式、问卷设计及问卷发放、回收及处理情况，接着对获取数据进行了描述性分析、效度分析和信度分析，最后使用结构方程模型对第三章提出的两个概念模型进行了验证，验证结果如表 4-26 所示。

表 4-26　检验结果汇总

标号	假设	检验结果
H1	竞争情报与企业对联盟伙伴的控制能力正相关	支持
H2	竞争情报与企业对联盟伙伴的信任能力正相关	支持
H3	企业对联盟伙伴的控制能力与关系风险负相关	支持
H4	企业对联盟伙伴的信任能力与关系风险负相关	支持
H5	关系风险与联盟绩效负相关	支持
H6	竞争情报与绩效风险负相关	支持
H7	绩效风险与联盟绩效负相关	支持
H8	竞争情报与其他因素正相关	没有结果
H9	其他因素与关系风险负相关	没有结果

续表

标号	假设	检验结果
H10	竞争情报与权力控制能力正相关	支持
H11	竞争情报与社会控制能力正相关	支持
H12	竞争情报与理性信任能力正相关	支持
H13	竞争情报与感性信任能力正相关	部分支持

第五章 实证研究结果讨论及建议

本章对实证研究结果进行了进一步分析和讨论,并提出了相应的建议,共分三部分:①对此次调研企业的联盟及其竞争情报使用现状进行讨论,分析所得数据的含义。②对结构方程模型的验证情况进行讨论,并根据结果修正第三章提出的模型。③提出了基于竞争情报的战略联盟关系风险管理框架,并结合战略联盟关系风险管理的实际需求,给出了竞争情报在战略联盟生命周期各阶段的主要工作内容。

第一节 相关资料实证结果讨论

在第四章,本书通过描述性分析法对有效样本的基本情况、联盟情况及联盟中竞争情报的使用情况进行了数据分析,本节将结合现实对这些分析结果进行讨论。

一、被访企业情况讨论

1. 基本情况

(1)所在地区。本题意在考察有效样本的地区分布,并分析不同地区企业的竞争情报工作开展情况。市场竞争是企业选择与其他企业结盟以获得保持竞争优势所需的资源的首要原因。一般来说,经济越发达,竞争越激烈,联盟行为就越普遍。本次调研的结果(见图5-1)也在某种程度上验证了经济发达地区的企业更偏向于选择战略联盟的观点:样本企业的绝大部分（72%）来自经营环境更复杂、竞争更激烈的经济发达城市。①

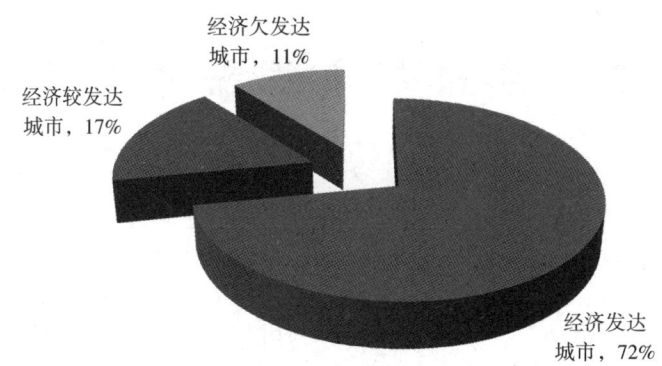

图 5-1　企业的地区分布

竞争情报也是市场高度竞争的信号。一般来说，经济越发达，竞争越激烈，对竞争情报的需求越大。不过，从数据上看（见表 5-1），本次被访企业的竞争情报开展与否并不与城市的经济状况有必然联系：经济发达地区的联盟企业开展竞争情报工作的企业最多（76.1%），但经济较发达地区的竞争情报使用比例（36.4%）反而比经济欠发达地区的比例（71.4%）低。这表明，企业所在城市的经济状况对该企业是否选择竞争情报的影响不大，而企业自身情况如所处行业、行业地位等可能占更大权重。

表 5-1　竞争情报使用情况与企业的地区分布

		所在地区						Total	
		经济较发达城市		经济欠发达城市		经济发达城市			
		Count	Col %	Count	Col %	Count	Col %	Count	Col %
是否使用竞争情报	否	15	63.6%	4	28.6%	24	23.9%	43	30.9%
	是	9	36.4%	11	71.4%	76	76.1%	96	69.1%
Total		24	100.0%	15	100.0%	100	100.0%	139	100.0%

---

① 该分析基于一个理想假设：每个地区的问卷发出量和收发比例大致相同，因此开展战略联盟的实际企业数越多，回复问卷的企业就越多。

（2）企业性质。本题意在考察有效样本的性质分布，并分析不同性质企业的竞争情报工作开展情况。从结果看（见图5-2），被访企业的企业性质分布从高到低依次为外商独资企业40.3%、国有企业28.8%、合资企业17.3%、私营企业12.9%。这是因为，战略联盟作为一种新型的企业经营模式，兴起于20世纪80年代的发达国家，2000年左右国内的实践和研究才逐渐增多。因此，外资背景企业的联盟行为要多于本土企业，甚至有些企业本身就是联盟的产物。

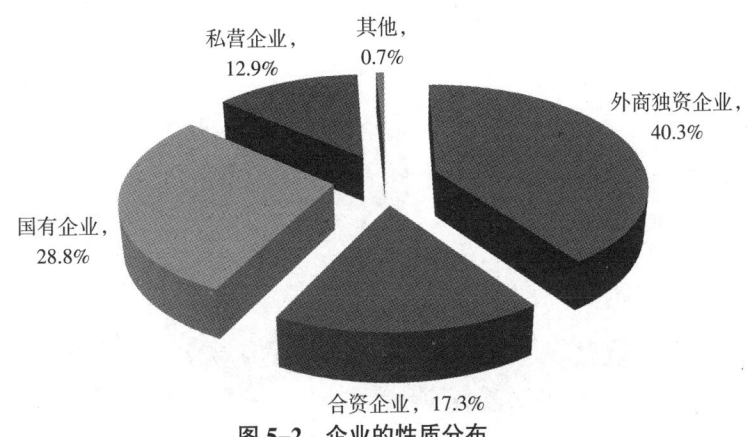

图5-2　企业的性质分布

与战略联盟类似，将情报学知识应用于商业并形成"竞争情报"的研究和实践也是从国外到国内逐步展开的。因此一般来说，具有外资背景的企业更倾向于使用竞争情报辅助其获得竞争优势。但从数据看（见表5-2），本次被访企业的竞争情报开展与企业是否有外资背景关系不大：竞争情报使用比例从高到低依次为国有企业83.3%、外商独资企业69.2%、私营企业61.1%、合资企业54.5%。这从侧面证明了经过情报界人士20多年的努力，竞争情报已为中国企业广泛接受，并日益壮大。

（3）所属行业。本题意在考察有效样本的行业分布，并分析不同行业企业的竞争情报工作开展情况（见图5-3）。问卷共提供了六个被选行业，但选择"其他"的企业占了大多数（59%），这个结果一方面说明本问卷在设计时考虑不尽周全，另一方面也说明战略联盟现象在我国已经非常普遍，行业覆盖面很广。

表 5-2　竞争情报使用情况与企业的性质分布

		企业性质										Total	
		国有企业		合资企业		其他		私营企业		外商独资企业			
		Count	Col %	Count	Col %	Count	Col %	Count	Col %	Count	Col %	Count	Col %
是否使用竞争情报	否	7	16.7%	11	45.5%	1	100.0%	7	38.9%	17	30.8%	43	30.9%
	是	33	83.3%	13	54.5%	0	0.0%	11	61.1%	39	69.2%	96	69.1%
Total		40	100.0%	24	100.0%	1	100.0%	18	100.0%	56	100.0%	139	100.0%

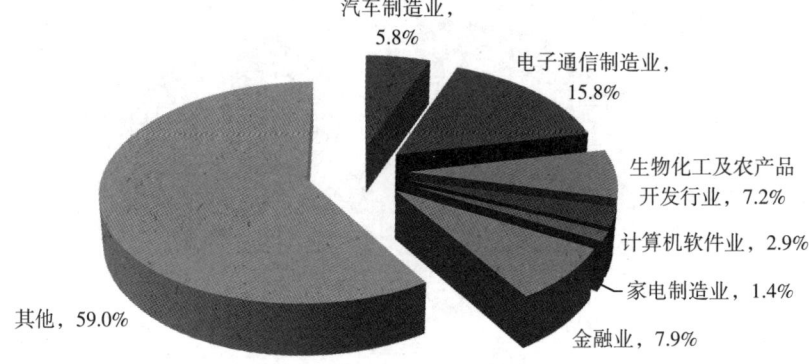

图 5-3　企业的行业分布

如前文所述，竞争情报是市场高度竞争的信号。竞争越激烈的行业，对竞争情报的需求越大。从问卷给定的六个高度竞争行业的竞争情报使用情况来看（金融业、生物化工及农产品开发行业和计算机软件业均为100%，电子通信制造业为70%，汽车制造业为50%，家电制造业为0%，其他行业为63.2%），除家电制造业外，其余行业的竞争情报使用比例都很高，有的甚至达到了100%（见表5-3）。现实中，家电制造业的竞争非常激烈，按经验，竞争情报的使用比例不应该为0%，可能是参与问卷回复的企业数量太少(仅两家) 所致。

（4）企业规模。本题意在考察有效样本的规模分布，并分析不同规模企业的竞争情报工作开展情况。在配额抽样时，考虑到企业规模因素对结果的影响，按1∶1∶1的比例分别向大、中、小型企业投放问卷。假设问卷的回收率相同，那么回收数量越多表示战略联盟越普遍。从结果看（见图5-4），有效样本企业的规模分布很不均匀：大型企业超过了一半

第五章 实证研究结果讨论及建议

表 5-3 竞争情报使用情况与企业的行业分布

		所属行业															Total	
		电子通信制造业		计算机软件业		家电制造业		金融业		其他		汽车制造业		生物化工及农产品开发行业		Count	Col %
		Count	Col %	Count	Col %	Count	Col %	Count	Col %	Count	Col %	Count	Col %	Count	Col %		
是否使用竞争情报	否	7	30.0%	0	0.0%	2	100.0%	0	0.0%	30	36.8%	4	50.0%	0	0.0%	43	30.9%
	是	15	70.0%	4	100.0%	0	0.0%	11	100.0%	52	63.2%	4	50.0%	10	100.0%	96	69.1%
Total		22	100.0%	4	100.0%	2	100.0%	11	100.0%	82	100.0%	8	100.0%	10	100.0%	139	100.0%

(61.9%), 其次是中型企业 (30.2%) 和小型企业 (7.9%)。这说明, 在我国大型企业的联盟行为更活跃, 是实施联盟战略的主要群体。

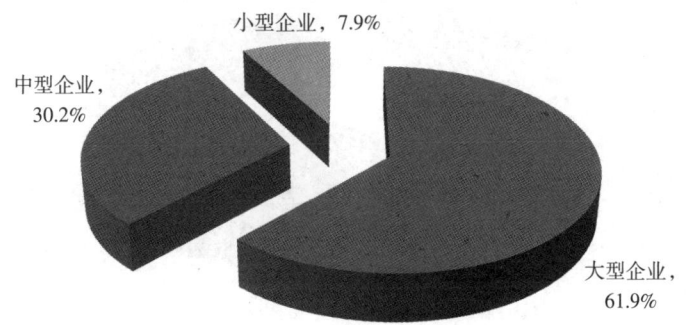

图 5-4 企业的规模分布

表 5-4 所示为大、中、小型企业竞争情报的开展情况, 从高到低依次为大型企业 79.1%、中型企业 54.8%、小型企业 45.5%。这说明, 大型企业的情报意识更强, 情报需求更迫切。

表 5-4 竞争情报使用情况与企业的规模分布

		企业规模						Total	
		大型企业		中型企业		小型企业		Count	Col %
		Count	Col %	Count	Col %	Count	Col %		
是否使用竞争情报	否	18	20.9%	19	45.2%	6	54.5%	43	30.9%
	是	68	79.1%	23	54.8%	5	45.5%	96	69.1%
Total		86	100.0%	42	100.0%	11	100.0%	139	100.0%

2. 联盟情况

(1) 现有联盟数量。本题意在考察有效样本的联盟数量,并分析联盟数量与竞争情报使用情况的内在联系。通常联盟数量越多,企业的联盟经验就越丰富,对联盟风险尤其是关系风险的管理能力也就越强。从结果来看(见图5-5),本次被访企业联盟拥有数量大多(63.3%)少于五个(世界500强企业平均的联盟数量是60个),联盟经验欠缺,这也是当前我国联盟企业的一个特点。为了减少联盟风险尤其是关系风险给联盟带来的危害,实现从联盟获利的最终目标,企业必须努力寻求竞争情报的支撑以降低由于经验不足而遭受损失的可能性。下节将使用交叉分析法分析该问题与竞争情报的关系。

图5-5 企业拥有的联盟数量

(2) 联盟存在时间。本题意在考察有效样本的联盟存在时间,并分析联盟存在时间与竞争情报使用情况的内在联系。通常结盟时间越长,企业积累的联盟经验就越多,对联盟风险尤其是关系风险的管理能力也就越强。所以本质上,联盟存在时间与联盟数量一样,是判断企业联盟经验丰富与否的指标之一。调研结果显示(见图5-6),有效样本中绝大多数企业的联盟存在时间都小于10年(1~5年56.1%,6~10年28.1%),这从另一个侧面说明了我国企业联盟经验不足、需要竞争情报支撑的现状。下节将使用交叉分析法分析该问题与竞争情报的关系。

(3) 与合作伙伴在结盟前的接触程度。联盟是一种风险决策,联盟伙伴的选择在很大程度上决定了联盟最终的成败,因此企业在选择合作对象时必须慎重。调研结果显示(见图5-7):在结盟之前,有效样本中的绝大多数(81.3%)都跟潜在伙伴有过较为深入的接触,没有接触的只有

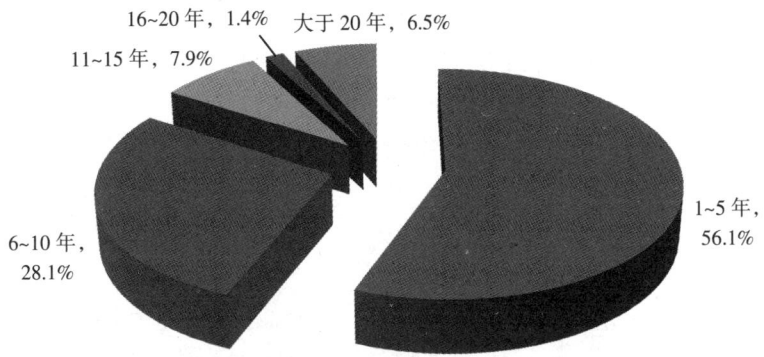

图 5-6 联盟存续的时间

18.7%。这说明企业在选择联盟伙伴时更倾向于那些已经相对熟悉的企业。从熟悉的范围内（如双方有过一定的业务接触）选择潜在伙伴是一种相对安全和容易的方法，因为先前的合作经历让企业对对方的能力、信誉等有了直观认识，初步信任已建立，这有助于预期关系风险的降低。下节将使用交叉分析法分析该问题与竞争情报的关系。

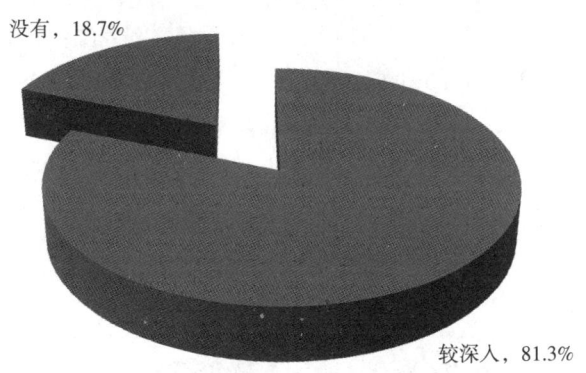

图 5-7 结盟前与合作伙伴的接触程度

（4）结盟前公司与联盟伙伴的关系。本题意在考察哪些关系类型的企业间更容易产生战略联盟。调研结果（见图 5-8）显示：有效样本在实施联盟前与联盟伙伴的主要关系类型依次为顾客（28.8%）、供应商（28.1%）、竞争对手（28.1%）。顾客是企业生存和发展的基础，供应商是企业生产要素的来源，二者分列企业生命线的上下两端，与它们保持稳定、健康的关系有助于企业上下游渠道畅通。与竞争对手结盟也是近年来的一种趋势，出于多重考虑，如希望通过结盟划定业务范围把竞争对手限定在某个特定领域，通过结盟限制竞争对手的发展，通过结盟获得自身不具备的技术知识，或通过结盟抵御更大的竞争对手等。下节将使用交叉分析法分析何种类型关系的伙伴间组建的联盟会更重视竞争情报工作。

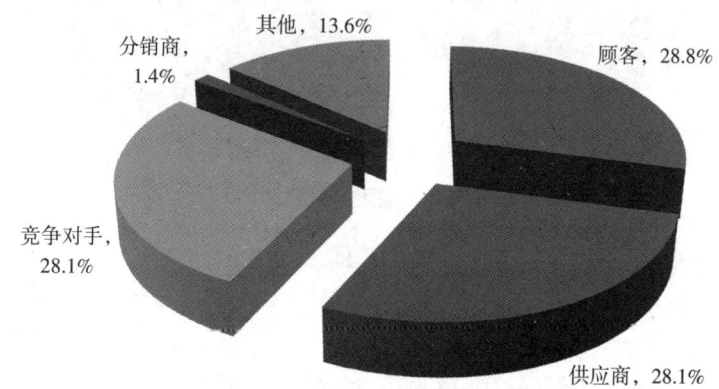

图 5-8　结盟前与合作伙伴的关系

（5）向对方学习是否是结盟的目的之一。知识经济时代，企业发展所必需的资源已逐渐从物质转向知识，企业选择联盟的动力很大一部分来自对对方核心知识、技能的获取。多数企业都会在联盟运行过程中相互学习，甚至有的联盟会出现"学习竞赛"现象。调研结果（见图 5-9）也显示：有效样本中，66.9%的企业期望从对方学到某种自身不具备的知识，只有33.1%的企业对学习不感兴趣。下节将使用交叉分析法分析抱有学习目的的企业与不打算学习的企业的竞争情报使用情况。

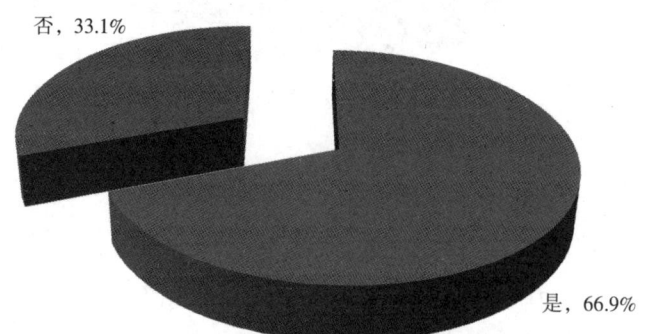

图 5-9　企业是否计划向对方学习

(6)希望学习的内容。本题意在考察当学习是结盟的目的时,企业对学习什么内容更感兴趣。从调研结果(见图5-10)看,企业希望学习的内容从高到低依次为技术专长21.9%、企业管理技能21.4%、新产品开发技能18.3%、市场开拓技能14%、生产运作技能12.9%。需要注意的是,企业感兴趣的领域也是关系风险容易发生的领域,在进行关系风险管理时,必须对这些领域实施严格监控,既要防止对方的侵占行为,预防侵占风险的发生,也要促使对方按合约投入,预防投入风险的发生。

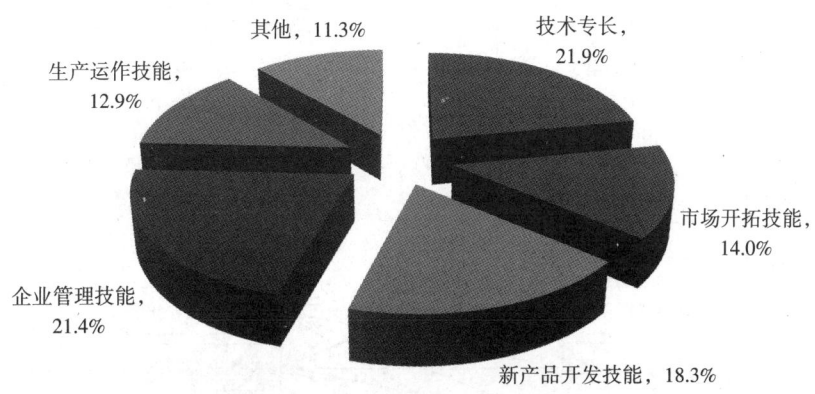

图5-10 企业希望向对方学习的内容

(7)联盟成功率。成功率是衡量企业是否从联盟获利的直接指标,同时也与企业的联盟风险管理能力相关。从调研结果(见图5-11)看,样本企业的联盟成功率分布得非常分散,几乎涵盖了从10%到100%的各个数据段,平均成功率为65.8%。这说明样本企业的联盟效果总体比较理想,但具体企业的联盟能力参差不齐。下节将使用交叉分析法分析联盟成功率与竞争情报使用和重视程度之间的关系。

二、竞争情报使用情况讨论

本节将以两个竞争情报相关问项"是否使用竞争情报"和"对竞争情报的评价"为基准与六个联盟相关问项"成功率""现有联盟数量""联盟存在时间""结盟前的接触程度""结盟前的关系""是否向对方学习"进行交叉分析,意在考察被访企业的竞争情报使用情况,探讨竞争情报在联盟中的意义。具体分析项目如图5-12所示。

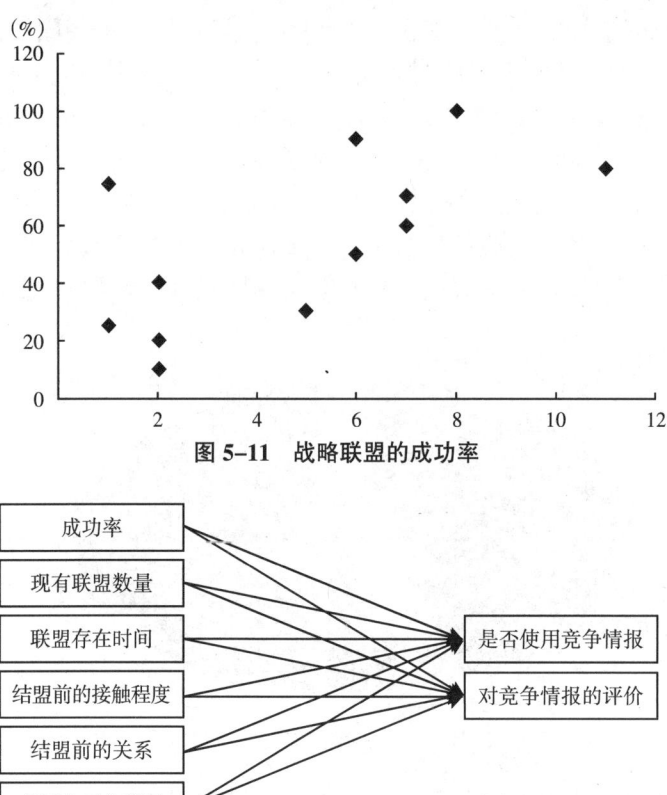

图 5-11 战略联盟的成功率

图 5-12 交叉分析项目

在进行交叉分析之前,首先看一下本次调研中有关竞争情报的数据。调研结果(见图 5-13)显示:有效样本中使用竞争情报的企业为 69.1%,不使用竞争情报的企业为 30.9%;管理者对竞争情报的评价从高到低依次为很重要 48.2%,重要 31.7%,不清楚 16.5%,不重要 3.6%。总体上看,

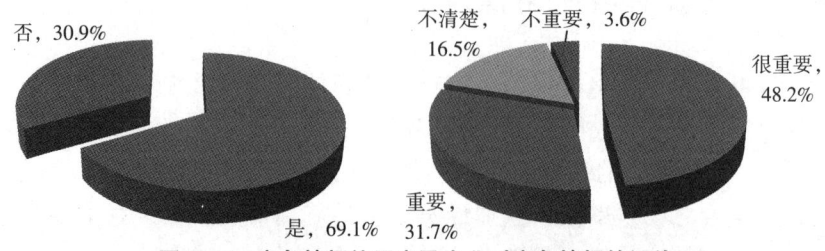

图 5-13 竞争情报使用率及企业对竞争情报的评价

第五章　实证研究结果讨论及建议

样本企业的竞争情报使用率较高，近七成企业在联盟过程中使用了竞争情报；企业管理者对竞争情报的评价非常积极，认为"很重要"和"重要"的企业是认为"不重要"的企业的22倍多。

使用Excel进行交叉分析后，共得到了12张六组数据表格，现在分别对这六组分析结果进行讨论。

1. "成功率"与"是否使用竞争情报、对竞争情报的评价"

在问卷中，"联盟成功率"为开放式问题，由答题人根据本企业的实际情况自由填写。大部分答题人由于其职务、权限、能力等方面的限制难以给出具体数据，因此该题的完成率较低，仅41.7%（58份）。本节只对回答了该题的问卷进行交叉分析。

表5-5和表5-6所示是"成功率"分别与"是否使用竞争情报"和"对竞争情报的评价"进行交叉分析后得到的计算结果。为了能够更清楚地展示表中数据的特征，本书把上述两表转换成图5-14和图5-15。

表5-5　是否使用竞争情报与战略联盟的成功率

		成功率											Total	
		10%		20%		25%		30%		40%		50%			
		Count	Col %	Count	Col %	Count	Col %	Count	Col %	Count	Col %	Count	Col %	Count	Col %
是否使用竞争情报	否	1	50.0%	2	100.0%	1	100.0%	3	60.0%	1	50.0%	2	33.3%	15	25.9%
	是	1	50.0%	0	0.0%	0	0.0%	2	40.0%	1	50.0%	4	66.7%	43	74.1%
Total		2	100.0%	2	100.0%	1	100.0%	5	100.0%	2	100.0%	6	100.0%	58	100.0%
		成功率											Total	
		60%		70%		75%		80%		90%		100%			
		Count	Col %	Count	Col %	Count	Col %	Count	Col %	Count	Col %	Count	Col %	Count	Col %
是否使用竞争情报	否	1	14.3%	3	42.9%	0	0.0%	1	9.1%	0	0.0%	0	0.0%	15	25.9%
	是	6	85.7%	4	42.9%	1	100.0%	10	90.9%	6	100.0%	8	100.0%	43	74.1%
Total		7	100.0%	7	100.0%	1	100.0%	11	100.0%	6	100.0%	8	100.0%	58	100.0%

表 5-6 对竞争情报的评价与战略联盟的成功率

		成功率											Total	
		10%		20%		25%		30%		40%		50%			
		Count	Col %	Count	Col %	Count	Col %	Count	Col %	Count	Col %	Count	Col %	Count	Col %
对竞争情报的评价	不清楚	0	0.0%	2	100.0%	1	100.0%	3	60.0%	1	50.0%	2	33.3%	14	24.1%
	不重要	1	50.0%	0	0.0%	0	0.0%	0	0.0%	0	0.0%	1	16.7%	2	3.5%
	很重要	0	0.0%	0	0.0%	0	0.0%	0	0.0%	0	0.0%	3	50.0%	29	50.0%
	重要	1	50.0%	0	0.0%	0	0.0%	2	40.0%	1	50.0%	0	0.0%	13	22.4%
Total		2	100.0%	2	100.0%	1	100.0%	5	100.0%	2	100.0%	6	100.0%	58	100.0%
		成功率											Total	
		60%		70%		75%		80%		90%		100%			
		Count	Col %	Count	Col %	Count	Col %	Count	Col %	Count	Col %	Count	Col %	Count	Col %
对竞争情报的评价	不清楚	1	14.3%	3	42.9%	0	0.0%	1	9.1%	0	0.0%	0	0.0%	14	24.1%
	不重要	0	0.0%	0	0.0%	0	0.0%	0	0.0%	0	0.0%	0	0.0%	2	3.5%
	很重要	5	71.4%	4	57.1%	0	0.0%	7	63.6%	4	66.7%	6	75.0%	29	50.0%
	重要	1	14.3%	0	0.0%	1	100.0%	3	27.3%	2	33.3%	2	25.0%	13	22.4%
Total		7	100.0%	7	100.0%	1	100.0%	11	100.0%	6	100.0%	8	100.0%	58	100.0%

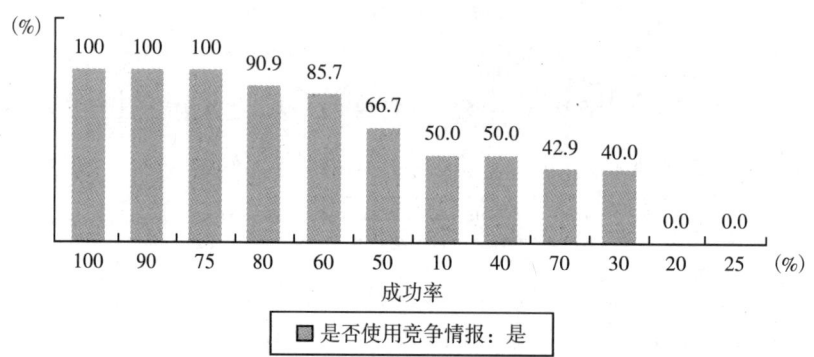

图 5-14 是否使用竞争情报与战略联盟的成功率

图 5-14 所示是对竞争情报使用率的排序。从图上看，除了 70% 成功率的竞争情报使用率较低外，联盟的成功率与竞争情报的使用率基本上成正比，即成功率越高竞争情报的使用率越高，其中 100%、90% 和 75% 三档成功率的竞争情报使用率为 100%。

图 5-15 所示是在各种成功率下，企业对竞争情报的评价。从图上看，除了个别数据外，基本上成功率越高，对竞争情报的评价就越正面：成功

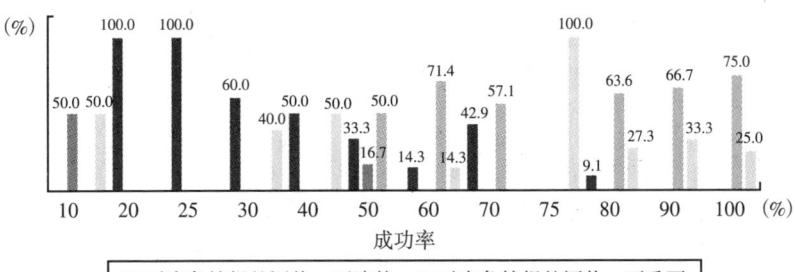

图 5-15 对竞争情报的评价与战略联盟的成功率

率大于50%的企业中,95%都对竞争情报做出了"重要"或"很重要"的评价,其中成功率为100%、90%、75%的企业对竞争情报的评价全部为"重要"或"很重要";成功率越低,对竞争情报的评价就越负面:58个样本中仅有的两个做出"不重要"评价的企业都集中在成功率低于50%的档位。而选择"不清楚"的14个样本中的9个也出现在成功率低于50%的档位,其中成功率为20%、25%的企业对竞争情报的评价全部为"不清楚"。

以上交叉分析的结果表明,竞争情报与联盟成败的相关性很强。

2."现有联盟数量、联盟存在时间"与"是否使用竞争情报、对竞争情报的评价"

一般认为,联盟数量越多、联盟存在时间越长,联盟的经验就越丰富。因此,本组数据实际上考察的是联盟经验与竞争情报之间的关系。

表5-7和表5-8所示是"现有联盟数量"分别与"是否使用竞争情报"和"对竞争情报的评价"进行交叉分析后得到的计算结果。为了能够更清楚地展示表中数据的特征,本书把上述两表转换成图5-16和图5-17。

表 5-7 是否使用竞争情报与企业拥有的联盟数量

		现有联盟数量						Total	
		1~5个		6~10个		10个以上			
		Count	Col %	Count	Col %	Count	Col %	Count	Col %
是否使用竞争情报	否	31	35.2%	4	33.3%	8	20.5%	43	30.9%
	是	57	64.8%	8	66.7%	31	79.5%	96	69.1%
Total		88	100.0%	12	100.0%	39	100.0%	139	100.0%

表 5-8　对竞争情报的评价与企业拥有的联盟数量

		现有联盟数量						Total	
		1~5 个		6~10 个		10 个以上			
		Count	Col %	Count	Col %	Count	Col %	Count	Col %
对竞争情报的评价	不清楚	11	12.5%	7	58.4%	4	10.3%	22	15.6%
	不重要	3	3.4%	1	8.3%	0	0.0%	4	3.1%
	很重要	49	55.7%	3	25.0%	20	51.3%	72	51.6%
	重要	25	28.4%	1	8.3%	15	38.4%	41	29.7%
Total		88	100.0%	12	100.0%	39	100.0%	139	100.0%

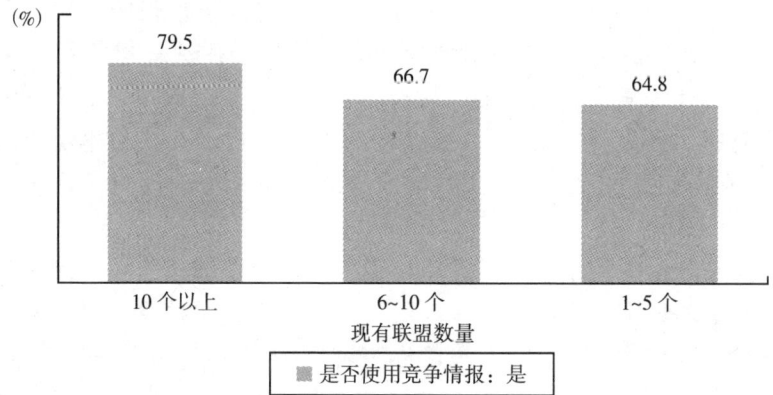

图 5-16　是否使用竞争情报与企业拥有的联盟数量

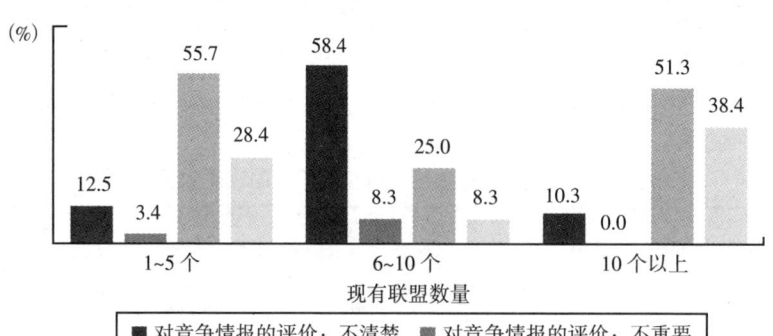

图 5-17　对竞争情报的评价与企业拥有的联盟数量

图 5-16 所示是对竞争情报使用率的排序。从图上看，企业的联盟数量与其竞争情报的使用率成正比，即企业拥有联盟的数量越高，其竞争情报的使用率也越高。

图 5-17 所示是在三组联盟数量下，企业对竞争情报的评价。从图上看，拥有 10 个以上联盟的企业对竞争情报的评价最高，其中 89.7% 的企业都对竞争情报做出了"很重要"或"非常重要"的正面评价，没有企业认为竞争情报"不重要"；拥有"1~5 个"联盟的企业对竞争情报的评价稍次于"10 个以上"样本组；三组中，拥有"6~10 个"联盟的企业对竞争情报的总体评价最低。企业对竞争情报的评价主要源于竞争情报的实际应用效果。现有样本中，拥有联盟数量为"6~10 个"的样本组对竞争情报的评价说明该组的竞争情报实际应用效果最差。一般，少量联盟的管理相对容易，大量联盟的管理虽然难但企业也会因此获得丰富的实践经验，而处于中间位置的企业则必须同时面对联盟数量多和自身经验缺乏的局面，如果此时该企业的竞争情报能力不足以支撑其掌控复杂的内外环境，企业就会表现出对竞争情报的负面情绪。因此本书认为，这类企业更需要加强竞争情报的素质培养和技能培训。

以上交叉分析的结果表明，联盟数量越多的企业越倾向于使用竞争情报，但竞争情报的实际效果并不一定总是与联盟数量正相关。

表 5-9 和表 5-10 所示是"联盟存在时间"分别与"是否使用竞争情报"和"对竞争情报的评价"进行交叉分析后得到的计算结果。为了能够更清楚地展示表中数据的特征，本书把上述两表转换成图 5-18 和图 5-19。

表 5-9 是否使用竞争情报与联盟存续的时间

		联盟存在时间									Total	
		1~5 年		11~15 年		16~20 年		6~10 年		大于 20 年			
		Count	Col %	Count	Col %	Count	Col %	Count	Col %	Count	Col %	Count	Col %
是否使用竞争情报	否	22	27.8%	7	60.0%	0	0.0%	13	33.3%	1	11.1%	43	30.9%
	是	56	72.2%	4	40.0%	2	100.0%	26	66.7%	8	88.9%	96	69.1%
Total		78	100.0%	11	100.0%	2	100.0%	39	100.0%	9	100.0%	139	100.0%

表 5-10 对竞争情报的评价与联盟存续的时间

		联盟存在时间									Total	
		1~5 年		11~15 年		16~20 年		6~10 年		大于 20 年		
		Count	Col %	Count	Col %	Count	Col %	Count	Col %	Count	Col %	Count	Col %
对竞争情报的评价	不清楚	13	16.7%	2	20.0%	0	0.0%	7	16.7%	0	0.0%	22	15.6%
	不重要	0	0.0%	0	0.0%	0	0.0%	2	5.6%	2	25.0%	4	3.1%
	很重要	46	58.3%	4	40.0%	2	100.0%	15	38.9%	4	50.0%	72	51.6%
	重要	20	25.0%	4	40.0%	0	0.0%	15	38.9%	2	25.0%	41	29.7%
Total		78	100.0%	11	100.0%	2	100.0%	39	100.0%	9	100.0%	139	100.0%

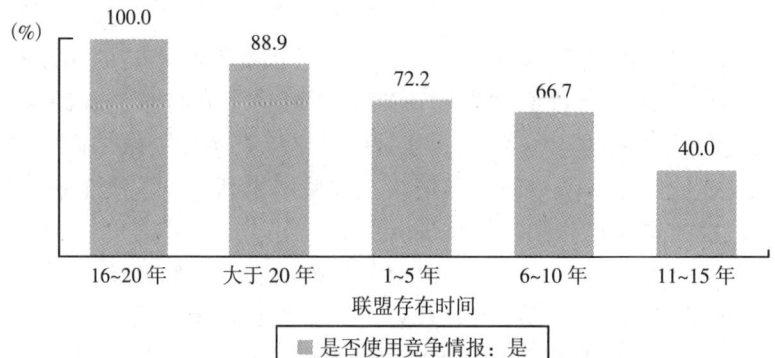

图 5-18 是否使用竞争情报与联盟存续的时间

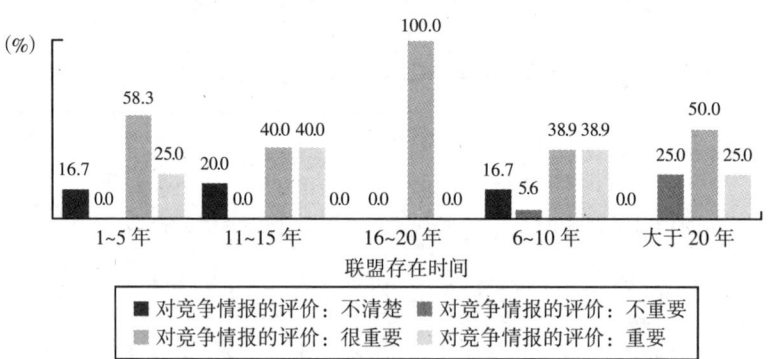

图 5-19 对竞争情报的评价与联盟存续的时间

第五章 实证研究结果讨论及建议

图 5-18 所示是对竞争情报使用率的排序。从图上看，联盟存在的时间与竞争情报的使用率并没有呈现出严格的正比关系。但同时也应看到，除了"11~15 年"的竞争情报的使用率较低（40%）外，其余各组的竞争情报使用率都较高，其中"16~20 年"样本组为 100%，而"大于 20 年"样本组也高达 88.9%。

图 5-19 所示是在不同联盟存在时间下，企业对竞争情报的评价。从图上看，对竞争情报评价最高的是联盟存在时间为"16~20 年"的企业（100%认为"很重要"）；"1~5 年"和"11~15 年"样本组对竞争情报的正面评价率（"很重要"和"重要"）也很高，分别为 83.3%和 80%；而认为竞争情报"不重要"的企业主要出现在"6~10 年"和"大于 20 年"两个样本组，分别为 5.6%和 25%。

以上交叉分析的结果表明，联盟存在时间虽然不与竞争情报使用率严格正相关，但总体上说，联盟时间长的企业更倾向于使用竞争情报，而企业对竞争情报的评价与联盟存在时间没有明显联系。

综合"现有联盟数量"和"联盟存在时间"两组交叉分析结果，本书认为竞争情报与企业的联盟经验之间有一定的相关性，但不强烈。

3."结盟前的接触程度"与"是否使用竞争情报、对竞争情报的评价"

结盟前的接触程度越深，就越有机会进行相互了解。研究结盟前的接触程度与竞争情报之间的关系，可以判断竞争情报在企业寻找联盟伙伴过程中的作用。

表 5-11 和表 5-12 所示是"结盟前的接触程度"分别与"是否使用竞争情报"和"对竞争情报的评价"进行交叉分析后得到的计算结果。为了能够更清楚地展示表中数据的特征，本书把上述两表转换成图 5-20 和图 5-21。

表 5-11　是否使用竞争情报与结盟前的接触程度

		结盟前的接触程度				Total	
		较深入		没有			
		Count	Col %	Count	Col %	Count	Col %
是否使用竞争情报	否	34	30.1%	9	33.3%	43	30.9%
	是	79	69.9%	17	66.7%	96	69.1%
Total		113	100.0%	26	100.0%	139	100.0%

表 5-12 对竞争情报的评价与结盟前的接触程度

		结盟前的接触程度				Total	
		较深入		没有		Count	Col %
		Count	Col %	Count	Col %		
对竞争情报的评价	不清楚	17	15.4%	4	16.7%	22	15.6%
	不重要	4	3.8%	0	0.0%	4	3.1%
	很重要	59	51.9%	13	50.0%	72	51.6%
	重要	33	28.8%	9	33.3%	41	29.7%
Total		113	100.0%	26	100.0%	139	100.0%

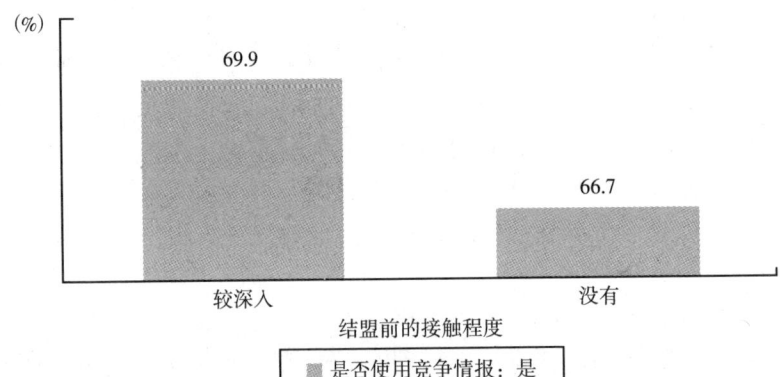

图 5-20 是否使用竞争情报与结盟前的接触程度

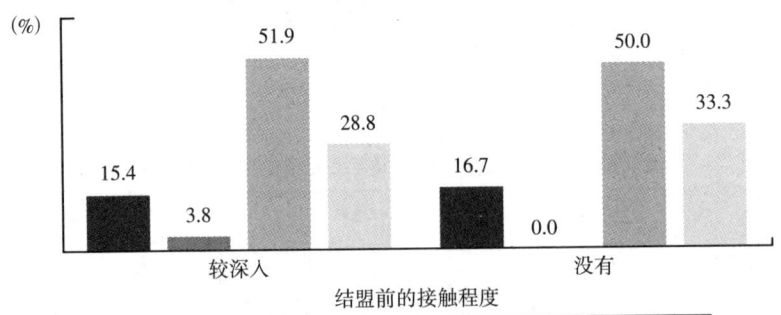

图 5-21 对竞争情报的评价与结盟前的接触程度

图 5-20 所示是对竞争情报使用率的排序。从图上看，结盟前有较深入接触的企业的竞争情报使用率明显高于结盟前没有接触的企业的竞争情报使用率。

图 5-21 所示是有"较深入"接触和"没有"接触两种情况下，企业对竞争情报的评价。从图上看，有"较深入"接触和"没有"接触两组样本对竞争情报的正面评价率（"很重要"和"重要"）非常接近，选择"不清楚"的比率也并无太大差异。但认为竞争情报"不重要"的企业全部出现在结盟前有"较深入"接触样本组。对竞争情报产生负面评价的原因有多种，比如该企业的竞争情报能力较低，无法通过使用竞争情报得到其所预期的效果。

以上交叉分析的结果表明，在与潜在联盟伙伴接触时，大部分企业都会使用竞争情报方法以加深对对方的了解，但是实际效果会因企业的竞争情报能力等具体情况而异。

4."结盟前的关系"与"是否使用竞争情报、对竞争情报的评价"

本组交叉分析意在考察在何种企业关系下，竞争情报工作更应该受到重视。

表 5-13 和表 5-14 所示是"结盟前的关系"分别与"是否使用竞争情报"和"对竞争情报的评价"进行交叉分析后得到的计算结果。为了能够更清楚地展示表中数据的特征，本书把上述两表转换成图 5-22 和图 5-23。

表 5-13 是否使用竞争情报与结盟前的关系

		结盟前的关系									Total	
		分销商		供应商		顾客		竞争对手		其他			
		Count	Col %	Count	Col %	Count	Col %	Count	Col %	Count	Col %	Count	Col %
是否使用竞争情报	否	0	0.0%	11	27.8%	20	50.0%	6	15.4%	6	31.6%	43	30.9%
	是	2	100.0%	28	72.2%	20	50.0%	33	84.6%	13	68.4%	96	69.1%
Total		2	100.0%	39	100.0%	40	100.0%	39	100.0%	19	100.0%	139	100.0%

表 5-14 对竞争情报的评价与结盟前的关系

		结盟前的关系									Total	
		分销商		供应商		顾客		竞争对手		其他		
		Count	Col %	Count	Col %	Count	Col %	Count	Col %	Count	Col %	Count	Col %
对竞争情报的评价	不清楚	0	0.0%	4	10.2%	9	22.5%	2	5.1%	7	36.8%	22	15.6%
	不重要	0	0.0%	0	0.0%	2	5.0%	0	0.0%	2	10.5%	4	3.1%
	很重要	2	100.0%	18	46.2%	16	40.0%	28	71.8%	8	42.1%	72	51.6%
	重要	0	0.0%	17	43.6%	13	32.5%	9	23.1%	2	10.5%	41	29.7%
Total		2	100.0%	39	100.0%	40	100.0%	39	100.0%	19	100.0%	139	100.0%

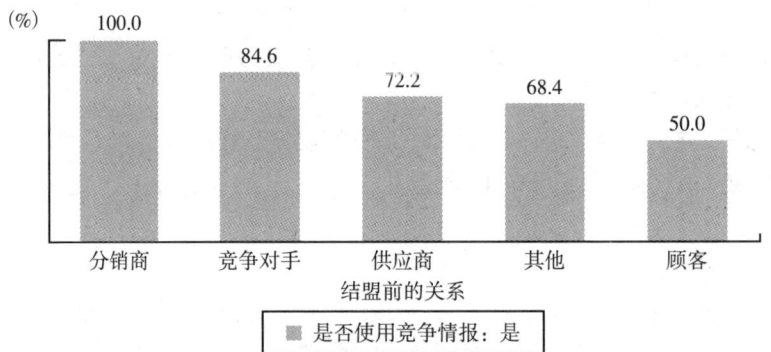

图 5-22 是否使用竞争情报与结盟前的关系

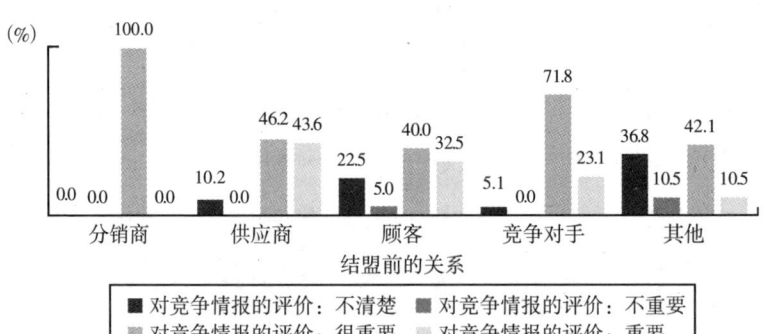

图 5-23 对竞争情报的评价与结盟前的关系

图 5-22 所示是对竞争情报使用率的排序。从图上看，各种企业关系的竞争情报使用率从高到低依次为：分销商 100%，竞争对手 84.6%，供应商 72.2%，顾客 50%。该结果与预期不同。现实中，企业最重视的是处于其上下游的供应商和客户，其次是与之争夺市场份额的竞争对手，因此这三类既是企业联盟的重点也是竞争情报工作的重点。本题分销商排在第一位，与事实有较大出入，回到原始数据，发现选择与分销商结盟的样本只有两份，其数量太少，因此代表性较弱。

图 5-23 所示是在结盟前的各种关系下，企业对竞争情报的评价。本书剔除"其他"和代表性较弱的"分销商"，仅分析"供应商""顾客"和"竞争对手"三组样本对竞争情报的评价。从图上看，对竞争情报的正面评价率（"很重要"和"重要"）从高到低依次为竞争对手（94.9%）、供应商（89.8%）、顾客（72.5%）。认为竞争情报"不重要"的样本全部出现在顾客样本组中，为 5%。

以上交叉分析的结果表明，曾经的竞争对手是联盟中竞争情报工作的重点。企业必须重视与竞争对手组成的联盟，通过竞争情报工作时刻警惕这类合作伙伴的异动。

5."是否向对方学习"与"是否使用竞争情报、对竞争情报的评价"

本题意在考察当结盟目的是向对方学习时，竞争情报的使用情况和效果。

表 5-15 和表 5-16 所示是"是否向对方学习"分别与"是否使用竞争情报"和"对竞争情报的评价"进行交叉分析后得到的计算结果。为了能够更清楚地展示表中数据的特征，本书把上述两表转换成图 5-24 和图 5-25。

表 5-15　是否使用竞争情报与是否向对方学习

		是否向对方学习				Total	
		否		是			
		Count	Col %	Count	Col %	Count	Col %
是否使用竞争情报	否	24	52.2%	19	20.4%	43	30.9%
	是	22	47.8%	74	79.6%	96	69.1%
Total		46	100.0%	93	100.0%	139	100.0%

表 5-16　对竞争情报的评价与是否向对方学习

		是否向对方学习				Total	
		否		是			
		Count	Col %	Count	Col %	Count	Col %
对竞争情报的评价	不清楚	11	23.9%	11	11.8%	22	15.6%
	不重要	2	4.3%	2	2.1%	4	3.1%
	很重要	18	39.2%	54	58.1%	72	51.6%
	重要	15	32.6%	26	28.0%	41	29.7%
Total		46	100.0%	93	100.0%	139	100.0%

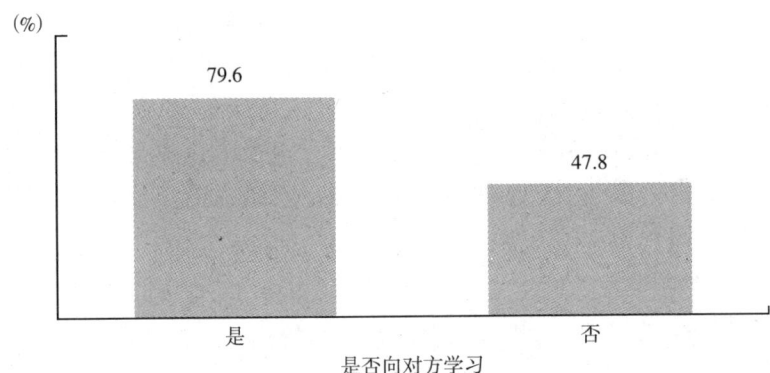

图 5-24　是否使用竞争情报与是否向对方学习

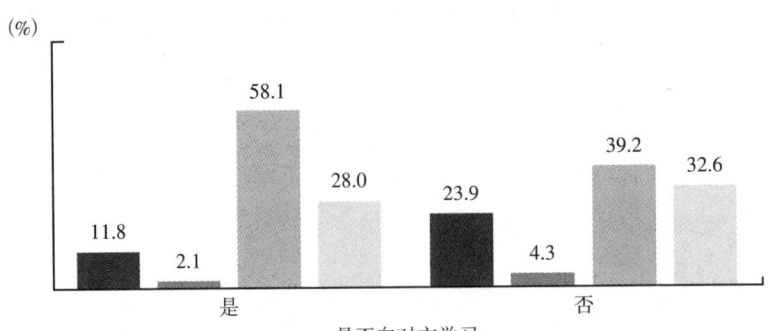

图 5-25　对竞争情报的评价与是否向对方学习

第五章 实证研究结果讨论及建议

图 5-24 所示是对竞争情报使用率的排序。从图上看，企业以"向对方学习"为目的时的竞争情报使用率明显高于"不向对方学习"的竞争情报使用率。这说明，竞争情报是辅助企业在联盟过程中向对方学习的有效工具。

图 5-25 所示是"向对方学习"和"不向对方学习"两种情况下，企业对竞争情报的评价。从图上看，对竞争情报的正面评价率（"很重要"和"重要"），"向对方学习"的样本组为 86.1%，高于"不向对方学习" 71.8% 近 15 个百分点。对竞争情报的负面评价率（"不重要"），"向对方学习"的样本组（2.1%）不到"不向对方学习"（4.3%）的一半。

以上交叉分析的结果表明，当以向联盟伙伴学习为结盟目的时，企业会更多地使用竞争情报，并且对竞争情报在学习过程中发挥的作用持更积极态度。

综合上述实证讨论结果，本书认为，竞争情报对战略联盟有明显的正向影响，是保证联盟成功、企业获利的必备工具。下节将根据概念模型的实证结果深入讨论竞争情报与联盟风险管理的内在联系。

第二节　模型实证结果讨论

模型的构建是本研究的核心内容。第三章在理论分析的基础上建立了两个模型：基于竞争情报的战略联盟风险管理模型以及竞争情报与控制和信任的关系模型。第四章通过 AMOS 软件包分别对这两个模型进行了验证。本章将对模型的验证情况进行讨论，并根据验证情况对原有模型进行必要的修正。

一、基于竞争情报的战略联盟风险管理模型实证结果讨论

基于竞争情报的战略联盟风险管理模型共有九条假设，其中七条通过了验证，两条没有结果。具体数据参见第四章表 4-23。

假设1描述了竞争情报与控制之间的关系：竞争情报与控制能力正相关。该假设在实证研究中得到了验证（竞争情报→控制，0.774，强）。这种正相关说明，联盟企业的竞争情报水平直接影响其对联盟伙伴的控制能力，进而决定控制效果的好坏。具体来说，竞争情报一方面为控制的建立、实施和优化提供必需的信息，减少有限理性和不确定性，使联盟的规章制度、规范条款等更加科学合理；另一方面直接参与联盟风险管理工作，为企业制定保密与隐蔽、安全调查、保密制度和管理流程等风险管理系统，对影响企业竞争优势的核心技术等商业秘密进行有效保护。

假设2描述了竞争情报与信任之间的关系：竞争情报与信任能力正相关。该假设在实证研究中得到了验证（竞争情报→信任，0.603，较强）。这种正相关说明，联盟企业的竞争情报水平直接影响其对联盟伙伴的信任能力，竞争情报水平越高，对联盟伙伴做出信任与否等决策的正确性就越高，信任的效果就越好。竞争情报可以为企业提供信任的来源和依据，解决为什么要信任、信任的程度和信任的领域等问题，此外还帮助企业分析是否接受对方的信任，以及如何促进互信等问题。具体来说，在信任的建立过程中，竞争情报帮助企业获取关于联盟伙伴详尽、明确的信息以权衡信任的潜在收益与潜在损失之比，指导企业做出与信任相关的决策；在信任的维持过程中，竞争情报搜集和分析人际网络中的有用信息以了解合作伙伴并做出信任维护方案，指导企业增强、减少或保持信任水平，使信任与联盟所处的生命周期及联盟的具体情况相匹配。

假设3描述了控制与关系风险之间的关系：控制能力与关系风险负相关。该假设在实证研究中得到了验证（控制→关系风险，-0.804，强）。这种负相关说明，企业对联盟伙伴的控制能力越强，关系风险发生的概率就越低。企业对联盟伙伴实施恰当控制（正确的方式、程度、范围等）的能力是关系风险管理成败的关键之一，好的硬性或软性控制能够有效地约束和影响联盟伙伴的行为，减少其机会主义行为的动机和实施空间，并最终达到抑制关系风险的滋生与蔓延的目的。控制与关系风险的关系是联盟风险管理中的重要议题，前人已经围绕该问题进行了诸多理论分析和实证研究。本书得出的结论与以往的研究结果相吻合。此外，本研究立足中国，是对以往以国外样本为基础的实证研究的有益补充。

假设4描述了信任与关系风险之间的关系：信任能力与关系风险负相关。该假设在实证研究中得到了验证（信任→关系风险，-0.786，强）。

第五章　实证研究结果讨论及建议

这种负相关说明，企业对联盟伙伴的信任能力越强，关系风险发生的概率越低。企业的信任能力表现为能够根据实际情况给出最合适的信任（包括信任方式、信任程度和信任范围等）。如前文所述，联盟中存在两种信任，一种是理性信任，另一种是感性信任。前者基于企业自身利益的考虑，稳定性差，会随着激励的改变而消失，与风险预估紧密相关，只有预估的风险在可承受的范围内时才可能产生。后者是建立在对对方美德信心的基础之上，不计较现实的利害关系，相对较稳定，一旦形成就不太容易被打破，但如果盲目信任了目的不纯的合作者，会给企业带来巨大损失。可见，两种信任都极具风险，企业只有具有给予合作伙伴恰当信任的能力，才能真正实现对关系风险的有效管理。

假设5描述了关系风险与联盟绩效之间的关系：关系风险与联盟绩效负相关。该假设在实证研究中得到了验证（关系风险→联盟绩效，−0.772，强）。这种负相关说明，关系风险会损害联盟绩效。在联盟中，不管是对方滥用或非法占有己方资源的侵占风险，还是对方不能按照事先的约定完成其义务或不能向联盟投入其所承诺资源的投入风险，都会使联盟成员相互猜疑、抱怨，甚至敌对、抵制。这些负面结果必然引起联盟的合作成本上升、反应速度降低、工作效率低下，最终导致联盟绩效的大幅下降。此外，关系风险的发生还会损害成员间的互信，使联盟中的合作供给与合作需求同时减少，合作范围逐步萎缩，从而导致远期联盟绩效的大幅降低。

假设6和假设7描述了竞争情报是如何通过绩效风险作用于联盟绩效的：竞争情报与绩效风险负相关，绩效风险与联盟绩效负相关。这两个假设均在实证研究中得到了验证（竞争情报→绩效风险，−0.764，强；绩效风险→联盟绩效，−0.703，强）。假设的成立说明，竞争情报通过绩效风险与联盟绩效正相关。在这组假设中，绩效风险是起到承左衔右作用的关键要素。绩效风险由合作关系以外的威胁联盟目标实现的因素引起，是即使在联盟伙伴充分合作的情况下，联盟仍无法达到预期目标的风险。绩效风险是所有企业都必须面对的风险，也是以竞争情报为研究的重点。理论分析和实证研究都已证明，竞争情报能够降低绩效风险的发生概率，对绩效风险有明显的抑制作用。此外，作为与关系风险并列的联盟两大风险之一，绩效风险的发生无疑会导致联盟绩效的降低。由以上分析可以认为，竞争情报通过降低绩效风险来辅助联盟绩效的实现，与联盟绩效正相关。

假设8和假设9描述了竞争情报是如何通过其他因素作用于关系风险

· 153 ·

的：竞争情报与其他因素正相关，其他因素与关系风险负相关。这两条假设本质上是认为，除了信任和控制外，竞争情报和关系风险之间还存在其他路径。从实证结果看，两条假设均没有通过验证，这说明，至少参与数据分析的 139 个有效样本企业认为除了控制和信任外，在竞争情报与关系风险之间不存在第三条路径。因此，假设 8 和假设 9 无效。

综上所述，本书对原有模型进行了必要的修正，并得到了最终的基于竞争情报的战略联盟风险管理模型，如图 5-26 所示。

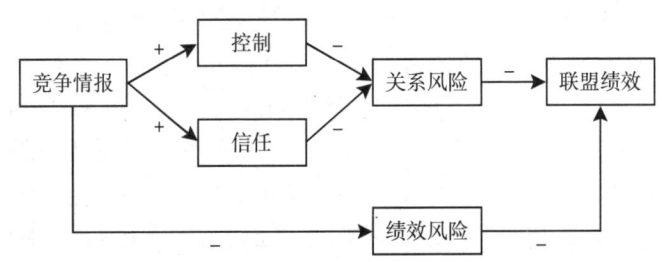

图 5-26　基于竞争情报的战略联盟风险管理模型（修正）

二、竞争情报与控制和信任的关系模型实证结果讨论

前文介绍了控制和信任的维度。现实中，不同维度控制的建立基础和优化过程并不相同，不同维度信任的产生基础和维持过程也有很大区别。据此，本书认为竞争情报对不同维度的控制和信任的影响程度存在差异。为了考察这种差异的具体情况，本书建立了竞争情报与控制和信任的关系模型。

模型共有四条假设，在实证研究中三条通过了验证，一条部分通过了验证。具体数据参见第四章表 4-25。

假设 10 描述了竞争情报与权力控制之间的关系：竞争情报与权力控制能力正相关。该假设在实证研究中得到了验证（竞争情报→权力控制，0.867，强）。这种正相关说明，联盟企业竞争情报水平的高低直接影响其权力控制能力的强弱，进而决定权力控制实际效果的好坏。权力控制是一种以"措施"为基础的控制方式，强调建立和利用正式的规则、程序和政策来监控和激励期望的行为和产出，通过治理结构、合同细则、管理安排

第五章 实证研究结果讨论及建议

等直接约束联盟伙伴的行为。竞争情报对权力控制的影响体现在两个方面：一方面，在权力控制的建立和优化过程中为其提供必要的情报支持，包括事前的调研、谈判、内容确定、事后的考评及优化等；另一方面，竞争情报本身就是权力控制的一种手段，如竞争情报的风险预警机制、保密机制等都具有权力控制强制性、条文性等特点，可以视作权力控制的一部分。

假设 11 描述了竞争情报与社会控制之间的关系：竞争情报与社会控制能力正相关。该假设在实证研究中得到了验证（竞争情报→社会控制，0.590，较强）。这种正相关说明，联盟企业竞争情报水平的高低对其社会控制能力的强弱有较为显著的影响。社会控制是一种基于价值的控制方式，强调建立组织标准、惯例、文化等内在目标来鼓励期望的行为和产出，企业通过营造一种氛围向联盟伙伴输入自己的价值观，使其能够自觉地实施对己方有利的行为。竞争情报认为，人际关系网是组织标准、惯例和组织文化的传播载体，社会控制的无形影响正是通过人际网络得以产生和传递。竞争情报对人际网络的研究和实践由来已久，积累了大量经验，在联盟中，竞争情报对社会控制的贡献主要通过对人际网络的管理得以体现：竞争情报一方面帮助企业收集、整理和分析散落在联盟人际网络中的有用信息；另一方面帮助企业建立良好的沟通机制，把己方信息以更规范、更有效的方式传递给关键目标人。这些都有助于文化系统和标准以及商业道德的培养，并最终促进社会控制的形成。

假设 12 描述了竞争情报与理性信任之间的关系：竞争情报与理性信任能力正相关。该假设在实证研究中得到了验证（竞争情报→理性信任，0.807，强）。这种正相关说明，联盟企业竞争情报水平的高低直接影响其理性信任能力的强弱，竞争情报水平越高，理性信任的效果就越好。理性信任是基于计算的信任，来源于理性判断，企业只有在对联盟伙伴有了全面了解，并进行过风险分析之后才可能给予。竞争情报对理性信任的影响主要体现在两个方面：一方面，竞争情报通过搜集、分析相关信息帮助企业权衡给予联盟伙伴信任的潜在收益与损失，并为企业设计可以给予和接受信任的范围、程度和时间等具体问题；另一方面，理性信任会随着激励的变化而变化，极不稳定。竞争情报能够通过跟踪并预测引起理性信任改变的强信号的状态和变化趋势，帮助企业在权衡利弊后做出增强、减少或保持现有理性信任的决策。

假设13描述了竞争情报与感性信任之间的关系：竞争情报与感性信任能力正相关。从数据上看（竞争情报→感性信任，0.393，较弱），竞争情报与感性信任间的关系是正向的，但它们之间的联系并不强烈，因此该假设在实证研究中只得到了部分验证。这个结果说明，联盟企业竞争情报水平的高低对其感性信任能力的强弱有一定的影响。感性信任以感情为纽带，建立在善意愿望的基础之上，比理性信任更加稳定。竞争情报对感性信任的影响呈双向性：一方面，竞争情报通过促进沟通、共享，加强双方的好感，增加联盟双方的感性互信；另一方面，竞争情报工作中的监控和防范部分也会给联盟伙伴造成不必要的限制，引起反感，伤害对方的感情，导致感性信任的降低。因此，竞争情报对感性信任的影响要视情况而定。

综上所述，本书对原有模型进行了必要的修正，并得到了最终的竞争情报与控制和信任的关系模型，如图5-27所示。

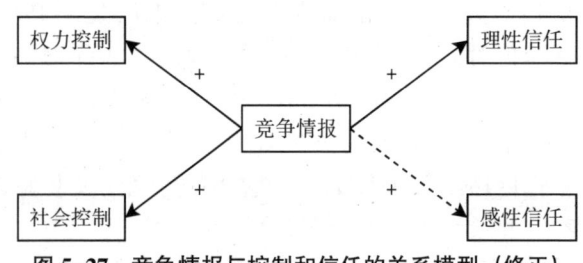

图5-27 竞争情报与控制和信任的关系模型（修正）

第三节 思考与建议

由前文理论和实证研究可知，竞争情报在关系风险管理中的作用举足轻重。为了保证联盟目的的顺利实现，本书建议企业根据自身情况建立基于竞争情报的战略联盟关系风险管理系统。

第五章　实证研究结果讨论及建议

一、几点思考

前几章分析和证实了竞争情报与关系风险管理两大要素——控制和信任的正向关系，因此企业可以利用竞争情报对控制和信任的影响建立基于竞争情报的关系风险管理系统，实现对关系风险的管理。本书认为，基于竞争情报的联盟关系风险管理系统应把设计重点放在控制和信任决策的信息支撑上，这种支撑包括两方面：①为控制和信任提供信息支持。联盟企业控制与信任决策的制定（包括方式、范围、程度、长度等）、执行、优化和维持是一个以现实为依据的理性思维过程，竞争情报应该为企业的这些决策提供信息支持。比如，对于控制，竞争情报要为联盟企业分析不同控制方式的成本、手段、对联盟伙伴的预期影响及降低风险的效果等，帮助企业建立和优化与联盟实际情况相洽的权力控制和社会控制体系，既避免控制过于严格增加合作成本、降低成员间的信任，又避免控制过于松懈无法有效保护企业的核心资源；对于信任，竞争情报要为联盟企业信任尤其是理性信任的建立和维持提供依据，如跟踪和分析联盟伙伴的信誉、能力、资源、政策力度等，使信任水平与联盟生命周期阶段相匹配。总之，竞争情报要在环境变化迅速、有效信息过期极快的情况下，及时为企业获得详尽的、明确的和不可转移的信息，尽可能降低在控制和信任体系形成过程中企业所面临的未知事件的不确定性和联盟伙伴对未知事件反应的不确定性。②为控制与信任的最佳配比提供信息支撑。研究表明，控制和信任的建立、优化和维护都是昂贵的，需要占用大量包括资金、人力和时间等在内的组织资源，因此，联盟企业必须重视该过程中的成本问题，没必要以高额代价将二者同时提至很高的水平。本书认为，控制与信任的理想状态是它们的配比与联盟现状相适应，既能够达到最好的关系风险管理效果，又能够避免支付不必要的成本。为了达到这种状态，竞争情报应该以信息支撑的方式，帮助联盟企业调配控制和信任的比例，使控制和信任在一定区域内达到最优组合。

此外，该系统还必须突出对联盟企业商业机密的保护。联盟即意味着共享，这势必将为别有用心的联盟伙伴提供名正言顺实施如盗取己方核心技术等侵占风险的机会。因此，基于竞争情报的风险管理系统应该充分发挥竞争情报在商业秘密保护方面的技术和经验，以确保己方核心资源的安全。

二、基于竞争情报的战略联盟关系风险管理框架

理论和实证研究揭示了竞争情报与联盟关系风险的内在联系，即竞争情报能够通过为控制和信任提供情报支撑的方式降低由于信息不对称引发的关系风险。据此，本书建议，为了更加有效地预防和管理关系风险，联盟企业应该建立基于竞争情报的关系风险管理系统。该系统以规范化的情报支撑循环对与控制和信任决策相关的信息进行获取、储存、更新、整理、评估、分析和发布，通过增加控制和信任决策的科学性和正确性来降低关系风险发生的可能性。需要注意的是，与单个企业相比，战略联盟的结构更为复杂、关系更为多变，很难建立起自上而下统一的竞争情报系统。因此，本书只以粗对策的形式方向性地提出基于竞争情报的战略联盟关系风险管理框架供企业参考。在实际应用中，企业需根据自身情况对其进行调整和具体化，如图5-28所示。

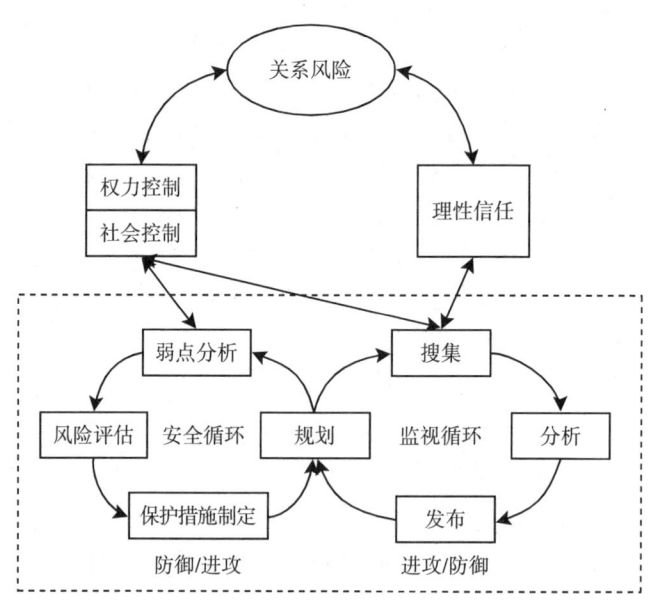

图5-28 基于竞争情报的战略联盟关系风险管理框架

第五章 实证研究结果讨论及建议

本框架共三层,从上到下依次为目标层、路径层和支持层,层与层之间由双向实线连接,从整体上形成了一个有机的关系风险管理决策循环。

1. 目标层——关系风险

联盟的关系风险是本研究要解决的问题。框架中,竞争情报工作的最终目标就是降低关系风险发生的可能性以及损失的程度。它分别与路径层的控制和信任以双向实线连接。双向实线表示供给与反馈。

2. 路径层——控制和信任

控制和信任是实现关系风险管理的两条相互独立的路径。前文的研究结果显示,竞争情报与权力控制、社会控制和理性信任强相关,而与感性信任相关性较弱。因此,在框架中,竞争情报工作的重点是为权力控制、社会控制和理性信任提供信息支持,跟踪、监视和分析联盟中可能影响它们建立、优化或维持的因素。控制(权力控制和社会控制)向上与关系风险以双向实线连接,向下与竞争情报监视循环和安全循环以双向实线连接;理性信任向上与关系风险以双向实线连接,向下与竞争情报监视循环以双向实线连接。双向实线表示供给与反馈。

3. 支持层——竞争情报双循环

本书根据联盟成员间竞合关系的特点,以François(2004)[①]的竞争情报双循环模型为基础构建了联盟关系风险管理中的信息支持层。双循环强调进攻与防御同时进行,其中进攻是指联盟企业主动通过竞争情报工作监视联盟伙伴的各项活动,防御是指联盟企业开展以识别联盟伙伴机会主义行为为目的的竞争情报工作。双循环中的监视循环包括规划、搜集、分析和发布四大模块,各模块间以顺时针单向实线连接,整个循环向上分别与路径层的控制(权力控制和社会控制)和理性信任以双向实线连接;双循环中的安全循环包括规划、弱点分析、风险评估和保护措施测评四大模块,各模块间以逆时针单向实线连接,整个循环向上与路径层的控制(权力控制和社会控制)以双向实线连接。双向实线表示供给与反馈,单向实线表示供给及操作顺序。

---

① François Brouard, "Business Intelligence for Canadian Corporations after September 11", *Journal of Competitive Intelligence and Management*, Vol.2, No.1, 2004, p.1.

三、双循环模块功能分析

处于支持层的竞争情报双循环是整个框架的核心部分,主要负责对联盟内外的信息流进行实时管理和监控,一方面为控制和信任的建立、优化和维护提供依据,满足联盟和成员企业的共享、兼容及沟通等需要;另一方面为企业的商业机密提供保护,通过制定安全政策等方法防止联盟伙伴对己方核心资源的侵占。

1. 监视循环中各模块的功能

监视循环与路径层的控制和信任相连接,由规划、搜集、分析和发布四大模块构成。下面分别对各模块的功能进行解释。

(1)规划:情报规划也称情报审计(Intelligence Audition),其核心使命是识别并确认企业的情报需求,并根据需求制定情报工作计划。一般地,情报人员会采用访谈、问卷、小组座谈、演讲等方法挖掘企业中的情报需求,经过汇总、归纳、分类、分析和分解后,把需求转换成若干可执行的情报任务,并根据任务的优先级有所差异地配置情报资源。这个过程包括对信息源、信息搜集方法、任务时限等的设定和规划,对自身资源能力的检查等具体工作。

在战略联盟的关系风险管理中,作为竞争情报工作的第一步,规划环节的重点就是获取控制和信任决策的情报需求,即权力控制、社会控制和理性信任决策的制定(包括方式、范围、程度、长度等)、执行、优化和维持等各阶段的情报需求,并以此为依据,结合自身人员、成本等资源情况制定切实可行的竞争情报工作计划。

(2)搜集:情报搜集即根据情报规划的任务和要求,遵循系统性、有限目标性、价值性、由内而外、由公开到非公开等原则,系统、全面地搜集所需信息。信息源和搜集方法是信息搜集工作的两个要点:信息源可分为外部一手信息源、内部一手信息源、外部二手信息源、内部二手信息源四大类,情报人员应该对信息源进行分级,甄别各种具体信息来源的可靠性和有效性;信息的搜集方法多种多样,常见的有网络搜索法、观察法、访问法、四分卫法等。如果搜集过程中涉及某些特殊方法,则必须保证该方法是法律和道德所允许的。

在战略联盟的关系风险管理中,搜集环节的主要的信息源是联盟内部

第五章 实证研究结果讨论及建议

的一手、二手信息。值得注意的是，联盟员工的交互活动往往是搜集对方信息的重要机会和途径，因此企业应该有意识地对内部人际网络进行开发、建设和利用。另外，信息搜集工作要遵循联盟的合同、协议及道德规范，不得以伤害联盟伙伴的感情为代价获取信息，以免破坏成员间的感性信任。

（3）分析：分析是对已得信息进行处理和解释，挖掘其本质和隐含内容，得出科学结论以支持公司决策的智力过程，该过程主要包括四个基本步骤，即数据或事件组织、数据关系描述和构建、数据和结果验证以及预测和对策。在分析环节中，将数据转换成情报的工具和技巧至关重要，因为不同的方法可能会引致不同的结论，因此情报人员要具有"在正确的时间和问题上使用正确的分析方法"的能力。常见的竞争情报分析方法如表5-17所示。

表5-17 竞争情报分析方法[①]

	分析方法
战略分析技术、竞争分析技术	BCG成长/份额矩阵、GE商业筛选矩阵、行业分析、战略组分析、SWOT分析、价值链分析、行业分析（九力模型）、竞争定位分析、商业模式分析、SERVO分析、供应链管理分析
竞争和客户分析技术	盲点分析、竞争对手分析、客户细分分析、客户价值分析、生产能力和资源分析、管理人员档案
环境分析技术	议题分析、宏观环境（STEEP）分析、情景分析、利益相关者分析、战略关系分析、公司声誉分析、关键成功因素分析、驱动力量分析、国家风险分析
进化分析技术	经验曲线分析、成长向量分析、专利分析、产品生命周期分析、S曲线分析、事件和时间线分析、技术预测、竞争模拟、征兆和预警分析
企业分析技术	定标比超分析、麦肯锡7S分析、影子技术、产品线分析、得失分析
财务、概率和统计分析技术	历史图表分析、统计分析解释、竞争者现金流分析、竞争假设分析、关键分析、财务比率和报表分析、战略资金规划、持续增长率分析

在战略联盟的关系风险管理中，联盟企业应该根据本联盟的实际情况对分析方法和步骤进行调整和选择，同时要明确分析的最终目的：为控制决策的制定、执行和优化提供支持，判断控制的方式、范围、程度、成本、对联盟伙伴的预期影响及降低风险的效果等问题；为理性信任的建立

---

① 包昌火、李艳、王秀玲等：《竞争情报导论》，清华大学出版社2011年版。

和维持提供依据，判断对方是否值得信任，对方对己方的信任程度、范围，己方能给予对方的信任的程度、范围等问题。

（4）发布：发布是指竞争情报产品的交流和传播，其水平的高低直接影响着竞争情报成果向企业实际效益转化效果的好坏。在发布过程中，要正确处理两个问题：一是竞争情报产品形式的设计，要依据最终用户的偏好采用不同的表现形式（简报、分析报告等）和表达技巧（文本、多媒体等）；二是竞争情报产品发布渠道的选择，常见的发布渠道可分为组织网络、人际网络和信息网络三类，要根据实际情况分别或组合使用。

在战略联盟的关系风险管理中，除了产品形式和发布渠道外，企业还必须考虑情报产品传递的有效层级和范围。由于联盟的特殊性，企业要设定严格的发布限制条件，如根据内容划分保密级别或根据用户属性划分传播层级等，做到"将正确的情报传递给正确的人"。

2. 安全循环中各模块的功能

安全循环强调防御，以预防和处理威胁为目的，严格说属于控制范畴。该循环与路径层的控制相连接，由规划、弱点分析、风险评估和保护措施制定四大模块构成。下面将分别对各模块的功能进行解释。

（1）规划：这一环节的主要任务是识别并确认企业的保护需求，明确保护对象（核心技术、诀窍、敏感计划、战略或项目等）、保护期限和相关人员，调查和分析潜在进攻者的兴趣点和信息获取能力（常用的信息源、信息搜集手段等），以及计算保护措施的成本等问题。

在战略联盟的关系风险管理中，安全循环主要负责预防侵占风险的发生。侵占风险常表现为联盟伙伴不正当地学习己方知识与经验、侵吞己方资源、挖走己方员工等。企业要通过竞争情报方法和手段（如情景分析、战争游戏等），明确己方的保护需求，调查和分析对方的意图和能力，避免投入联盟的资产、知识、技能等被对方转移、模仿或窃取。尤其当盟友是竞争对手或对方对己方有很强的资源依赖时，要更加警惕侵占风险发生的可能性，做好安全规划。

（2）弱点分析：这一环节的主要任务是找出企业的保护需求中各相关项的弱点，以便在泄露发生前对其进行修补或管理。实践证明，泄露渠道是最为重要但却常被忽略的问题。因此，弱点分析的重点应在于对方企图进行攻击的渠道而非要保护的内容本身，也就是说要多分析企业自身存在的漏洞以及潜在进攻者经常或可能使用的获取途径。

在战略联盟的关系风险管理中，弱点分析应该以本企业脆弱性大的资源和能力为中心，分析其扩散渠道并发现薄弱所在。通常，正常共享、恶意盗取和无意识泄露是企业的核心技术等资源被联盟伙伴获得、模仿或学习的三条主要扩散渠道，此外挖走己方优秀人才、实施反求工程等也会导致商业机密的泄露。应该注意的是，联盟中的每个待保护资源都有可能面临多种威胁和多个威胁源，而且一个威胁可能利用一个或多个弱点，因此弱点分析必须具有全面性和综合性。

（3）风险评估：风险评估是保护措施制定的基础，指分析和量化风险发生给企业带来的负面影响和可能的损失程度，以及目前安全水平与企业安全需求之间的差距。这一环节的流程包括识别评估对象面临的各种风险、评估风险概率和可能带来的负面影响、确定企业承受风险的能力、确定风险消减和控制的优先等级。

在战略联盟的关系风险管理中，风险评估技术主要用来分析联盟伙伴实施机会主义行为的可能性，以及一旦其机会主义行为成功，企业可能的损失程度。联盟企业可以通过量化风险级别建立风险等级制度、设定预警线，当预警线被触及时，及时发出警报。

（4）保护措施制定：保护措施指防止潜在进攻者获取企业商业秘密的政策、制度和技术等。好的保护措施不仅能够有效地保护商业秘密，还可能改变被对手获取的情报的价值和性质进而影响对手的判断。潜在进攻者获取企业情报的渠道可能是合法的，也可能是灰色甚至违法的，相应地，保护措施应该根据实际情况采用最合适的技术和方法。常见的保护措施有反窃听、反窃照、防拷贝、反间谍、网络技术、反解剖技术、TSCM 技术、专利分析技术和虚假信息法等。

在战略联盟的关系风险管理中，为了保护核心资源、关键技术和知识等商业秘密，联盟企业应建立完善的监控系统，一方面监控流入、流出的信息，另一方面监控联盟伙伴的动态；签订严格的保密协议，建立保密制度以截断联盟伙伴接触己方资源的途径；建立惩罚结构，对机会主义行为予以惩罚以提高实施机会主义的成本；此外，还可以在关键位置上放置自己的员工等。应该注意的是，保护措施的制定要与联盟的发展周期和内部环境相适应并注意度的把握，做到既能够有效保护本企业的核心资源，又不会因为过度防范造成投入风险或伤害联盟伙伴的感情，降低互信。

四、战略联盟生命周期各阶段的竞争情报工作重点

根据前面的研究,本书建议联盟成员企业在战略联盟生命周期的各阶段严格执行监视循环和安全循环,持续搜集、分析与控制和信任相关的信息(见表5-18),以提高自身的控制和信任决策水平,做到对关系风险实施有效的防范、干预和治理,从而保证战略联盟的健康发展,达到结盟盈利目标。

表5-18 搜集内容

	重点搜集内容[①]
权力控制	谈判前对联盟伙伴、自身和环境的分析,各种契约规章等的制定和改进的可行性分析,严格规定双方在联盟中的权利和义务、界定产权关系、明确债务清偿、保护知识产权、预设退出机制等
社会控制	规范、惯例、价值观、行为标准等
理性信任	联盟伙伴的信誉、能力、资源、政策执行力度、动机、企业文化、合作历史、制度等,专用性投资情况,满足己方需求的意愿等

具体来说,在战略联盟生命周期各阶段竞争情报工作的主要内容包括:

1. 战略联盟形成阶段

在联盟形成阶段,竞争情报最为重要的工作是为企业找到适合的联盟伙伴提供信息支撑。联盟伙伴选择不当是诱发关系风险的重要原因,其本质是信任问题。选择联盟伙伴时,竞争情报部门应该考察备选企业与本企业的兼容性、备选企业的实际能力和备选企业的承诺兑现态度和历史:①了解对方与本企业的兼容性。战略上,要考察双方是否拥有相似的战略目标、对未来是否有相同的预期;组织上,要考察双方的经营和管理能否相互包容,比如双方在经营任务、经营理念、协调管理等方面的一致性如何,如果遇到问题双方能否快速达成共识;人力上,要考察双方人员的相互适应性,比如领导者之间是否相互信任。②了解对方对承诺的态度和兑现历史。企业行为具有延续性,备选企业以往的信誉累积情况非常重要,

---

[①] 战略联盟中的控制和信任是相互影响的,因此二者所需信息在很多时候都存在交叉。本书只做了大概的分类,实际应用中企业还需根据具体情况删减、增加或调整。

可以作为判断备选企业结盟的真正意图等关键问题的依据。③了解对方的真实能力。企业应该选择综合实力相当的合作伙伴，通常由实力相当的公司组建的联盟更容易成功。结盟前要对备选伙伴的能力状况进行调查，比如对方的市场份额、市场角色、公司规模、技术实力、影响实力及发展潜力等。

2. 战略联盟执行阶段

执行阶段是战略联盟发展的核心阶段，也是关系风险发生的主要阶段。在此阶段，竞争情报主要为制定联盟方案、利益分配政策、组织管理构建、文化冲突解决等提供信息支撑，同时开展反竞争情报工作。①完善联盟方案设计。这个问题属于控制范畴。很多关系风险源于先天不足，如签约准备工作不到位、谈判水平有限、考虑不全面等。在联盟方案设计阶段，竞争情报部门应该通过信息收集和分析等手段设法减少企业的有限理性和环境的不确定性，支撑企业做好谈判和签约工作，建立相对完善合理的契约体系，如确定联盟的目标和宗旨、明确双方开展合作的领域、明确联盟各方的权利和义务的划分、制定联盟终止条款、建立联盟退出机制等。②制定公平的利益分配政策。当联盟的盈利模式不公平时，联盟伙伴就有可能在将来的合作中通过机会主义行为设法恢复公平，形成关系风险。这个问题属于信任范畴。在制定利益分配机制时，竞争情报部门应该着重考察各企业的资源投入与收益之比，以及各企业的收益与联盟整体收益之比。③辅助组织管理。这个问题属于控制范畴。竞争情报部门应该为相关制度的建立提供依据，收集相关数据并分析可行性方案，帮助企业了解自身与对方的优势与不足、所需激励、员工素质等信息，进而保证联盟相关规章制度、规范机制（如合理的激励机制、沟通机制、共享机制、学习机制、处理联盟成员机会主义行为的监督约束和惩罚机制等）的制定不会成为导致今后关系风险发生的隐患。④缓解文化冲突。这个问题属于信任范畴。引起文化冲突的原因主要包括利益因素、心理因素、素质因素和认知因素，也有可能来自成员企业对联盟的目标、内容和结果的不同理解。如果文化差异较大便会产生摩擦，诱发关系风险。竞争情报部门应该通过研究对方文化的特点（如种族、文化类型及文化发展阶段等），比较双方的差异（如价值观、信念、行为准则、管理模式、组织结构、管理哲学等），根据所得的数据进行整合、沟通，建立不同文化背景的员工能够认可和共同遵守的行为准则。⑤开展反竞争情报工作。在向联盟伙伴开放资源的同时，企业还必须开展以保护己方商业秘密为目的的反竞争情报工作，对本企业的核心技术等进行有效的保护。竞争情报部门应该对联盟伙伴进行实时监测，争取能够及时发现联盟伙伴的违规行为，如制定特殊的条款/机制、设立资源保护负责人或部门、成立信息监测委员会、限制员工获取敏感信息、采取必要措施保证重要传真/电话/邮件不被拦截、严格检查和限制员工外出携带物品等。

3. 战略联盟演进阶段

演进阶段的战略联盟表现出高度的不稳定性，联盟中各类矛盾、冲突频发，关系风险激增，如果不能有效地解决，联盟则走向失败。在战略联盟的演进阶段，竞争情报的主要工作内容是分析联盟内部变化、评估联盟失败概率、寻找导致联盟失败的原因，并据此重新设定联盟目标、契约、控制方式等。如果失败不可避免，则竞争情报部门要辅助企业把损失降低到最小。

此外，本书在研究过程中还对八名竞争情报领域和战略联盟领域的专家进行了访谈。从意见反馈看，多数专家认为为了保证竞争情报工作的顺利开展，还应该：①加强组织对竞争情报应用重要性的认识。②为竞争情报工作提供人、财、物的保证，如队伍组建、培训、资金、设备、仪器、材料等。③为竞争情报工作提供政策保证，如激励机制、约束条款等，走以战略联盟内网为平台，以竞争情报循环为流程，以信息技术为手段，实行人机结合、专业团队—虚拟团队结合的基本技术路线。

本章小结

本章对实证结果进行了深入分析，根据结果修正了模型，在此基础上提出了基于竞争情报的战略联盟关系风险管理框架，并结合战略联盟的实际情况对该框架的核心部分进行了解释，明确指出了各模块在战略联盟中的工作重点，接着就竞争情报在战略联盟生命周期各阶段的工作内容提出了建议，旨在为企业的联盟风险管理实务提供参考。

结　语

Drucker认为，所有战略最终都会在实施过程中变质。战略联盟也是如此，其本意经常会在后期被逐渐扭曲，如果没有科学的管理，难免以失败告终。本书从竞争情报的视角出发，立足于战略联盟中的成员企业，对战略联盟关系风险管理问题进行了深入分析，通过理论演绎和实证研究，以结构化的方式回答了下面三个问题：

一、竞争情报为什么能够参与到战略联盟关系风险管理的过程中？（Why）

这是对研究合理性的质询，本书通过第一章、第二章和第三章的部分内容对该问题进行了回答，认为竞争情报能够凭借其超前的信息获得技术和专业的信息分析技术，从情报提供的角度切入到联盟关系风险管理之中去。

主要思路是：关系风险是战略联盟特有的内生性风险，对成员企业的危害极大，不容忽视。从竞争情报的角度看，关系风险的发生源于联盟伙伴的不确定性，由信息的缺失和管理不当引起。因此，有效的关系风险管理需要企业建立起相对于联盟伙伴的信息优势，设法打破信息不对称的藩篱，降低联盟伙伴的不确定性。而竞争情报是信息管理的有效工具，拥有一套相对成熟的信息获取、分析、传递的理论与方法，能够以信息为切入点参与到联盟关系风险管理之中去，为关系风险管理提供情报支撑。

二、竞争情报怎么支撑战略联盟关系风险的管理？（How）

这是本书研究的核心，本书通过第三章、第四章和第五章的部分内容对该问题进行了回答，认为竞争情报通过为控制和信任决策提供信息情报的方式支撑成员企业的关系风险管理。

主要思路是：在研究竞争情报对关系风险管理的支撑时，引入控制和信任要素，通过分析竞争情报对控制和信任的支撑推导出竞争情报对关系风险管理的支撑。①对控制和信任进行了深入分析。明确了控制和信任的建立、优化、维护条件和影响要素；分析了竞争情报如何对企业做出的控制（控制的程度、方式、优化等）和信任（信任的建立、程度、方式、效果等）决策负责。②提出了基于竞争情报的战略联盟风险管理模型。找到了竞争情报与关系风险、绩效风险、联盟绩效、控制和信任的内在联系：竞争情报是控制和信任决策的信息基础，通过作用于控制和信任降低关系风险并最终提升联盟绩效，同时竞争情报也通过降低绩效风险提升联盟绩效。据此，本书尝试在关系风险管理模型中引入竞争情报要素，构建了一个更为完整的理论框架。③提出了竞争情报与控制和信任的关系模型。控制和信任都是多维度概念，为了更加清晰地描述要素间的关系，本书在对控制和信任进行合理划分的基础上，分析了竞争情报分别与权力控制、社会控制、理性信任和感性信任的关系，并据此建立了竞争情报与控制和信任的关系模型，指明了竞争情报对哪个维度的控制或信任更具影响。④实证研究。本书通过问卷调研收集数据，并使用结构方程模型分析法对模型予以验证，结果证明了本书所构模型的合理性。随后，根据实证结果，本书对原有模型进行了必要的修正，得到了最终模型。

三、基于竞争情报的战略联盟关系风险管理建议是什么？（What）

在对前面两个问题进行深入研究的基础之上，本书认为为了更加有效地预防和管理关系风险，成员企业应该以竞争情报为基础组织关系风险管理工作，以规范化的信息支撑循环对与控制和信任决策相关的信息进行获取、储存、更新、整理、评估、分析和发布，通过增加控制和信任决策的科学性和正确性来降低关系风险发生的可能性。为此，本书提出了基于竞争情报的战略联盟关系风险管理框架，并对该框架所涉及的八个核心模块进行了解释，具体指出了这些模块在战略联盟关系风险管理中的工作内容。最后，本书还就竞争情报在战略联盟各生命周期的工作重点提出了建议。

结　语

战略联盟形成阶段：在联盟形成阶段，竞争情报最为重要的工作是为企业找到适合的联盟伙伴提供信息支撑。选择联盟伙伴时，竞争情报部门应该考察备选企业与本企业的兼容性、备选企业的实际能力和备选企业的承诺兑现态度和历史。

战略联盟执行阶段：在此阶段，竞争情报主要为制定联盟方案、利益分配政策、组织管理构建、文化冲突解决等提供信息支撑，同时开展反竞争情报工作。

战略联盟演进阶段：在战略联盟的演进阶段，竞争情报的主要工作内容是分析联盟内部变化、评估联盟失败概率、寻找导致联盟失败的原因，并据此重新设定联盟目标、契约、控制方式等。如果失败不可避免，则竞争情报部门要辅助企业把损失降低到最小。

经过20多年的发展，战略联盟已经为企业界所广泛认可，在世界范围内迅速展开，蔓延到了各行各业，因此联盟的风险管理也成为了一项极具实际应用价值的研究。目前，竞争情报领域尚未对这个问题给予足够的关注，本研究也只是尝试性地涉猎了其中的部分内容。笔者认为，联盟的风险管理研究非常有意义，值得竞争情报领域的学者继续探寻。①理论上，战略联盟是当代企业经营中最为重要的一种战略创新，很多学科都从自己的角度对战略联盟及联盟风险进行分析和解释，形成了交易成本理论、资源基础理论、组织学习理论、博弈论、社会学理论、国际生产折衷理论等流派。竞争情报领域的现有研究，更多的是从应用角度去解释联盟风险问题，理论高度的研究非常少。从竞争情报角度对战略联盟及联盟风险进行理论性阐释非常必要，因为一方面联盟理论的发展需要实施多学科的交叉研究，引入其他学科的思想，另一方面只有从理论高度对联盟及联盟风险进行研究，才有可能使竞争情报成为与以上公认理论地位相当的又一战略联盟理论流派，才能让竞争情报的联盟风险管理应用有据可依。因此，以后的研究应当在理论方面着力。②模型上，本书把竞争情报作为一个整体来研究，构建了竞争情报与联盟关系风险管理两大要素的关系模型。但实际上，竞争情报包括进攻和防御两个方面，而这两个方面对控制和信任的影响方式和力度是不同的。后期研究可以在本书的基础之上，进一步细化竞争情报的维度，剖析各维度竞争情报分别与理性信任、感性信任、社会控制、权力控制等各关系风险决定要素之间的相互作用。此外，本书的模型虽然指出除信任和控制之外，竞争情报还通过其他因素对关系风险产生影响,但是并没有深入探寻这些因素是什么。在以后的研究中,可对这一问题进行更为深入的探索。③实证上,本书以调查问卷的方式进行了实证研究,但由于条件、时间、经费有限,所得样本的数量和结构并不能完美地模拟真实情景。如果能有更大的样本量和更合理的抽样结构,则更能透析模型各要素之间的关系,从而取得更理想的研究结果。因此,在以后的研究中,如有条件可以进行大样本实证分析以提高对基于竞争情报的战略联盟风险管理研究的解释度和对实践的指导意义。

总体来看,全球企业有联盟化的趋势,而战略联盟的失败率却没有随着联盟数量的增多而降低,同时,竞争情报学科的自身发展也需要一个更加广阔的天地。在此背景下,联盟风险管理或将成为竞争情报领域关注的热点,希望本书能够起到抛砖引玉的作用,吸引更多竞争情报领域的学者对该问题展开研究。

附　录

附录1：中文问卷

竞争情报在企业战略联盟风险管理中的作用调查问卷

　　战略联盟是20世纪80年代后在全球范围内迅速兴起的一种企业价值创造和成长形式。成功的战略联盟能够使企业降低成本、提高产能、增强研发力，然而现实运作中，联盟的内在不稳定性特征导致其失败率始终居高不下。有效的联盟风险管理是企业最大限度地利用联盟实现预期效益的基础和保证。本次调查旨在了解拥有联盟经历的企业在联盟管理过程中使用竞争情报方法解决联盟风险问题的情况。请您根据自己了解的真实情况完成这份问卷。本人保证对您填写的内容严格保密。

第一部分　关于公司的基本情况

1. 公司所在地区：
2. 公司性质：（1）外商独资；（2）合资企业；（3）国有企业；（4）私营企业；（5）其他
3. 公司所属行业：（1）汽车制造业；（2）电子通信制造业；（3）生物化工及农产品开发行业；（4）计算机软件业；（5）家电制造业；（6）金融业；（7）其他
4. 公司规模：（1）大型企业；（2）中型企业；（3）小型企业

第二部分　关于联盟的基本情况

特别想提醒您的是：贵公司可能与其他企业建立了多种合作关系，但是在回答以下问题时，请一定要先选择其中某一个相对重要的合作关系，根据该合作关系的实际情况回答以下问题。

1. 贵公司现有几个联盟：（1）1~5个；（2）6~10个；（3）10个以上

2. 联盟的成功率：（　　　）

3. 联盟存在时间：（1）1~5年；（2）6~10年；（3）11~15年；（4）16~20年；（5）大于20年

4. 联盟之前的接触程度：（1）较深入；（2）没有

5. 成立联盟前，联盟双方的关系：（1）顾客；（2）供应商；（3）竞争对手；（4）分销商；（5）其他

6. 成立联盟是否有向合作伙伴学习的目的：（1）是；（2）否

7. 如果学习是组建联盟的动因之一，贵公司想要向合作者学习什么？（多选题）（1）技术专长；（2）市场开拓技能；（3）新产品开发技能；（4）企业管理技能；（5）生产运作技能；（6）其他

8. 贵公司在联盟过程中是否开展了竞争情报工作：（1）是；（2）否

9. 贵公司管理者对竞争情报在联盟中的作用的评价：（1）很重要；（2）重要；（3）不清楚；（4）不重要

第三部分　竞争情报与联盟风险关系测量

1. 相关概念：对问卷所涉及要素的解释

（1）竞争情报：竞争情报是通过连续、系统地搜集有关竞争环境、竞争对手和组织自身的信息，帮助企业识别市场中的机会和威胁，缩短反应时间，从而增强企业竞争优势的智能活动。

（2）关系风险：关系风险是与合作关系有关的或者与联盟伙伴不遵守合作精神有关的风险，包括躲避或不能履行承诺或义务、隐瞒和歪曲信息、窃取合作企业的技术、挖走关键人物、拖延付款和提供不合格产品等。

（3）权力控制：权力控制强调建立和利用正式的规则、程序和政策来监控和激励期望的行为，借助行政或法律制度等强制性力量实现。

（4）社会控制：社会控制主张建立组织标准、价值、文化和内在的目标来鼓励期望的行为和产出，通过减少组织成员目标的不一致性和偏好的多样性实现受控者的自我控制。

（5）理性信任：又称计算性的信任，视对方为利益驱动的理性人，认为信任是企业将自身和对方的得失进行均衡博弈的结果，即权衡潜在收益

与损失以及对方失信的可能性后的理性决策。

（6）感性信任：感性信任源于对合作伙伴价值观的信心，相信彼此的关系是互惠的，以感情为纽带，合作者相互进行感情投资以表达对对方真诚的关心。

2. 关系测量量表：以下问题是测量您的赞同程度的，请您根据问题的实际情况选择您的赞同程度并选择合适的分数。

1	2	3	4	5
绝对不同意	基本不同意	不能确定	基本同意	完全同意

要素	测量指标	打分				
竞争情报	1. 在联盟前我方对内外部环境进行了客观细致的分析	1	2	3	4	5
	2. 我方对联盟伙伴有充分的了解	1	2	3	4	5
	3. 我方能够预见潜在的冲突并制定了相应的解决方案	1	2	3	4	5
	4. 我方对联盟伙伴可能的机会主义行为（比如盗取核心资料）时刻警惕	1	2	3	4	5
	5. 在我方投入的资源中，对技术知识的保护很到位	1	2	3	4	5
	6. 我方注重利用人际网络关系获得相关信息	1	2	3	4	5
绩效风险	7. 我们无法推测政策环境的变化	1	2	3	4	5
	8. 我们不能预知竞争对手的变化	1	2	3	4	5
	9. 我们对联盟伙伴的能力不清楚	1	2	3	4	5
	10. 我们不能对外界变化做出反应	1	2	3	4	5
	11. 我们不能有效地调配联盟内部资源	1	2	3	4	5
联盟绩效	12. 我们对合作业绩很满意	1	2	3	4	5
	13. 我们从合作中得到了预期的收益	1	2	3	4	5
	14. 我们的合作关系非常稳定	1	2	3	4	5
	15. 我们认为合作关系会存续	1	2	3	4	5
	16. 双方对此次合作的综合评价很高	1	2	3	4	5
关系风险	17. 合作使我方关键技术被对方盗取的可能性很高	1	2	3	4	5
	18. 合作很可能会导致我方的关键技术人员和管理人员流失	1	2	3	4	5
	19. 如果有机会，对方会侵害我方利益	1	2	3	4	5
	20. 总的来看，对方的表现不佳	1	2	3	4	5

续表

要素		测量指标	打分				
关系风险		21. 关于自身业务,对方不能提供真实的情况	1	2	3	4	5
		22. 如果我方不进行检查,对方就不会努力地履行其在合作中的责任	1	2	3	4	5
信任	感性信任	23. 与我合作的对方员工能够在合作中公正地对待我	1	2	3	4	5
		24. 与我合作的对方员工对我很诚实	1	2	3	4	5
		25. 我们的合作方非常正直、真诚	1	2	3	4	5
	理性信任	26. 如果合作破裂,对方将要花费相当的时间和精力去弥补这一变化所产生的缺口	1	2	3	4	5
		27. 如果合作终止,对方很难找到更好的合作者	1	2	3	4	5
控制	社会控制	28. 对于合作的目标和远景,双方的认识比较相同	1	2	3	4	5
		29. 强调共同协作提高合作的效率	1	2	3	4	5
		30. 双方在组织文化方面能够相互适应	1	2	3	4	5
	权力控制	31. 只有当所有合作细节都通过合同规定之后,双方才可以顺利合作	1	2	3	4	5
		32. 总的来看,双方签订的契约是约束对方行为的最有力工具	1	2	3	4	5
		33. 双方已经共同制定和形成了完善的合作规则	1	2	3	4	5
		34. 合作中已经建立了明确的解决双方争议和冲突的制度和办法	1	2	3	4	5
其他要素（除信任、控制外）		35. 在完全理想情况下（我们完全信任对方,能够完全控制联盟及联盟伙伴）就不存在关系风险了	1	2	3	4	5

附录 2：英文问卷

Survey on the Role of Competitive Intelligence in Risk Management of Strategic Alliances

Strategic Alliances, as a way to generate profit, have gained global popularity since the 1980s. In practice, however, it is prone to failure and hence substantial business loss due to its instability. Therefore, an effective risk management system becomes the prerequisite to ensure expected economic returns from Strategic Alliances. This survey aims to investigate the relationship between competitive intelligence and the risk management of Strategic Alliances. Please answer the following questions with true and proper information. All the information collected will be kept confidential.

Part 1: About Your Company

1. Location:
2. Nature: (1) Overseas-Funded Enterprises; (2) Joint Venture; (3) State-Owned Enterprises; (4) Private Enterprises; (5) Others
3. Industry: (1) Automobile Manufacturing Industry; (2) Manufacturing Industry of Electronic and Telecommunications Equipment; (3) Biochemical and Agricultural Product Development; (4) Computers and Software; (5) Home Appliance Manufacturing Industry; (6) Finance; (7) Others
4. Scale: (1) Large; (2) Medium; (3) Small

Part 2: About Your Strategic Alliance

Note: If your company has many Strategic Alliance, please answer the following questions based on the major one.

1. How many Strategic Alliances do you have: (1) 1~5; (2) 6~10; (3) morethan 10
2. The rate of success: (   )
3. Duration: (1) 1~5 years; (2) 6~10 years; (3) 11~15 years; (4) 16~

20 years; (5) more than 20 years

4. Intimacy with the partner before the Strategic Alliance was established: (1) intimate; (2) not intimate

5. Relationship with the partner before the Strategic Alliance was established: (1) Client; (2) Supplier; (3) Competitor; (4) Distributor; (5) Others

6. "To learn from the partner" is one of your purposes: (1) Yes; (2) No

7. If yes for Question 10, what do you want to learn (multiple choices): (1) Expertise; (2) Marketing; (3) R&D; (4) Management; (5) Production technology; (6) Others

8. Do you conduct competitive intelligence during Strategic Alliance: (1) Yes; (2) No

9. What is the opinion of your manager about the functions and effects of competitive intelligence in Strategic Alliance: (1) Very important; (2) Important; (3) Unclear; (4) Not important

Part 3: Relationship between Competitive Intelligence and Strategic Alliance Risk

1. Concept Explanation

(1) Competitive Intelligence: Competitive intelligence is the intellectual activities to continually and systematically collect the information about competition environment, competitors and firm itself to identify the opportunities and threats, shorten time of reaction, and elevate competitive advantage.

(2) Relational Risk: Relational risk is the risk about cooperation between organizations, and usually caused by partner's inappropriate or even illegal act-ivities, such as stealing core technique, hiding key information, refusing to conduct the contract, etc.

(3) Social Control: Social control advocates that the partner can conduct self-control if the Strategic Alliance has proper organizational standard, value, culture or innate objectives.

(4) Power Control: Power control advocates establishing the formal rules, procedures and policies to supervise and spur expected behavior.

(5) Affective Trust: Affective trust comes from the confidence of partner's

value. It needs the emotional investment to show care and attention.

(6) Rational Trust: Rational trust, also called calculus-based trust, is the result of calculating benefit and lost.

2. Relational Measurement

Please answer the following questions and tick the relevant grade according to your actual attitude.

1	2	3	4	5
Absolutely Disagree	Disagree	Not Sure	Agree	Absolutely Agree

Elements	Indicators	Grade				
Competitive Intelligence	1. We conduct a deep analysis on both internal and external environment before Strategic Alliance is established	1	2	3	4	5
	2. We know our partners thoroughly	1	2	3	4	5
	3. We can foresee the potential conflicts and have corresponding solutions	1	2	3	4	5
	4. We keep watching our partner's possible opportunistic behaviors (such as stealing core materials)	1	2	3	4	5
	5. We can protect our input resources effectively	1	2	3	4	5
	6. We are good at obtaining information via social networks	1	2	3	4	5
Performance Risk	7. We cannot foresee the macroscopic policy changes	1	2	3	4	5
	8. We cannot foresee the competitors' changes	1	2	3	4	5
	9. We have no clear idea about ourselves	1	2	3	4	5
	10. We cannot adapt to changes of external environment	1	2	3	4	5
	11. We cannot effectively allocate the resources of Strategic Alliance	1	2	3	4	5
Performance	12. We are satisfied with the performance of Strategic Alliance	1	2	3	4	5
	13. We have gained expected benefits from the cooperation	1	2	3	4	5
	14. We have a stable cooperative relationship	1	2	3	4	5
	15. We think our cooperation will continue	1	2	3	4	5
	16. This cooperation is highly evaluated by both counterparties	1	2	3	4	5

续表

Elements		Indicators	Grade				
Relational Risk		17. There is a high probability of our key technology being stolen by our partners in this cooperation	1	2	3	4	5
		18. Our key technicians and outstanding managers are likely to be hired by the partner	1	2	3	4	5
		19. If possible, our partners will embezzle our benefit	1	2	3	4	5
		20. The partner is not good during alliance	1	2	3	4	5
		21. The partner does not provide the real information	1	2	3	4	5
		22. Without our supervision, the partner will not perform their responsibility	1	2	3	4	5
Trust	Affective Trust	23. The partner can treat us justly in the cooperation	1	2	3	4	5
		24. The partner is honest	1	2	3	4	5
		25. The partner is of integrity and honesty	1	2	3	4	5
	Rational Trust	26. If this cooperation fails, our partners will suffer a lot in terms of time and money	1	2	3	4	5
		27. If the cooperation fails, it is not easy for our partner to find another one who is better than us	1	2	3	4	5
Control	Social Control	28. We have a consensus on the Alliance's objective and prospect	1	2	3	4	5
		29. We stress enhancing efficiency by cooperation	1	2	3	4	5
		30. We can adapt to our partners' organizational culture	1	2	3	4	5
	Power Control	31. All the cooperation details are stipulated in the contract	1	2	3	4	5
		32. The contract is the most powerful way of restricting the behavior of the partner	1	2	3	4	5
		33. We have established complete rules of cooperation	1	2	3	4	5
		34. We have made explicit rules and regulations to solve possible conflicts	1	2	3	4	5
Other elements (except trust and control)		35. There is no relational risk in the ideal situation (full trust and full control over the Alliance and the partners)	1	2	3	4	5

附录3：专家访谈提纲

尊敬的各位专家：

为了能全面、正确地把握竞争情报在企业风险管理，尤其是战略联盟风险管理中的作用，诚恳地希望您能够在百忙之中回答下面几个问题。

1. 请您从总体上谈谈竞争情报在企业风险管理中的作用。
2. 您认为战略联盟中的竞争情报与单一企业的竞争情报有何异同？
3. 您认为在联盟风险管理中，竞争情报应该关注哪些方面？
4. 请您谈谈竞争情报人员应该如何利用联盟中的人际网络收集信息。
5. 请您谈谈竞争情报与联盟伙伴间信任的关系。
6. 请您谈谈战略联盟中的竞争情报人员应该具备哪些素质。
7. 请您谈谈战略联盟中的竞争情报工作的道德问题。
8. 您对建立基于竞争情报的联盟风险管理系统有哪些看法和意见？

参考文献

中文文献

包昌火、李艳、包琰:《论竞争情报学科的构建》,《情报理论与实践》,2012年第1期。

包昌火、李艳、王秀玲等:《竞争情报导论》,清华大学出版社2011年版。

包昌火、李艳、王秀玲等:《人际情报网络》,《情报理论与实践》,2006年第2期。

包昌火、张燕、黄英:《竞争情报的崛起和发展》,国防工业出版社2003年版。

蔡继荣:《战略联盟稳定性机理及联盟治理研究》,西南交通大学博士学位论文,2006年。

曹如中、代婷婷、郭华:《基于官产学研的竞争情报战略联盟研究》,《情报理论与实践》,2014年第8期。

陈殿阁:《企业战略联盟:一种全新的企业发展模式》,《经济与管理研究》,2000年第2期。

程咏:《战略联盟不稳定性的动态研究》,南京师范大学硕士学位论文,2008年。

董才生:《信任本质与类型的社会学阐释》,《河北师范大学学报》,2004年第1期。

郭涛、祝爱民、于丽娟:《战略联盟与企业模糊动态有效边界》,《物流科技》,2006年第3期。

郭焱:《战略联盟形式选择与风险控制》,天津大学博士学位论文,2004年。

何凌霄、李纲:《竞争情报分析在联盟伙伴选择中的应用》,《情报杂志》,2005年第2期。

贺德方等:《数字时代情报学理论与实践——从信息服务走向知识服务》,

科学技术文献出版社 2006 年版。

侯杰泰等：《结构方程模型及其应用》，教育科学出版社 2004 年版。

胡琳：《企业战略联盟的竞争情报支持研究》，《科技情报开发与经济》，2009 年第 7 期。

黄玉杰：《战略联盟中的非正式治理机制：信任和声誉》，《河北经贸大学学报》，2009 年第 4 期。

黄振中：《情报的竞争属性》，《情报学报》，1999 年第 4 期。

霍国庆：《企业战略信息管理》，科学出版社 2001 年版。

贾殿村：《企业战略联盟中竞争情报的风险防范研究》，《情报科学》，2004 年第 11 期。

金高波、李新春：《战略联盟中的信任机制：一个理论评述》，《中大管理评论》，2001 年第 1 期。

靳娟娟：《情报学的创新与发展》，《情报理论与实践》，1999 年第 2 期。

莱恩哈德·斯普伦格：《信任》，胡越译，当代中国出版社 2004 年版。

李红：《统计分析软件及应用实验》，经济科学出版社 2008 年版。

李林华、容春琳：《现代竞争理论的演进及其对竞争情报研究的影响》，《图书情报工作》，2007 年第 5 期。

李素梅：《竞争情报在企业危机预警中的助推作用》，《情报杂志》，2009 年第 3 期。

李新春：《战略联盟、网络与信任》，经济科学出版社 2006 年版。

李艳：《竞争情报与企业战略风险管理》，《情报理论与实践》，2006 年第 1 期。

刘本伟：《企业战略联盟失败原因及对策分析》，《湖北教育学院学报》，2006 年第 2 期。

刘娟、俞培果：《基于生命周期的战略联盟与竞争情报研究》，《现代情报》，2010 年第 1 期。

刘亚辉、周海炜、屈维意：《知识共享型战略联盟竞争情报工作模式研究——基于 A 设计院的分析》，《情报杂志》，2014 年第 10 期。

龙怒：《生态关系视角下的企业战略联盟研究》，浙江大学出版社 2008 年版。

卢升亮：《面向供应链联盟的竞争情报策略研究》，苏州大学硕士学位论文，2012 年。

陆奇岸：《企业战略联盟风险及其管理研究》，《广西师范大学学报》，2006 年第 7 期。

罗伯特·希斯：《危机管理》，王成等译，中信出版社 2001 年版。

马费成：《情报学的进展与深化》，《情报学报》，1996 年第 5 期。

迈克尔·Y.吉野等：《战略联盟——企业通向全球化的捷径》，雷涯邻等译，商务印书馆 2007 年版。

缪其浩：《竞争情报——国外的发展动向及其对我国的影响》，《情报理论与实践》，1995 年第 1 期。

莫毅易、周九常：《网络组织对竞争情报的影响》，《情报杂志》，2007 年第 5 期。

（法）皮埃尔·杜尚哲、贝尔纳·加雷特、李东红：《战略联盟》，中国人民大学出版社 2006 年版。

普赖斯科特 J.E.：《竞争情报与企业竞争力》，《竞争情报丛书》，华夏出版社 2001 年版。

秦发盈：《国外组织学习理论综述与本土应答》，《继续教育研究》，2004 年第 4 期。

秦铁辉、李艳、黄蕾：《企业 Web 信息发布与关键信息保护》，《图书情报知识》，2003 年第 4 期。

秦燕：《情景分析法与战争游戏法之比较》，《情报探索》，2006 年第 12 期。

邱晓琳：《我国竞争情报研究综述》，《情报理论与实践》，1999 年第 3 期。

任荣：《基于战略联盟生命周期的企业合作创新动态管理》，经济科学出版社 2009 年版。

尚涛：《比较优势理论、竞争优势理论的世界观与方法论分析》，《国际经贸探索》，2009 年第 3 期。

苏芳荔、周九常：《基于知识转移的战略联盟反竞争情报体系构建》，《情报杂志》，2011 年第 1 期。

粟莉：《21 世纪情报学的学科定位》，《情报理论与实践》，2001 年第 3 期。

隋静：《组织学习的原理、实施体系及评价研究》，天津大学博士学位论文，2005 年。

孙相文：《企业战略联盟风险分析与防范策略研究》，《改革与战略》，2009 年第 2 期。

涂红湘、曾德超、乔姗姗、鞠邦青：《论产业竞争情报策略联盟》，《科技情报开发与经济》，2011 年第 26 期。

王国成：《竞争对策——博弈论在企业经营管理中的应用》，企业管理出版社 1997 年版。

王华：《企业战略联盟的风险及其防范》，《市场周刊》（商务），2004 年第 12 期。

王惠珠：《合作型组织的竞争情报研究》，黑龙江大学硕士学位论文，2009 年。

王蔷：《战略联盟内部的相互信任及其建立机制》，《南开管理评论》，2000 年第 3 期。

王琴、张淑莲：《因子分析在人才培养质量评价指标体系构建中的应用》，《河北师范大学学报》（教育科学版），2008 年第 9 期。

王涛：《中国竞争情报行业发展现状与趋势》，见：北京道鹰孚市场研究院：《联合国教科文组织"全民信息计划"西部地区培训教材》，[出版者不详] 2004 年。

王学彬：《企业战略联盟风险及其防范》，《商丘职业技术学院学报》，2004 年第 1 期。

王玉：《企业战略联盟的竞争情报研究》，《情报理论与实践》，2005 年第 3 期。

王知津、陈维军：《论竞争情报的理论来源》，《图书情报工作》，2007 年第 7 期。

文庭孝：《竞争情报与情报学的发展》，《情报资料工作》，2005 年第 3 期。

巫景飞：《企业战略联盟：动因、治理与绩效》，经济管理出版社 2007 年版。

吴江：《基于互联网信息的国内移动商务战略联盟网络分析》，《情报杂志》，2012 年第 9 期。

吴明隆：《结构方程模型：AMOS 的操作与应用》，重庆大学出版社 2009 年版。

吴涛：《技术创新风险管理的方法与策略》，《科学学与科学技术管理》，2000 年第 5 期。

吴晓伟、楼文高：《基于社会网络分析的企业合作竞争研究及其实证分析》，《情报理论与实践》，2010 年第 5 期。

谢恩、苏中锋、李垣：《基于联盟风险的战略联盟控制方式选择》，《管理工程学报》，2009 年第 3 期。

严怡民：《情报学概论》（修订本），武汉大学出版社 2000 年版。

晏创业：《竞争情报活动中的人际网络研究》，北京大学博士学位论文，2005 年。

余建英、何旭宏：《数据统计分析与 SPSS 运用》，人民邮电出版社 2005 年版。

负晓哲：《战略联盟理论与实践》，经济科学出版社 2006 年版。

张超:《中外竞争情报教育比较研究》,中国科学技术信息研究所硕士学位论文,2004年。

张海彬:《企业竞争情报的知识转移模式研究》,哈尔滨工程大学硕士学位论文,2013年。

张平:《合作战略》,中国经济出版社2009年版。

张世平:《经济情报决定企业命运》,中国发展出版社2005年版。

张小兰:《企业战略联盟论》,西南财经大学出版社2008年版。

张鑫:《基于战略联盟的企业竞争情报工作研究》,河北大学硕士学位论文,2010年。

张醒洲、唐莹莹:《合作企业交易信任理论综述》,《现代管理科学》,2005年第5期。

张延峰:《战略联盟中信任、控制对合作风险的影响及其组合绩效研究》,上海财经大学出版社2007年版。

张左之:《竞争情报:从危机管理到危险预警》,《中国科技情报学会竞争情报分会第十一届年会暨博览会论文汇编》,2005年。

赵筱媛、刘志辉:《产业技术创新战略联盟中竞争情报的协作研究》,《情报理论与实践》,2011年第9期。

郑刚:《全面协同创新——迈向创新型企业之路》,科学出版社2006年版。

郑胜华:《透视企业联盟能力:基于动态能力的S-IPL分析框架》,中国社会科学出版社2007年版。

周九常:《网络组织合作框架下的企业竞争情报共享问题探析》,《情报理论与实践》,2009年第7期。

英文文献

Aldrich D. H.E., Mueller S., "The Evolution of Organizational Forms: Technology, Coordination, and Control", *Research in Organizational Behavior*, Vol.33, No.4, 1982, p.251.

Ahn T.K., Ryan John Barry, "The Overvaluing of Expertise in Discussion Partner Choice", *Journal of Theoretical Politics*, Vol.27, No.3, 2015.

Anne Marie Doherty, "Market and Partner Selection Processes in International

Retail Franchising", *Journal of Business Research*, Vol.62, No.5, 2009, p.528.

Ard-Pieter de Man, Dave Luvison, "Sense-Making's Role in Creating Alliance Supportive Organizational Cultures", *Management Decision*, Vol. 52, No.2, 2014, p.259.

Argyris C., Schon D.A., *Organizational Learning*, Reading, MA: Addison-Wesley, 1978.

Artz Kendall W., Brush Thomas H., "Asset Specificity, Uncertainty and Relational Norms: An Examination of Coordination Costs in a Collaborative Contractual Allianc", *Journal of Economic Behavior and Organization*, Vol.41, No.4, 2000, p.337.

Balakrishnan S., Koza M. P., "Information Asymmetry, Adverse Selection and Joint Ventures: Theory and Evidence", *Journal of Economic Behavior and Organization*, Vol.20, No.1, 1993, p.99.

Ben Jackson, James A. Dimmock, Daniel F. Gucciardi et al., "Relationship Commitment in Athletic Dyads: Actor and Partner Effects for Big Five Self-and Other-Ratings", *Journal of Research in Personality*, Vol.44, No.5, 2010, p.641.

Barney J.B.: "Firm Resources and Sustained Competitive Advantage", *Journal of Management*, Vol.17, No.1, 1991, p.99.

Barney J.B., Hansen M. H., "Trustworthiness as a Source of Competitive Advantage", *Strategic Management Journal*, Vol.15, No.S1, 1994, p.175.

Birnbirg J. G, "Control in Inter-Firm Co-Operative Relationships", *Journal of Management Studies*, Vol.35, No.4, 1998, p.421.

Boon S. D., Holmes J. G., *The Dynamics of Interpersonal Trust: Resolving Uncertainty in the Face of Risk, Cooperation and Prosocial Behavior*, UK: Cambridge University Press, 1991.

Borys B., Jemison D. B., "Hybrid Arrangement as Strategic Alliances: Theoretical Issues in Organizational Combinations", *Academy of Management Review*, Vol.14, No.2, 1989, p.234.

Chong Wu, David Barnes, "Formulating Partner Selection Criteria for Agile Supply Chains: A Dempster-Shafer Belief Acceptability Optimisation

Approach", *International Journal of Production Economics*, Vol.125, No.2, 2010, p.284.

Child J., Faulkner D., *Strategies of Cooperation: Managing Alliances, Networks and Joint Ventures*, Oxford: Oxford University Press, 1998.

Coase R.H., "The Nature of the Firm", *Economica*, Vol.4, 1937, p.386.

Coleman J.S., *Foundations of Social Theory*, Cambridge, MA: Harvard University Press, 1990.

Collis D.J., Cynthis M., "Competing on Resource Strategy in the 1990s", *Harvard Business Review*, Vol.7, No.8, 1995, p.26.

Conner K.R., Prahalad C.K., "A Resource-Based Theory of the Firm: Knowledge versus Opportunism", *Organization Science*, Vol.7, No.5, 1996, p.477.

Cullen J.B., Johnson J. L. Sakano T., "Success through Commitment and Trust: The Soft Side of Strategic Alliance Management", *Journal of World Business*, Vol.35, No.3, 2000, p.223.

Das T.K., Teng B.S., "Risk Types and Inter-Firm Alliance Structures", *Journal of Management Studies*, Vol.33, No.6, 1996, p.827.

Das T.K., Teng B.S., "Resource and Risk Management in the Strategic Alliance Making Process", *Journal of Management*, Vol.24, No.1, 1998, p.21.

Das T.K., Teng B.S., "Managing Risks in Strategic Alliances", *Academy of Management Executive*, Vol.13, No.4, 1999, p.50.

Das T.K., Teng B.S., "A Resource-Based Theory of Strategic Alliance", *Journal of Management*, Vol.26, No.1, 2000, p.31.

Das T.K., Teng B.S., "Trust, Control, and Risk in Strategic Alliances: An Integrated Framework", *Organization Studies*, Vol.22, No.2, 2001, p.251.

Dan Li, Stewart R. Miller, Lorraine Eden et al., "The Impact of Rule of Law on Market Value Creation for Local Alliance Partners in BRIC Countries", *Journal of International Management*, Vol.18, No.4, 2012, p.305.

Debmalya Mukherjee, Ajai S. Gaur, Sanjaya S. Gaur et al., "External and Internal Influences on R&D Alliance Formation: Evidence from German SMEs", *Journal of Business Research*, 2012.

Dick P.H. Barelds, Pieternel Dijkstra, "Positive Illusions about a Partner's Personality and Relationship Quality", *Journal of Research in Personality*, Vol.45, No.1, 2011, p.37.

Deeds D.L., Hill C.W. L., "Strategic Alliance and the Rate of New Product Development: An Empirical Study of Entrepreneurial Biotechnology Firms", *Journal of Business Venturing*, Vol.11, No.1, 1996, p.41.

Douma Bilderbeek J., "Strategic Alliance: Managing the Dynamics of Fit", *Long Range Planning*, Vol.33, No.4, 2000, p.579.

Doz Y., Hamel G., *Alliance Advantage: The Art of Creating Value through Partnering*, Boston, MA: Harvard Business School Press, 1998.

Doz Y. L., "The Evolution of Cooperation in Strategic Alliances: Initial Conditions or Learning Processes?", *Strategic Management Journal*, Vol. 17, No.SI, 1996, p.55.

Dyer J., "Effective Interfirm Collaboration: How Firms Minimize Transaction Costs and Maximize Transaction Value", *Strategic Management Journal*, Vol.18, No.7, 1997, p.535.

Eisenhardt K., Schoonhoven C.B., "Resource-based View of Strategic Alliance Formation: Strategic and Social Effects in Entrepreneurial Firms", *Organization Science*, Vol.7, No.2, 1996, p.37.

Faulkner D.O., De Rond Mark, *Cooperative Strategy: Economic, Business and Organizational issues*, New York: Oxford University Press, 2000.

F. Giorgia Paleari, Camillo Regalia, Frank D. Fincham, "Forgiveness and Conflict Resolution in Close Relationships: Within and Cross Partner Effects", *Universitas Psychologica*, Vol.9, No.1, 2010, p.35.

François Brouard, "Business Intelligence for Canadian Corporations after September 11", *Journal of Competitive Intelligence and Management*, Vol. 2, No.1, 2004, p.1.

Galaskiewicz J., et al., "The Influence of Corporate Power, Social Status, and Market Position on Corporate Interlocks in A Regional Network", *Social Forces*, Vol.64, No.2, 1985, p.403.

Geringer J.M., Herbert L.H., "Control and Performance of International Joint Ventures", *Journal of International Business Studies*, Vol.20, No.2,

1989, p.235.

Glaister, K.W., Buckley P.J., "Strategic Motives for International Alliance Formation", *Journal of Management Studies*, Vol.33, No.3, 1996, P.301.

Green Stephen G., Welsh M. Ann, "Cybernetics and Dependence: Refraining the Control Concept", *Academy of Management Review*, Vol.13, No.2, 1988, p.287.

Gulati R., Nohria N., Zaheer A., "Strategic Networks", *Strategic Management Journal*, Vol.21, No.1, 2000, p.203.

Gulati Ranjay, "Does Familiarity Breed Trust? The Implication of Repeated Ties for Contractual Choice in Alliances", *Academy of Management Journal*, Vol.38, No.1, 1995, p.85.

Zuckerman H.S., "Life-Cycle Model of Organizational Federations: The Case of Hospitals", *Academy of Management Review*, Vol.12, No.3, 1987, p.534.

Hamel G., "Competition for Competence and Inter-partner Learning within International Strategic Alliances", *Strategic Management Journal*, Vol.12, No.s1, 1991, p.83.

Hamel G., Doz Y.L., Prahalad, C.K., "Collaborate with Your Competitors and Win", *Harvard Business Review*, Vol.67, No.1, 1989, p.133.

Hennart J. F., "The Transaction Costs Theory of Joint Ventures: An Empirical Study of Japanese Subsidiaries in the United States", *Management Science*, Vol.37, No.4, 1991, p.483.

Hofmann Stephanie C., Yeo Andrew I., "Business as Usual: The Role of Norms in Alliance Management", *European Journal of International Relations*, Vol.21, No.2, 2014, p.377.

Huei-Wen Pao, Hsueh-Liang Wu, Shih-Ping Ho et al., "From Partner Selection to Trust Dynamics", *Journal of Advances in Management Research*, Vol.12, No.2, 2016, p.128.

Hennart J. F., Reddy S., "The Choice between Mergers/Acquisitions and Joint Ventures: The Case of Japanese Investors in the United States", *Strategic Management Journal*, Vol.18, No.1, 1997, p.1.

Inkpen A.C., Currall S.C., "The Nature, Antecedents and Consequences of Joint Venture Trust", *Journal of International Management*, Vol.4, No.4,

1998, p.1.

Inkpen A.C., Beamish P.W., "Knowledge, Bargaining Power and International Joint Venture Stability", *Academy of Management Review*, Vol.22, No.1, 1997, p.177.

Jap Sandy D., Ganesan Shankar, "Control Mechanisms and the Relationship Life Cycle: Implications for Safeguarding Specific Investments and Developing Commitment", *Journal of Marketing Research*, Vol.37, No.2, 2000, p.227.

John George, "An Empirical Investigation of Some Antecedents of Opportunism in a Marketing Channel", *Journal of Marketing Research*, Vol.21, No.3, 1984, p.278.

Kale P., Singh H., Perlmutte H., "Learning and Protection of Proprietary Assets in Strategic Alliances: Building Relational Capital", *Strategic Management Journal*, Vol.21, No.3, 2000, p.217.

Karolina Sylwester, Gilbert Roberts, "Cooperators Benefit through Reputation-based Partner Choice in Economic Games", *Biology Letters*, Vol.6, No.5, 2010, p.659.

Kazuhisa Miwa, Hitoshi Terai, "Impact of two types of partner, perceived or actual, in human-human and human-agent interaction", *Computers in Human Behavior*, Vol.28, No.4, 2012, p.1286.

Khanna T., "The Scope of Alliances", *Organization Science*, Vol.9, No.3, 1998, p.340.

Khanna T., Gulati R., Nohria N., "The Dynamics of Learning Alliances: Competition, Cooperation and Relative Scope", *Strategic Management Journal*, Vol.19, No.3, 1998, p.193.

Killing J.P., *Strategies for Joint Venture Succes*, London: Croom Helm, 1983.

Kogut B., "Joint Ventures: Theoretical and Empirical Perspectives", *Strategic Management Journal*, Vol.9, No.4, 1988, p.319.

Kumar R., Nti K.O., "Differential Learning and Interaction in Alliance Dynamics: A Process and Outcome Discrepancy Model", *Organization Science*, Vol.9, No.3, 1998, p.356.

Larsson R., Bengtsson L., Henriksson K., Sparks J.: "The interorganizational

Learning Dilemma: Collective Knowledge Development in Strategic Alliances", *Organization Science*, Vol.9, No.3, 1998, p.285.

Leifer R., Mills P.K., "An Information Processing Approach for Deciding upon Control Strategies and Reducing Control Loss in Emerging Organizations", *Journal of Management*, Vol.22, No.1, 1996, p.113.

Michael Gross, "Forest Alliance", *Current Biology*, Vol.20, No.12, 2010, p.1.

Maureen Brookes, Levent Altinay, "Franchise Partner Selection: Perspectives of Franchisors and Franchisees", *Journal of Services Marketing*, Vol.25, No.5, 2011, p.336.

Michael Marshall, "Disease and Violence-an Unholy Alliance", *New Scientist*, Vol.212, No.2838, 2011, p.9.

Mayer Roger C., James H. Davis, F. David Schoorman, "An Integrative Model of Organizational Trust", *Academy of Management Review*, Vol.20, No.3, 1995, p.709.

McAllister, Daniel J., "Affect-and Cognition-based Trust as Foundations for Interpersonal Cooperation in Organizations", *Academy of Management Journal*, Vol.38, No.1, 1995, p.24.

Miller K.D., "A Framework for Integrated Risk Management in International Business", *Journal of International Business Studies*, Vol.23, No.2, 1992, p.311.

Miner A., Amburgey T.L., Stearns T., "Inter-organizational Linkages and Population Dynamics: Buffering and Transformational Shields", *Administrative Science Quarterly*, Vol.35, No.4, 1990, p.689.

Mowery D.C., Oxley J.E., Silverman B.S., "Strategic Alliances and Inter-firm Knowledge Transfer", *Strategic Management Journal*, Vol.17, No.S2, 1996, p.77.

Parkhe A., "Strategic Alliance Structuring: A Game Theoretic and Transaction on Cost Examination of interfirm Cooperation", *Academy of Management Journal*, Vol.36, No.4, 1993, p.794.

Patrick Bryant, "Competitive Intelligence Is Not Corporate Espionage", http://www.scip.org/ci.html.

Penrose E.T., *The Theory of Growth of the Firm*, UK: Basil Blackwell, 1959.

Peteraf M.A., "The Cornerstones of Competitive Advantage: A Resourced-Based View", *Strategic Management Journal*, Vol.14, No.3, 1993, p.179.

Porter M.E.: *Competitive Advantage*, New York, NY: Free Press, 1985.

Powell W.W., Koput K.W., Smith-Doerr L., "Interorganizational Collaborations and the Locus of Innovation: Networks of Learning in Biotechnology", *Administrative Science Quarterly*, Vol.41, No.1, 1996, p.116.

Prahalad C.K., Hamel G., "The Core Competence of the Corporation", *Harvard Business Review*, Vol.68, No.1, 1990, p.79.

Ravindranath Madhavan, BSEO2511: Management of Strategic Alliances I, 2008. (课件)

Rex B. Kline, *Principles and Practice of Structural Equation Modeling*, New York: The Guilford Press, 1998.

Ring P.S., Van de Ven A.H., "Developmental Processes of Cooperative Inter-organizational Relationships", *Academy of Management Review*, Vol.19, No.1, 1994, p.90.

Ring P.S., Van de Ven A.H., "Structuring Cooperative Relationship between Organizations", *Strategic Management Journal*, Vol.13, No.7, 1992, p.483.

Roehl T., Truitt J.F., "Stormy Open Marriages are Better: Evidence from Us, Japanese and French Cooperative Ventures in Commercial Aircraft", *Columbia Journal of World Business*, Vol.22, No.2, 1987, p.87.

Saba Khalid, Jorma Larimo, "Affects of Alliance Entrepreneurship on Common Vision, Alliance Capability and Alliance Performance", *International Business Review*, Vol.21, No.5, 2012, p.891.

Soe Tsyr Yuan, Pei Hung Hsieh, Yu-Chen Yeh, "A Computing Metaphor Approach to Customer Experience based Alliance Partner Recommendation", *Kybernetes*, Vol.44, No.10, 2015, p.1504.

Susan Eggly, "Can Physicians Both Persuade and Partner? A Commentary on Karnieli-Miller and Eisikovits", *Social Science & Medicine*, Vol.69, No.1, 2009, p.9.

Teece D.J., "Competition, Cooperation, and Innovation: Organizational Arrangements for Regimes of Rapid Technological Progress", *Journal of Economy Behavior Organization*, Vol.18, 1992, p.1.

参考文献

Wann Yih Wu, Hsi-An Shih, Hui-Chun Chan, "The Analytic Network Process for Partner Selection Criteria in Strategic Alliances", *Expert Systems with Applications*, Vol.36, No.3, 2009, p.4646.

Wernerfelt B., "A Resource Based View of the Firm", *Strategic Management Journal*, Vol.12, No.5, 1984, p.89.

William M. Fitzpatrick, Donald R. Burke, "Competitive Intelligence, Corporate Security and the Virtual Organization", *Advances in Competitiveness Research*, Vol.11, No.1, 2003, p.1.

Williamson O.E., "Comparative Economic Organization: The Analysis of Discrete Structural Alternatives", *Administrative Science Quarterly*, Vol.36, No.2, 1991, p.269.

Williamson O.E., "Credible Commitments: Using Hostages to Support Exchange", *American Economic Review*, Vol.73, No.4, 1983, p.519.

Williamson O.E., *The Economic Institutions of Capitalism*, New York: Free Press, 1985.

Williamson O.E., *Markets and Hierarchies*, New York, NY: Free Press, 1975.

Williamson O.E., "Strategy Research: Governance and Competence Perspectives", *Strategic Management Journal*, Vol.20, No.12, 1999, p.1087.

Williamson O.E., "The Modern Corporation: Origins, Evolution, Attributes", *Journal of Economic Literature*, Vol.19, No.4, 1981, p.1537.

Yoshino M.Y., Rangan U.S., *Strategic Alliances: An Entrepreneurial Approach to Globalization*, Boston: Harvard Business School Press, 1995.

Yen-Sheng Chiang, "Self-Interested Partner Selection Can Lead to the Emergence of Fairness", *Evolution and Human Behavior*, Vol.31, No.4, 2010, p.265.

Zajonc R.B., "Feelings and Thinking: Preferences Need No Inferences", *American Psychologist*, Vol.35, No.2, 1980, p.151.

Zand D.E., "Trust and Managerial Problem Solving", *Administrative Science Quarterly*, Vol.17, No.2, 1972, p.229.

索　引

C

成员企业　3，5，9，10，11，12，13，14，15，16，17，18，28，29，30，31，32，33，50，60，63，64，66，69，70，71，72，77，80，85，160，164，165，167，168

F

风险管理　2，3，5，6，7，8，19，22，23，25，30，31，32，33，34，39，42，44，50，55，56，57，58，59，62，63，67，68，72，73，74，75，76，78，82，82，85，86，88，89，90，91，92，99，102，107，108，119，121，125，129，137，151，152，154，156，157，158，159，160，161，162，163，166，167，168，169，170，171，179，182，184

G

感性信任　93，94，95，96，97，98，104，107，116，119，124，127，128，153，156，159，161，168，169，173，174

关系风险　2，8，12，15，16，17，18，19，20，22，30，31，32，33，34，35，38，39，42，43，44，45，49，50，60，61，62，66，67，68，69，70，71，72，73，74，75，76，77，78，79，82，83，84，85，86，88，89，90，91，92，96，99，103，104，107，108，116，118，120，123，124，125，126，127，129，134，135，137，152，153，154，156，157，158，159，160，161，162，163，164，165，166，167，168，169，172，173，174

J

机会主义　3，15，17，18，19，20，27，30，31，32，36，37，38，39，43，45，49，60，61，62，65，66，69，70，71，74，77，78，81，82，83，84，88，89，93，94，98，101，103，117，118，123，152，159，163，165，173

绩效风险　2，4，5，30，31，33，42，44，67，72，73，82，83，84，85，91，92，99，104，107，108，116，118，120，123，124，125，126，127，153，168，173

交易成本理论 2，6，7，8，9，10，11，35，36，37，38，39，40，41，65，66，74，76，77，169

竞争情报 2，3，4，5，6，7，8，19，22，23，24，25，26，27，28，29，30，31，32，33，34，35，50，51，52，53，54，55，56，57，58，59，60，61，62，63，64，65，66，67，68，69，70，71，72，73，82，83，84，85，86，87，88，91，92，95，96，97，98，99，101，102，103，107，108，109，110，111，112，113，114，116，117，118，119，120，121，123，124，125，126，127，128，129，130，131，132，133，134，135，136，137，138，139，140，141，142，143，144，145，146，147，148，149，150，151，152，153，154，155，156，157，158，159，160，161，162，163，164，165，166，167，168，169，170，171，172，173，179，181，182，183，184，185

L

理性信任 93，94，97，98，104，107，116，119，124，127，128，153，155，156，157，159，160，161，168，169，172，174

M

模型 5，6，7，8，22，25，31，33，34，47，52，53，59，65，67，69，71，72，73，75，77，79，81，82，83，84，85，87，89，91，92，93，95，97，98，99，101，103，106，107，108，109，115，116，117，118，119，120，121，125，126，127，129，151，154，156，159，166，168，169，170，182，184

Q

权力控制 93，95，96，97，104，107，116，118，124，125，127，128，154，155，157，159，160，168，169，172，174

S

社会控制 39，44，75，93，95，96，97，104，107，116，118，124，127，128，155，157，159，160，168，169，172，174

实证研究 5，7，8，34，38，101，102，103，105，106，107，108，109，111，113，115，117，119，121，123，125，127，129，131，133，135，137，139，141，143，145，147，149，151，152，153，154，155，156，157，158，159，161，163，165，167，168，170

Z

战略联盟 1，2，3，4，5，6，7，8，9，10，11，12，13，14，15，16，17，18，19，20，21，22，23，24，25，26，27，28，29，30，31，32，33，34，35，36，37，38，39，40，41，42，43，44，45，

索 引

46，47，48，49，50，60，61，62，63，64，65，66，67，68，70，72，73，74，77，78，79，80，81，82，83，84，90，91，92，93，94，96，99，101，102，103，105，108，114，125，129，130，131，132，135，138，139，140，141，151，154，156，158，160，161，162，163，164，165，166，167，168，169，170，171，179，181，182，183，174，185

资源基础理论　2，6，7，8，9，10，11，29，35，40，41，42，43，44，45，65，66；169

组织学习理论　2，6，7，8，9，10，11，12，13，35，45，46，47，48，49，50，65，66，169，183

后　记

本书是我在中国社会科学院美国研究所从事博士后研究期间，以博士论文为基础修改完善而成的。借本书出版之机，向在此书撰写过程中予以帮助和关怀的老师、家人和挚友表示深深的感谢。

衷心感谢博士后导师黄平研究员。黄老师是社会学和国际政治学领域的著名学者，他知识广博精深，为人谦和、胸怀坦荡，对学生要求严格、全力栽培，每次与黄老师交流都让我受益匪浅，黄老师的指导对本书的完善和入选《中国社会科学博士后文库》起到了至关重要的作用。

衷心感谢博士导师关家麟教授。关老师治学勤奋严谨、为人求真务实，对学生因材施教、循循善诱。正是在关老师的指导下，我的博士论文才能在北京大学组织的匿名评审中取得四个五分、一个四分的较好成绩。从关老师身上学到的远超过学问本身，他的优秀品格必将影响我终生。

感谢中国博士后科研基金会、全国博士后管理委员会、中国社会科学院博士后管理委员会、经济管理出版社对本书在经费和出版上的大力支持。

谨以此书献给我的家人和挚友，亲朋好友们不遗余力的支持和不求回报的付出是我不断前进的动力。

张　超
2017 年 6 月

专家推荐表

第六批《中国社会科学博士后文库》专家推荐表1				
推荐专家姓名	黄平		行政职务	欧洲所所长
研究专长	国际关系		电话	
工作单位	社科院欧洲所		邮编	
推荐成果名称	基于竞争情报的战略联盟关系风险管理研究			
成果作者姓名	张超			
（对书稿的学术创新、理论价值、现实意义、政治理论倾向及是否达到出版水平等方面做出全面评价，并指出其缺点或不足） 本书稿借鉴交易成本理论、资源基础理论和组织学习理论，从竞争情报视角出发，系统深入地研究了战略联盟中关系风险的形成动因、主要特征和管理机制等关键问题，在分析并理顺了竞争情报与控制和信任的内在博弈关系后，将竞争情报作为控制和信任的支撑要素引入到战略联盟的关系风险管理体系中，提出并验证了基于竞争情报的战略联盟风险管理模型以及竞争情报与控制和信任的关系模型，在此基础上构建了基于竞争情报的战略联盟关系风险管理框架。这是此类研究在该领域的首次尝试，具有很强的理论和应用价值。 本书稿政治上维护国家安全利益，选题新颖、结构合理、数据翔实、论证严谨、语言流畅，已达到出版水平和同等优秀成果水平，建议纳入《中国社会科学博士后文库》。 签字：（签名） 2017年1月31日				
说明：该推荐表由具有正高职称的同行专家填写。一旦推荐书稿入选《中国社会科学博士后文库》，推荐专家姓名及推荐意见将印入著作。				

第六批《中国社会科学博士后文库》专家推荐表2			
推荐专家姓名	关家麟	行政职务	副所长
研究专长	情报学，信息资源管理	电　话	
工作单位	科技部中国科学技术信息研究所	邮　编	
推荐成果名称	基于竞争情报的战略联盟关系风险管理研究		
成果作者姓名	张超		
（对书稿的学术创新、理论价值、现实意义、政治理论倾向及是否达到出版水平等方面做出全面评价，并指出其缺点或不足） 　　为应对全球化和信息化的市场环境变化，企业纷纷组建战略联盟以期借助外部力量增强自身竞争力。战略联盟既可给成员企业带来利益，同时也会带来风险。该书把竞争情报作为控制和信任的支撑要素引入到了战略联盟的关系风险管理中，全面、系统地研究了国内外相关文献和企业数据，构建了基于竞争情报的战略联盟风险模型和关系风险管理框架，提出了若干关系风险防范建议。该书选题新颖、视角独特，所用资料和数据真实可靠，研究方法得当，结构合理，尤其实证部分是该书一大亮点，在同类研究中较为突出，兼具理论和实践双重价值，是情报学领域内的一部难得力作，建议《中国社会科学博士后文库》予以录用。 签字：关家麟 2017年1月31日			
说明：该推荐表由具有正高职称的同行专家填写。一旦推荐书稿入选《中国社会科学博士后文库》，推荐专家姓名及推荐意见将印入著作。			

经济管理出版社 《中国社会科学博士后文库》 成果目录

第一批《中国社会科学博士后文库》(2012 年出版)

序号	书 名	作 者
1	《"中国式"分权的一个理论探索》	汤玉刚
2	《独立审计信用监管机制研究》	王 慧
3	《对冲基金监管制度研究》	王 刚
4	《公开与透明：国有大企业信息披露制度研究》	郭媛媛
5	《公司转型：中国公司制度改革的新视角》	安青松
6	《基于社会资本视角的创业研究》	刘兴国
7	《金融效率与中国产业发展问题研究》	余 剑
8	《进入方式、内部贸易与外资企业绩效研究》	王进猛
9	《旅游生态位理论、方法与应用研究》	向延平
10	《农村经济管理研究的新视角》	孟 涛
11	《生产性服务业与中国产业结构演变关系的量化研究》	沈家文
12	《提升企业创新能力及其组织绩效研究》	王 涛
13	《体制转轨视角下的企业家精神及其对经济增长的影响》	董 昀
14	《刑事经济性处分研究》	向 燕
15	《中国行业收入差距问题研究》	武 鹏
16	《中国土地法体系构建与制度创新研究》	吴春岐
17	《转型经济条件下中国自然垄断产业的有效竞争研究》	胡德宝

第二批《中国社会科学博士后文库》(2013 年出版)

序号	书 名	作 者
1	《国有大型企业制度改造的理论与实践》	董仕军
2	《后福特制生产方式下的流通组织理论研究》	宋宪萍

续表

第二批《中国社会科学博士后文库》(2013年出版)

序号	书名	作者
3	《基于场景理论的我国城市择居行为及房价空间差异问题研究》	吴 迪
4	《基于能力方法的福利经济学》	汪毅霖
5	《金融发展与企业家创业》	张龙耀
6	《金融危机、影子银行与中国银行业发展研究》	郭春松
7	《经济周期、经济转型与商业银行系统性风险管理》	李关政
8	《境内企业境外上市监管若干问题研究》	刘 轶
9	《生态维度下土地规划管理及其法制考量》	胡耘通
10	《市场预期、利率期限结构与间接货币政策转型》	李宏瑾
11	《直线幕僚体系、异常管理决策与企业动态能力》	杜长征
12	《中国产业转移的区域福利效应研究》	孙浩进
13	《中国低碳经济发展与低碳金融机制研究》	乔海曙
14	《中国地方政府绩效评估系统研究》	朱衍强
15	《中国工业经济运行效益分析与评价》	张航燕
16	《中国经济增长：一个"被破坏性创造"的内生增长模型》	韩忠亮
17	《中国老年收入保障体系研究》	梅 哲
18	《中国农民工的住房问题研究》	董 昕
19	《中美高管薪酬制度比较研究》	胡 玲
20	《转型与整合：跨国物流集团业务升级战略研究》	杜培枫

第三批《中国社会科学博士后文库》(2014年出版)

序号	书名	作者
1	《程序正义与人的存在》	朱 丹
2	《高技术服务业外商直接投资对东道国制造业效率影响的研究》	华广敏
3	《国际货币体系多元化与人民币汇率动态研究》	林 楠
4	《基于经常项目失衡的金融危机研究》	匡可可
5	《金融创新及其宏观效应研究》	薛昊旸
6	《金融服务县域经济发展研究》	郭兴平
7	《军事供应链集成》	曾 勇
8	《科技型中小企业金融服务研究》	刘 飞

续表

第三批《中国社会科学博士后文库》(2014年出版)

序号	书　名	作者
9	《农村基层医疗卫生机构运行机制研究》	张奎力
10	《农村信贷风险研究》	高雄伟
11	《评级与监管》	武　钰
12	《企业吸收能力与技术创新关系实证研究》	孙　婧
13	《统筹城乡发展背景下的农民工返乡创业研究》	唐　杰
14	《我国购买美国国债策略研究》	王　立
15	《我国行业反垄断和公共行政改革研究》	谢国旺
16	《我国农村剩余劳动力向城镇转移的制度约束研究》	王海全
17	《我国吸引和有效发挥高端人才作用的对策研究》	张　瑾
18	《系统重要性金融机构的识别与监管研究》	钟　震
19	《中国地区经济发展差距与地区生产率差距研究》	李晓萍
20	《中国国有企业对外直接投资的微观效应研究》	常玉春
21	《中国可再生资源决策支持系统中的数据、方法与模型研究》	代春艳
22	《中国劳动力素质提升对产业升级的促进作用分析》	梁泳梅
23	《中国少数民族犯罪及其对策研究》	吴大华
24	《中国西部地区优势产业发展与促进政策》	赵果庆
25	《主权财富基金监管研究》	李　虹
26	《专家对第三人责任论》	周友军

第四批《中国社会科学博士后文库》(2015年出版)

序号	书　名	作者
1	《地方政府行为与中国经济波动研究》	李　猛
2	《东亚区域生产网络与全球经济失衡》	刘德伟
3	《互联网金融竞争力研究》	李继尊
4	《开放经济视角下中国环境污染的影响因素分析研究》	谢　锐
5	《矿业权政策性整合法律问题研究》	郗伟明
6	《老年长期照护：制度选择与国际比较》	张盈华
7	《农地征用冲突：形成机理与调适化解机制研究》	孟宏斌
8	《品牌原产地虚假对消费者购买意愿的影响研究》	南剑飞

续表

第四批《中国社会科学博士后文库》(2015年出版)

序号	书 名	作 者
9	《清朝旗民法律关系研究》	高中华
10	《人口结构与经济增长》	巩勋洲
11	《食用农产品战略供应关系治理研究》	陈 梅
12	《我国低碳发展的激励问题研究》	宋 蕾
13	《我国战略性海洋新兴产业发展政策研究》	仲雯雯
14	《银行集团并表管理与监管问题研究》	毛竹青
15	《中国村镇银行可持续发展研究》	常 戈
16	《中国地方政府规模与结构优化:理论、模型与实证研究》	罗 植
17	《中国服务外包发展战略及政策选择》	霍景东
18	《转变中的美联储》	黄胤英

第五批《中国社会科学博士后文库》(2016年出版)

序号	书 名	作 者
1	《财务灵活性对上市公司财务政策的影响机制研究》	张玮婷
2	《财政分权、地方政府行为与经济发展》	杨志宏
3	《城市化进程中的劳动力流动与犯罪:实证研究与公共政策》	陈春良
4	《公司债券融资需求、工具选择和机制设计》	李 湛
5	《互补营销研究》	周 沛
6	《基于拍卖与金融契约的地方政府自行发债机制设计研究》	王治国
7	《经济学能够成为硬科学吗?》	汪毅霖
8	《科学知识网络理论与实践》	吕鹏辉
9	《欧盟社会养老保险开放性协调机制研究》	王美桃
10	《司法体制改革进程中的控权机制研究》	武晓慧
11	《我国商业银行资产管理业务的发展趋势与生态环境研究》	姚 良
12	《异质性企业国际化路径选择研究》	李春顶
13	《中国大学技术转移与知识产权制度关系演进的案例研究》	张 寒
14	《中国垄断性行业的政府管制体系研究》	陈 林

续表

第六批《中国社会科学博士后文库》(2017年出版)

序号	书 名	作 者
1	《城市化进程中土地资源配置的效率与平等》	戴媛媛
2	《高技术服务业进口技术溢出效应对制造业效率影响研究》	华广敏
3	《环境监管中的"数字减排"困局及其成因机理研究》	董 阳
4	《基于竞争情报的战略联盟关系风险管理研究》	张 超
5	《基于劳动力迁移的城市规模增长研究》	王 宁
6	《金融支持战略性新兴产业发展研究》	余 剑
7	《清乾隆时期长江中游米谷流通与市场整合》	赵伟洪
8	《文物保护经费绩效管理研究》	满 莉
9	《我国开放式基金绩效研究》	苏 辛
10	《医疗市场、医疗组织与激励动机研究》	方 燕
11	《中国的影子银行与股票市场：内在关联与作用机理》	李锦成
12	《中国应急预算管理与改革》	陈建华
13	《资本账户开放的金融风险及管理研究》	陈创练
14	《组织超越——企业如何克服组织惰性与实现持续成长》	白景坤

《中国社会科学博士后文库》
征稿通知

为繁荣发展我国哲学社会科学领域博士后事业，打造集中展示哲学社会科学领域博士后优秀研究成果的学术平台，全国博士后管理委员会和中国社会科学院共同设立了《中国社会科学博士后文库》（以下简称《文库》），计划每年在全国范围内择优出版博士后成果。凡入选成果，将由《文库》设立单位予以资助出版，入选者同时将获得全国博士后管理委员会（省部级）颁发的"优秀博士后学术成果"证书。

《文库》现面向全国哲学社会科学领域的博士后科研流动站、工作站及广大博士后，征集代表博士后人员最高学术研究水平的相关学术著作。征稿长期有效，随时投稿，每年集中评选。征稿范围及具体要求参见《文库》征稿函。

联系人：宋　娜　主任
联系电话：01063320176；13911627532
电子邮箱：epostdoctoral@126.com
通讯地址：北京市海淀区北蜂窝 8 号中雅大厦 A 座 11 层经济管理出版社《中国社会科学博士后文库》编辑部
邮编：100038

经济管理出版社